书山有路勤为径，优质资源伴你行
注册世纪波学院会员，享精品图书增值服务

从战略到绩效
的卓越管理

梅洁·著

电子工业出版社
Publishing House of Electronics Industry
北京·BEIJING

未经许可，不得以任何方式复制或抄袭本书之部分或全部内容。
版权所有，侵权必究。

图书在版编目（CIP）数据

从战略到绩效的卓越管理 / 梅洁著. -- 北京 : 电子工业出版社, 2025. 2. -- ISBN 978-7-121-49055-2

Ⅰ . F272

中国国家版本馆 CIP 数据核字第 2025LC6784 号

责任编辑：吴亚芬　　特约编辑：王　璐
印　　刷：北京建宏印刷有限公司
装　　订：北京建宏印刷有限公司
出版发行：电子工业出版社
　　　　　北京市海淀区万寿路173信箱　　邮编100036
开　　本：720×1000　1/16　　印张：22　　字数：387.2千字
版　　次：2025年2月第1版
印　　次：2025年9月第3次印刷
定　　价：89.00元

凡所购买电子工业出版社图书有缺损问题，请向购买书店调换。若书店售缺，请与本社发行部联系，联系及邮购电话：（010）88254888，88258888。
质量投诉请发邮件至zlts@phei.com.cn，盗版侵权举报请发邮件至dbqq@phei.com.cn。
本书咨询联系方式：（010）88254199，sjb@phei.com.cn。

推荐序一
FOREWORD

我与梅老师相识已有十余年，当时她是复星集团复地学院院长。我们经常作为演讲嘉宾在一些大型专业论坛上相遇，梅老师的专业素养给我留下了深刻印象。她在IBM服务了十余年，将IBM在人才培养和学习发展方面的优秀经验引入中国企业，并取得了卓越成果。她所领导的企业大学屡获殊荣，这让我对她在专业上的执着以及从外企到民企转型成功背后的韧性感到赞叹。近年来，她又创业，深度服务了更多企业。梅老师自身的职业成长与转型，是管理者领导力全面化的一个很好的例证。

梅老师在组织人才发展和企业咨询领域深耕二十余年后，厚积薄发，捧出心血之作，她的作品立足高远，见地深刻，鞭辟入里，案例生动。因此，我对本书的出版表示热烈祝贺，并真诚推荐给企业界的各层级管理者。本书既可以作为系统学习管理理论的材料，也可以作为办公桌上随手翻阅的工具书。遇到任何阶段的问题，都可以查阅书中推荐的思考模式和方法流程，快速启发我们找到合适的解决方案。

阅读此书，让我想起了参与搭建招商银行绩效管理体系过程中的感悟。最初这项工作是由人力资源部门发起的，联合了计划财务管理部门和批发、零售等业务部门，以平衡计分卡体系为基础，引入了战略绩效管理的概念。二十余年来，经过实践检验和优化迭代，其作用从人力资源部门转移到战略发展部门，再转移到资产负债管理部门。这套方法论和管理工具之所以充满生命力，是因为它从考核开始，始终聚焦于战略，并锚定于对长期战略制定和实施过程及其结果的考核评价。有效的战略从来不是空中楼阁，绩效管理也不可能孤立存在。上下贯通、左右协同、合和融通、落地有声，这些是做好战略绩效管理的关键。

可喜的是，我们的思考和实践，今天在瓴先领导力®这一崭新框架内得到了充分阐释。它体系化地论述了一个全面管理者应该掌握的从企业战略到落地执行再到绩效达成这三个核心环节的主要管理方法论和工具，有助于让企业内部建立一套自上而下的统一的管理语言，这一点是IBM转型成功和华为全球化成功的重要保障。企业如今面临的各方面挑战，如国际竞争、政治经济风险、科技发展等都愈发严峻，而本书所提出的"全面管理者"恰是帮助企业拥抱这些挑战的良药。我们在企业里培养管理者的能力，不应再单一地强调其所在岗位的职能要求，而要让企业的各层级管理者都具备端到端的"拿结果"的思维和能力，在管理能力上实现闭环，这对于现阶段的中国企业是多么重要！

书中提及的管理者的痛点，例如高层在组织设计知识上的不足以及对绩效个体关注不够，基层则缺乏对外部市场的洞察力和对战略的理解，我对此深表认同。借助本书提供的体系性方法论指导，企业各层级管理者可以有效缩小在这些问题上的差距。

书中涉及的众多管理经典方法论，也让我觉得非常有价值，获益匪浅。我们或许在不同的领导力课程或图书中接触过这些理论，但在我们的知识体系中，它们并没有被串联起来。本书将这些理论整合到一个统一的管理框架中，在恰当的位置上引用，用浅显易懂的方式进行解释，并结合案例，使读者能够从最实用的角度去理解和掌握这些管理方法和工具。正如梅老师所期望的，阅读这本书，能够达到阅读十本书的效果。

从战略到执行，再从执行到绩效，每一个环节都是一个重大的课题。

梅老师用了三年多的时间将这三大课题串联起来，形成了一个完整的体系。掩卷深思，我被梅老师体系化的思维方式和严谨的学术态度深深打动。这再次让人确信，慢即快，长期主义者的每一步行动都建立在持续积累的基础之上。在我们的职业生涯中，每一个步伐都是有价值的。

李晓欣

经济学博士，高级经济师

曾任招商银行总行人力资源部绩效管理团队负责人、培训中心副主任

推荐序二
执炬者，领先领导者

在当今瞬息万变的商业世界里，企业的兴衰成败往往系于一线，而这条线，便是战略执行与绩效管理的紧密结合。有幸阅读"梅校"（企业大学圈内同人亲切地称呼梅洁女士为梅校）所著的这本书，它犹如一盏明灯，照亮了企业在追求卓越管理道路上的前行之路。梅校结合她在IBM的工作经验，以及后期支持多家企业进行战略管理的案例，以其丰富的实践经验，为我们揭示了企业战略与绩效之间的紧密联系，以及如何通过一系列系统化的管理手段，将战略有效地转化为实际的绩效提升。

在企业的战略蓝图与最终绩效之间，往往存在着一道难以逾越的鸿沟。这道鸿沟既是挑战也是机遇，考验着企业管理者的智慧与决心。书中通过深入浅出的分析，揭示了如何从战略的高度出发，通过一系列精细的执行策略，如"从战略转向战役：必赢之战""年度作战地图：关键任务"等，确保战略的有效落地。善反思的管理突破，强调了战略洞察在管理中的重要性，并提供了从战略反思到战略洞察的实用路径。高站位的管理格局，这部分则进一步提升了讨论的层次，从高站位视角探讨了战略规划的各个方面，为管理者提供了更为全面的指导。整体而言，梅校结合IBM及华为等高绩效企业的实践案例，为我们提供了生动的示范。这些策略不仅为企业提供了明确的执行路径，更为管理者提供了宝贵的实践指导。

在解决了战略执行的问题后，本书进一步探讨了如何通过绩效创造来

推荐序二

实现企业的持续发展。梅校认为，创建组织的高绩效文化是企业持续发展的基石。企业需要通过建立明确的价值观、愿景和使命，以及相应的奖惩机制，来塑造和强化高绩效文化。为了实现绩效创造，企业需要制定一系列具体的管理抓手。这包括打造敏捷绩效管理体系、设定战略性与敏捷性的目标、确保过程反馈的及时准确。书中对于打造敏捷绩效管理体系的探讨，尤为引人入胜。它让我们看到，一个优秀的绩效管理体系，不仅能够激发员工的潜能，更能够推动企业的持续创新和进步。更难能可贵的是，本书不仅提供了丰富的理论知识和实践经验，还通过具体的案例和策略，为我们提供了可操作的指导。这使得本书不仅适合企业管理者阅读和学习，也适合企业管理学的研究者作为参考和借鉴。

总体来说，在这本书中，梅校结合其丰富的实践经验，为我们提供了一份宝贵的管理智慧。它帮助我们更好地理解企业战略与绩效之间的关系，以及如何通过一系列具体高效的管理手段来实现企业的持续发展。我相信，每一个认真阅读并实践本书中理论和策略的企业管理者，都能够在激烈的市场竞争中脱颖而出，实现自己的管理梦想。同时，这本书也是那些希望提升个人管理能力和领导力的读者的不二之选。它不仅能够帮助我们拓宽视野、提升思维层次，更能够激发我们的内在潜能，让我们在追求卓越管理的道路上走得更远、更稳。

朱晓楠

GC首席人力官

百度大学和360大学创建人

阿里巴巴集团前组织及人才发展总监

投资孵化和管理专家

推荐序三
FOREWORD

与梅洁老师相识于十多年前的企业大学圈,她当时在IBM,而我在惠普,我们经常在一些行业会议上分享交流,颇为投缘。后来,我们又不约而同地加入了民营企业,继而创业,一直投身于中国企业的组织和人才发展领域,各自忙碌。这些年因疫情影响,见面次数也减少了。记得曾经的多次会面和通话,我们聊的都是中外企业管理模式的差异和融合,探索中西合璧的企业管理之道,希望为中国企业的加速成长助力。

再次见面时,我看到了她依然充满活力的身影,以及沉甸甸的书稿。这些年,我在民营企业担任高层管理工作,也作为顾问服务于多家民营企业,发现民营企业的中高层管理者勤奋务实,业绩导向,深谙人性,且多在追求形而上的"道"的层面的修为,但往往缺乏体系化的管理逻辑和方法。在业务规模和复杂度快速增长时,工作效能可能遇到局限。

阅读本书后,我欣喜地发现梅洁老师将优秀外企的管理方法论与中国企业的管理实践相结合,形成了体系化的管理框架,并梳理归纳介绍了方法论、工具和实操案例,实用且落地。她对探索中西合璧管理模式做出了非常有价值的工作,下了大功夫,这是梅洁老师多年实践积累和智慧沉淀的心血之作,勇气令人钦佩,成果值得祝贺。

本书比较体系化地论述了一个全面管理者应该掌握的从企业战略制定到

落地执行，再到绩效达成这三个核心环节的主要管理方法论和工具，并通过案例，力图把每个环节要用到的方法讲清楚，非常务实。尤其是第三章，将企业的战略制定放在了一个强逻辑的体系里，并配有实操案例，让读者能在制定战略的流程中，更深刻地理解和应用这些战略工具。阅读本书可以帮助不同的管理者延伸其能力边界，拓展其视野范围，提升其管理效能。如果一家企业的不同层级管理者共同学习本书，也有利于企业在其内部建立一套自上而下的统一的管理语言，培养出更多能独当一面的、有强战斗能力的管理者，提升企业的整体管理效能。

邰慧

原中国惠普大学校长

前言
PREFACE

在结束了近20年企业大学校长的职业生涯后,我一直带领团队致力于中国优秀企业的管理咨询、人才发展咨询和培训工作。通过对企业痛点问题的诊断及与企业主和管理层的深度交流,我越发深刻地认识到:"管理是企业真正的核心竞争力。"我发现,无论遇到的是业务问题、技术问题还是人员问题,在深入分析后,最终都指向管理层面的挑战。

这让我想起华为创始人任正非先生所说的,为什么世界上出现了IBM、微软?其实体现的不仅是技术,体现的更是管理……很多东西都是可以买来的,唯有管理是买不来的。

华为将管理和技术作为价值创造的两个轮子,并且强调管理第一,技术第二。

正如华为永远把管理放在第一位一样,中国企业要应对当前波谲云诡的内外部环境,必须在管理上构建系统优势和壁垒,因为唯有管理才能将技术、人才等资源聚合起来,形成企业的整体力量。

为了提升企业的管理水平,针对管理者的领导力培养是一个重要抓手。然而,这也是许多企业面临的一个困惑:虽然开展了不少培训课程,但实际提升效果有限,来自领导层的反馈也越来越勉强。

这促使我思考IBM在领导力发展实践中的经验,那无疑是非常成功

前言

的。IBM的领导力发展实践蕴含着一个极其重要的理念，那就是：领导力发展应当结合企业的管理流程。这一理念朴素而深刻。所谓知行合一，就是要将所学技能应用于具体的行动和实践之中，方可成就真知。零散地学习某项领导力技能，往往会因为这些技能不符合本企业的具体管理场景而缺乏实践机会，从而无法在实际管理工作中产出效益。这样的经历一旦重复发生，就可能让管理者逐渐对所学的知识产生质疑，并滋生疲怠。

矛盾主要体现为：如何实现管理的系统化与管理场景的具体化之间的平衡。要真正提升企业和管理者的管理水平，需要将企业的典型管理场景与管理者应该具备的关键行为相结合，并以体系化的方式加以整合和呈现。

在管理体系和方法上，我得益于在IBM十余年的工作经历。这段经历为我打下了扎实的理论基础，并让我积累了丰富的实践经验，尤其是在践行IBM的优秀管理方法方面。在随后的十余年中，我和我的团队致力于将IBM的战略管理体系，即业务领先模型，以及IBM的绩效管理体系，即个人绩效承诺，推广至其他认同这些体系的企业，并逐渐发展出一套集战略规划、执行落地与绩效管理为一体的框架，将其命名为"领先领导力®"，以更好地满足中国企业的需求。

在从事企业咨询和教学工作的同时，我开始整理和沉淀所积累的研究成果、案例分析和实践经验，构思本书的框架并正式动笔。自那时起至2023年，中国在经济发展和疫情应对方面都经历了显著变化，这些变化使个人和群体经历了前所未有的挑战与考验。正是这些变化坚定了我完成本书的决心。在外部环境和企业环境充满挑战的今天，尤其需要培养全面发展的管理人才：他们既具备远见卓识，又能够统筹兼顾；既能洞察明辨，又能应对机变；既精通业务，又懂得人情世故。

本书围绕领先领导力®框架结构展开论述，分为3篇7章，系统地阐述了战略引领、执行协同和绩效创造3个模块，详细探讨了9个关键方面：市场洞察、战略意图、战场布局、业务设计、必赢之战、关键任务、落地保障、绩效文化和绩效创造。这9个方面贯穿了企业管理的核心逻辑，涵盖了企业管理者在整个价值链中（从战略规划到落地执行，再到绩效管理）的关键任务与行为，体现了自上而下、自外而内的管理思想。

对企业高层管理者来说，本书第二篇关于组织流程与人才管理的内容及第三篇关于绩效管理的内容，可能涉及他们在以往工作中经常忽视的领域。然而，掌握这些知识能够帮助他们更加有效地督导绩效管理工作，使决策过程更加明智和周全，同时有助于他们更有效地理解和指导中层管理者。对于基层管理者，虽然本书第一篇和第二篇的内容可能超出了他们目前的职责范围，但"能者居之"和"升维思考"的理念仍鼓励他们从更高的维度审视问题，并致力于自身能力的提升，这对他们的个人成长和业绩提升都极为有益。

构建从战略到绩效的一体化管理框架，不仅是对全面型管理者的需求，更是企业管理成功的关键所在。如果企业各层级的管理者都能学习和实践统一的管理逻辑与方法，便能大幅增强管理团队之间的目标共识、提高沟通效率、减少冲突摩擦。从战略洞察与规划入手，通过承上启下的方式促进组织内部的协同执行，最终将战略目标转化为每位员工的个人业绩，达成组织绩效。这一逻辑主线穿插于不同层级管理者的典型管理场景和关键行为中，展示了从战略到绩效的全面管理过程，为企业构建了一种从上至下的一致性管理语言。

希望读者通过阅读全书，能建立一个框架性思维，在面对实际工作场景时，可以随时查阅书中相关章节以指导实践。特别将本书推荐给企业的决策层，将其作为全体管理者共同学习的管理方法论，这将有助于构建企业的整体管理优势。期待在管理实践中与各位读者携手前行，共同进步。

目 录
CONTENTS

第一篇　战略引领

第一章　瓴先领导力®：从战略到绩效的管理框架　　002

　　第一节　从战略到执行的力量：IBM转型与华为变革　　003

　　第二节　瓴先领导力®三维框架　　007

　　第三节　瓴先的领导力素质驱动　　011

　　第四节　瓴先的核心价值观导向　　028

第二章　善反思的管理突破：战略洞察　　039

　　第一节　管理突破需要战略反思　　040

　　第二节　从战略反思到战略洞察　　046

　　第三节　业绩差距与机会差距　　053

　　第四节　洞见与远见：市场洞察　　062

　　第五节　熔于一炉的战略洞察矩阵　　090

　　第六节　案例解析：元气森林　　093

第三章　高站位的管理格局：战略规划　　　　　　　　　102

　　第一节　愿景与目标：战略意图　　　　　　　　　104

　　第二节　取舍与创新：战场布局　　　　　　　　　113

　　第三节　价值与优势：业务设计　　　　　　　　　142

第二篇　执行协同

第四章　承上启下的管理关键：执行协同　　　　　　　172

　　第一节　战略与绩效之间的鸿沟　　　　　　　　　173

　　第二节　从战略转向战役：必赢之战　　　　　　　178

　　第三节　年度作战地图：关键任务　　　　　　　　185

　　第四节　从战略到执行的逻辑一致性检查　　　　　191

第五章　促进执行的落地保障：组织与资源　　　　　　194

　　第一节　正式组织的建设　　　　　　　　　　　　196

　　第二节　组织文化与氛围　　　　　　　　　　　　210

　　第三节　组织机制与流程　　　　　　　　　　　　221

　　第四节　人才管理战略设计　　　　　　　　　　　238

第三篇　绩效创造

第六章　创建组织的高绩效文化　　　　　　　　　　　264

　　第一节　高绩效文化的含义　　　　　　　　　　　265

　　第二节　IBM和华为的高绩效文化　　　　　　　　268

第七章　落实效的管理抓手：绩效创造   **277**

    第一节　打造敏捷绩效管理体系   279

    第二节　目标设定的战略性与敏捷性   286

    第三节　过程反馈的持续性与有效性   300

    第四节　结果评估的建设性与发展性   316

    第五节　IBM绩效管理实践   325

结语   **335**

战略引领

第一篇

第一章

瓴先领导力®：
从战略到绩效的管理框架

第一章
瓴先领导力®：从战略到绩效的管理框架

改革开放以来，中国经济的高速增长成为世界经济增长的奇迹，重塑了世界经济的格局。人口红利、城镇化进程、加入世界贸易组织和资本投入等因素是中国近20年经济快速发展的重要动因。然而，近几年，随着出生率下降、人口老龄化加剧、城镇化进程放缓，曾是经济增长支柱的房地产业开始对经济发展构成制约。同时，中美摩擦的升级、全球经济的下行、日益严峻的国际政治环境等，给中国的经济发展带来了空前的挑战，也对中国企业的适应力和韧性提出了更高的要求。

当前，中国经济结构正从依赖出口和投资向内需与消费驱动转型。国家不断深化转型升级、结构调整和动能转换，对各企业提出了更高的要求，如建立以智能制造和大数据为基本特征的新型生产与管理模式。对中国企业而言，时代发展带来的红利已经褪去，那种只要进场就有回报的年代已经一去不复返。面对生存和发展的双重挑战，企业必须提高抗击风险的弹性能力和加速变革的创新能力。这需要企业拥有一支卓有远见又务实能战的领导团队。越是在艰难的时候，越需要卓越的领导者带领企业冲破迷雾、看到光明。

第一节
从战略到执行的力量：IBM转型与华为变革

战略学界泰斗、普利策奖得主约翰·刘易斯·加迪斯在其著作《论大战略》中论述历史人物的战略行为时引用了古希腊诗人阿尔基洛科斯的诗句"狐狸多知，而刺猬有一大知"，并引用了英国哲学家以赛亚·伯林在《刺猬与狐狸》一书中的解读：刺猬用一个核心观念来统摄一切，这一观念使其言论和行为显得有意义；狐狸则追求众多目标，这些目标常常互不相干，甚至自相矛盾。伯林认为，历史上的杰出人物可划分为3类：偏向狐狸特质的、偏向刺猬特质的和兼具两者特质的。

伯林的理论启发了加迪斯对战略行为的深入思考。他认为，拥有狐狸式思维的人擅长综合不同信息，而不仅限于从宏大的理论框架出发。与之相对，拥有刺猬式思维的人则固执于自己的核心信念，拒绝批判和反思，常常被自己的偏见所束缚。狐狸与刺猬的悲剧在于，彼此都缺乏对方所具有的一种能力。

加迪斯还引用了心理学家丹尼尔·卡尼曼关于人类潜意识里依赖的两种思维模式的理论：快思维和慢思维。快思维直觉且冲动，常常带有情绪色彩，它能促使人们迅速做出反应；慢思维则是经过深思熟虑的、专注且有逻辑性的，它在人们需要决策时发挥作用。人类之所以能够生存发展，很大程度上得益于其在快思维和慢思维之间灵活切换的能力。

慢思维与快思维的关系，与刺猬式行为和狐狸式行为有相似之处。加迪斯基于对历史大事件的研究发现，人们在面临重大事件时常常处于这两种思维方式的交锋之中。慢思维者（刺猬式行为）重视目标的单一性和纯粹性，并具有明确的方向感，但可能忽视了策略的灵活性；快思维者（狐狸式行为）则注重环境变化和自我能力的实时评估，具备高度的适应性，但时常会忽略长远目标和核心焦点。加迪斯对历史事件的深入剖析促使我们深思：为何某些战略能够超预期地实现，另一些却以失败告终？

加迪斯的结论是：如果把刺猬式思维理解为对战略目标和愿景的规划，把狐狸式思维理解为对自身能力的评估和调控，那么目标与能力的平衡即为战略。

这个经典的比喻很符合本书要阐述的见解：优秀的管理者应该集刺猬式思维与狐狸式思维于一体，既要有正确的目标规划，也要有正确的手段调适，才能实现从战略到绩效的成功。

第一章
瓴先领导力®：从战略到绩效的管理框架

一、IBM 转型

如同谷歌、脸书是今天互联网领域的顶级企业的代名词一样，IBM曾经也是计算机的代名词。IBM百余年的发展历史中包含整个前半部计算机史，是现代计算机工业发展的缩影和化身。以电子器件划分的四代电脑，前三代都以IBM的计算机作为"代际"产品标志。

美国《时代》周刊称："IBM的企业精神是人类有史以来无人堪与匹敌的……没有任何企业能像IBM那样给世界产业和人类的生活方式带来如此巨大的影响。"就连比尔·盖茨也不得不承认："IBM才是计算机行业的真正霸主，毕竟是它一手栽培了我。"

IBM在20世纪90年代初期开始面临巨大挑战。随着个人计算机市场的迅猛发展，公司主营的大型计算机和服务器业务受到冲击。IBM在1992年的净亏损为50亿美元，1993年净亏损扩大到80亿美元。

1994年，IBM开始恢复盈利，净利润达到30亿美元。1995年和1996年，净利润分别提升至42亿美元和54亿美元。这一变化标志着IBM经过重组、削减成本和推出新产品等一系列战略调整，盈利能力得到了恢复。那么，IBM是如何实现东山再起的呢？这要归功于1993年IBM董事会的一项重大决策——横跨行业"拜帅"，邀请路易斯·郭士纳担任董事长和CEO。郭士纳当时担任美国最大的食品烟草公司RJR Nabisco的CEO，并曾在美国运通和麦肯锡担任要职。IBM的高层领导坚信，只有这样的杰出人才才能够帮助公司摆脱困境，打破旧有的束缚，创造彻底的转变。

面对挑战重重的局势，郭士纳凭借其外部视角和深入的内部调研，准确诊断出IBM面临的问题，并实施了彻底的重组战略和深刻的改革措施。1994年，也就是郭士纳上任后的第一年，IBM实现了自20世纪90年代初以来的首次盈利，达到30亿美元。在郭士纳的领导下，IBM在随后的近10年中逆流而上，重新确立了其计算机行业领导者的地位，并实现了股价的稳步增长。回顾1993—2002年这关键的10年，IBM联合国际知名咨询公司总结出了被企业界广泛认可的业务领先模型（Business Leadership Model，BLM），该模型已被应用于IBM在全球范围内各个区域和事业部的战略规划与协同。

IBM在这10年的变革中所沉淀的管理精髓不仅包括BLM，还包括原则性管理、以客户为中心的价值观、高绩效文化等。BLM战略框架助力IBM实现了从远景规划到业务布局、打造核心竞争力的过程。而个人绩效承诺（Personal Business Commitment，PBC）所体现的高绩效文化与流程确保了IBM在各个区域和事业部之间将组织业务战略与个人绩效目标进行有效对接。BLM与PBC的结合推动了IBM的业务转型和战略执行，并在郭士纳离任后依旧是IBM战略和绩效管理的核心。

IBM在转型过程中取得的巨大成功，让众多客户除关注其产品外，更对其管理方式充满了尊敬，并愿意投入大量资金进行学习。IBM将PBC与BLM相结合，在内部实施了从战略规划到绩效产出的一体化管理。这种理念和实践深刻地揭示了战略与执行、执行与产出之间的关键联系，因而极具生命力和影响力，使整个组织和每位员工都焕发出了勃勃生机。

二、华为变革

同样受益于BLM与PBC应用于企业管理的还有一家知名企业，那就是在中国企业中全球化最成功的代表之一——华为。

华为的成功故事被众多书籍所记载，华为所体现的中国企业精神，用任何美誉之词来赞美都不为过。在华为还只是国内一家小公司时，其创始人任正非先生就已经认识到管理是华为从国内企业向跨国公司转变过程中的关键瓶颈。因此，他决定引进国际知名咨询公司，认真学习并应用先进的管理理念和经验。

1997年圣诞节前，任正非先生率领华为团队赴美国考察，参观了休斯、IBM、贝尔实验室与惠普。他回国后在一篇文章中写道（有改动）："听了一天的管理介绍，我们对IBM管理制度的规范、灵活、响应速度有了新的认识。对这样一个庞然大物的有效管理有了了解，对我们的成长有了新的启发。""我们只有认真向这些大公司学习，才会使自己少走弯路，少交学费。IBM的经历是付出了数十亿美元的直接代价总结出来的，它经历的痛苦是人类的宝贵财富。"

华为在全球众多杰出企业中最终选择与IBM进行学习与合作，并投入了40亿元人民币的资金。这种卓越的视野和坚定的意志在中国企业发展史上是前所未有的，在世界经济史上也相当罕见。正是这些举措才让华为成为全球通信科技领域的领军企业。

华为从IBM引进的管理变革项目在其业务发展和全球化战略中起到了关键作用。特别是华为投入3000万美元引进了IBM的BLM，这一举措充满魄力，并在之后被证明是非常值得的。这一模型帮助华为在多个关键时刻做出了准确的战略选择，使其在激烈的市场竞争中始终保持领导地位。

华为吸收了IBM代表的经典美国式管理理念，重视事实收集与分析，尊重规则和流程，强调组织功能和力量，并致力于提高基于数据的决策效率。轮值CEO郭平曾提到："华为的管理方式从定性走向定量，从'语文'走向'数学'，实现了基于数据、事实和理性分析的实时管理。"这一转变对华为全球化战略的成功奠定了坚实的基础。

第二节
瓴先领导力®三维框架

IBM的转型和华为的变革都证明了BLM在提高企业管理层的战略领导力方面具有显著的效果。在中国市场，许多企业纷纷学习并引进BLM，

BLM在这些企业的内部管理水平提升上发挥了积极作用。尽管如此，目前尚无企业能超越华为取得的卓越成就。

公众常常将华为的成就归功于任正非先生的坚定和远见——遵循"先僵化、后优化、再固化"的发展策略，并持续不断地学习与实践。这无疑是一个极为重要的因素。然而，我们经过深入研究发现，华为对IBM的借鉴是全面而深入的，不仅包括对价值观念、企业文化、技术流程的借鉴，还包括对管理方法的借鉴，而不是简单地引进某个具体的工具或技术。这种全方位的学习和吸收成为华为"拜师"成功的关键。

BLM和PBC在IBM作为两套独立的方法与流程得以应用，但它们都生长在IBM的价值导向文化土壤里。因此，这两套方法在实际操作中能够自上而下地实现无缝对接，逻辑上相互协调，保持一致。许多中国企业在尝试引入BLM的过程中未能取得成功，原因在于它们忽略了这套方法背后所依赖的企业文化和管理逻辑，将BLM仅作为一种孤立的战略管理工具去应用，缺乏与之相匹配的文化价值观、管理逻辑和流程机制，导致BLM难以在水土不服的企业环境里生根发芽、开花结果。

一、瓴先领导力®框架结构

本书基于对成功与失败案例的深入分析，提出了瓴先领导力®框架。该框架贯通了从战略到执行、从执行到绩效的管理全过程，其目的是协助管理者提升全面领导力，通过掌握系统性方法和流程，提高管理者在企业中引领变革和推动转型的成功率。

瓴先领导力®框架以战略洞察和规划作为出发点，有效推动组织内各层级的执行协同，确保从组织到员工的每个环节都能为业绩增长做出贡献，并实现组织的绩效目标。该框架贯穿管理者面对的典型场景和关键行为，构建了一幅从战略制定到绩效达成的管理全景图，从而建立了企业内部自上而下的统一管理语言。

第一章
瓴先领导力®：从战略到绩效的管理框架

瓴先领导力®的框架结构如图1-1所示。在该框架的顶部和底部，分别是"领导力素质"和"核心价值观"两个关键要素，它们对于战略绩效的成功具有决定性影响。

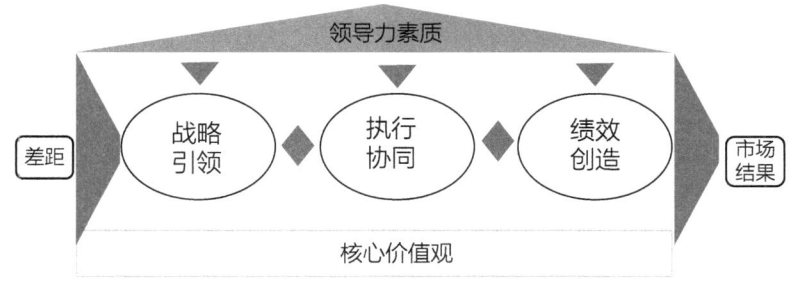

图1-1　瓴先领导力®的框架结构

框架的中心主线包含3个核心模块：战略引领、执行协同与绩效创造。这3个核心模块共同构成了企业自上而下战略执行的流程，并构成了卓越管理者必须建立的系统性思考和实践框架。

为了帮助读者更加直观地理解瓴先领导力®框架，可以将其比作一个充满活力的生命体：头部象征战略引领，腰部对应执行协同，腿部代表绩效创造。这样的类比有助于形象地说明该框架各部分的功能及其相互之间的协调关系。

1. 差距

框架的起点是与头部相连的一个外部接口，称为"差距"，它类似人体对外界刺激的感知。正如人在感受到不适时会寻求改变，企业也会因为对现状与期望之间的差距感到不满而启动战略调整。换言之，当企业认识到自身现状与期望之间存在差距时，便会着手思考必要的行动，如检视市场定位或运营流程，并决定是否需要变革。

2. 战略引领

头部，即战略引领模块，起着企业总指挥的作用。成功的战略应时刻保持危机感和敏锐的洞察力，始终从客户和市场的角度出发，持续反思现有业务模式，深入分析市场和竞争对手，并敢于否定过去、主动变革。因此，市场洞察和反思创新是战略引领模块的核心任务。

3. 执行协同

腰部，即执行协同模块，承担着承上启下的关键任务，它是连接思想和行动的重要枢纽。在组织中，中层必须将高层的战略方向转化为具体的策略和行动，同时为其提供必要的资源和支持，并确保相关指导方针能够顺利传递至执行层面以产出实际成果。确保关键资源被投入核心业务领域，以及管理体系和权责分配与核心业务需求相匹配，构成了执行协同模块的核心任务。如果转化或传递环节出现偏差或问题，就会出现"大企业病"：尽管高层拥有远见和智慧，但相关策略和行动在执行层始终无法得到有效实施，进而导致错失市场机遇。

4. 绩效创造

腿部，即绩效创造模块，是组织绩效实现的最后阶段，也是连接组织与个人目标的转化环节。个人跑步的速度取决于腿部的力量及其协调性。腰部的支撑力量也至关重要，它不仅提供支持，还指引着腿部的运动方向。持续的反馈和指导能够确保个人目标与组织目标的一致性，让每个人在绩效创造过程中保持正确的方向并不断被赋能和激发，从而建立个人贡献和个人成长的良性循环，这是绩效创造模块的核心任务。

二、应用瓴先领导力®的意义

瓴先领导力®旨在通过战略绩效主线的模块化协作，帮助企业管理者构建一套完整的管理语言和逻辑框架。这种方法对企业和管理者的意义主要体现在以下几个方面。

首先，管理者能够按照逻辑顺序更加系统性地思考和规划企业战略。例如，对于由业务设计推导出来的关键任务，可以在执行过程中对其进行

第一章
瓴先领导力®：从战略到绩效的管理框架

切实的跟踪，并从上至下有计划、有重点地推进实施。

其次，通过系统训练，管理者在企业内部将建立共同的语言体系，这有助于管理层实现共同目标。无论是在子公司还是事业部，大家都将使用统一的思考框架和方法工具，这将促进纵向层级、横向部门之间的沟通和共识。

最后，这种方法为企业领导力的培养和管理者个人能力的提高提供了一条有效的途径。它突破了长期以来以技巧训练为主的领导力培养模式，这种模式往往忽略了与组织业务流程和结果的紧密结合。它鼓励管理者从业务逻辑闭环的角度进行全面提升，而不仅仅局限于现有的职级和任务。通过主动拓展思考和训练，管理者将持续扩展自己的认知范围和能力，最终培养出能够将战略和绩效进行有效连接的卓越管理者。

第三节
瓴先的领导力素质驱动

企业的转型和变革，在本质上是领导力的发展和进化，最终都是由企业的领导力驱动的。在不同的战略方向、业务发展和文化背景下，每家企业都会形成独特的内部管理者能力要求。将这些要求进行结构化的定义和行为化的描述，并制定相应的评估指标，是大多数全球500强企业所采用的领导力素质模型（Leadership Competency Model），用于选拔和培养内部管理者。因此，作为一位卓越的管理者，应首先围绕企业的领导力素质模型来提高自己的核心能力，这是推动企业战略变革和业务成功的关键因素。

为了让读者对领导力素质模型有全面的理解，本节将从领导力的定义、发展、层级、风格等方面进行阐述。

一、领导力的定义与发展

1. 领导力的定义

领导力和管理的概念都源自西方的管理理论。管理的英文为Manage，词根是manus，意为"手"，其核心含义在于"动手""操作""控制"。管理侧重于"经营""控制"，关注的是当下。领导的英文为Lead，词根是lead，核心含义是"引导""带领"。领导侧重于"指引""影响"，不仅关注当下，也着眼于未来。我们常说，管理是制度、流程和科学的体现；领导则涉及尊重、信任和艺术。

引用詹姆斯·库泽斯和巴里·波斯纳在《领导力》一书中对领导力的定义：领导力就是动员大家为了共同的愿景努力奋斗的艺术。我们把领导力理解为两个关键词：一个是"影响"，领导力是影响的艺术或过程，以使一群人心甘情愿地朝着组织目标奋斗；另一个是"引导"，领导力引导追随者为某些目标奋斗，而这些目标体现了领导者及其追随者共同的价值观、需求和抱负。

在企业中，各层级的管理者同时具备领导和管理的职责，但不同层级又各有偏重。通常层级越低，管理的工作占比越大；层级越高，领导的工作占比越大。

基层管理者在管理日常事务、工作流程上会花更多的时间与精力，工作重心体现在"过程"和"结果"上，工作内容包括组织架构、方针政策、规章制度、流程程序、激励机制等管理手段。

中高层管理者在思考战略、引领方向上会花更多的时间与精力，工作重心体现在"方向"和"人心"上，工作内容包括战略、沟通、培养人才和激励人员等领导艺术。

2. 领导力的发展

领导力的发展历程也是西方管理科学的发展历程。西方管理思想的发

第一章
瓴先领导力®：从战略到绩效的管理框架

展阶段包括古典管理时代、行为科学时代、现代管理时代、当代管理时代4个。

古典管理时代的代表是弗雷德里克·泰勒的科学管理理论和亨利·法约尔的一般管理理论。泰勒的《科学管理原理》一书推动了追求效率和系统化特点的时代的到来；法约尔提出的5项管理职能——计划、组织、指挥、协调和控制，至今仍被视为管理学的基石。

行为科学时代的代表有亚伯拉罕·马斯洛的行为动机及激励理论和弗雷德里克·赫茨伯格的双因素理论。马斯洛在《人类的动机理论》一书中提出的五层次人类需求模型超越了科学管理和行为主义者的简单模式，引领了对人类动机和潜能更加积极的认识与探索；赫茨伯格的保健因素和激励因素提出了影响员工绩效的两大要素，对于理解员工满意度的驱动因素、改进员工激励策略及推进人性化管理具有重要的指导意义。

现代管理时代的代表包括彼得·德鲁克的经验主义学派、亨利·明茨伯格的管理者角色学派。德鲁克被誉为"现代管理学之父"，他对管理学的发展产生了深远影响。他明确了管理的本质，强调了管理者的角色，并提出了管理者的5项根本任务：确定目标、组织分工、激励沟通、绩效评估、培养人才。明茨伯格在其著作《经理工作的性质》一书中提出了经理角色理论，把管理者的角色划分为3类：人际关系角色、信息处理角色和决策角色，共10种具体角色。

当代管理时代的代表理论包括威廉·大内的企业文化理论、彼得·圣吉的学习型组织理论及奥托·夏莫的U型理论。大内的作品《Z理论：美国企业界怎样迎接日本的挑战》标志着企业文化理论的形成。他认为，企业管理的基本原则是以人为本，即以尊重人的人格和促进人的发展为核心。圣吉在《第五项修炼：学习型组织的艺术与实务》中提出了理想的知识型组织状态——一种有机的、高度灵活的、扁平化的、符合人性的、能够持续发展的学习型组织。这种组织不仅具备持续学习的能力，还能产生高于个体绩效总和的协同效应。夏莫的U型理论认为领导力是一种感知系统和塑造未来的能力，通过培养领导者的自然流现能力，提倡从正在形成的未来中学习。

从法约尔提出的5项管理职能到德鲁克定义的管理者的5项根本任务，再到圣吉关于学习型组织的5项修炼，以及奥托·夏莫关于塑造未来的5个步骤，可以看到，领导力的理念正在逐步由线性、封闭式转变为混沌、生态式，从注重控制和任务执行转变为以激励和以人为本为核心，从追求短期稳定转变为追求长期变革。在领导他人时，更加强调影响力和价值观，而不是单纯依赖权威或纪律。管理的发展趋势如表1-1所示。

表1-1　管理的发展趋势

传统的科学管理	当代管理的新发展
线性、封闭理念	混沌、生态理念
以任务为中心	以人本为中心
维持稳定	突破变革
控制约束	引导激励
把事情做对	做对的事情
短期目标	长期目标
用权威做事	用影响力做事
纪律、法规、程序	值观统

在如今这个多变、不确定、复杂、模糊（Volatility、Uncertainty、Complexity、Ambiguity，VUCA）的时代，或者脆弱、焦虑、非线性、难以理解（Brittle、Anxious、Nonlinear、Incomprehensible，BANI）的时代，管理者需要做出的决策和判断就像在雾中驾驶，必须不断识别方向、排除障碍。这就要求管理者本身要充满力量，具备柔韧性和坚定性，才能带领团队驱散迷雾、指引方向。

第一章
瓴先领导力®：从战略到绩效的管理框架

二、领导力的层级与风格

1. 领导力的层级

在企业内，不同层级的管理者需要具备不同的能力，并履行不同的职责。领导力的成熟度也存在层级差异，这种成熟度层级与管理者的行政级别并不相同。例如，有的基层管理者可能已经达到第三层级或第四层级的领导力成熟度，而有的高层管理者的领导力成熟度可能还处在第一层级或第二层级。领导力的成熟度层级可以指导不同行政级别的管理者不断加强自我修炼，从而逐步从依赖外部因素（如地位、权力）的领导层级提升到更多地依赖内部因素（如内在、自主和真实）的领导层级。

对于领导力层级的划分，本书引用著名的美国领导力和人际关系专家约翰·麦克斯韦尔在其著作《领导力的5个层级》中的定义，如图1-2所示。

- 第一层级的领导力源于职位。这一层级的关键词是"权力"。人们追随你，是因为他们不得不听从你的指令。这种基于职位的领导力是最初级的领导力，也就是所谓的"入门层级"。仅达到这一层级的领导者或许能够成为上司，但绝不足以称为真正的领导者。

- 第二层级的领导力源于认同。这一层级的关键词是"关系"。人们追随你，是因为你对他们产生了影响，他们愿意追随你。从"职位"到"认同"的转变，是真正踏入领导力世界的第一步。

- 第三层级的领导力源于业绩。这一层级的关键词是"结果"，因为领导者有能力带领团队创造优秀的业绩。这一层级是领导力展现其真正能量的阶段。这个层级的领导者不仅能独立完成任务，还能激励团队成员共同达成目标。

- 第四层级的领导力源于育人。这一层级的关键词是"复制"，因为领导者通过助人成长和发展来赢得团队成员的追随。优秀的领导者会投入时间、精力、资金和智慧来培育他人，使其成为新一代领导者。

- 第五层级的领导力源于"巅峰"。这一层级的关键词是"尊重"。人们追随你，是因为你的品格、人格魅力、能力，以及你所追求的目标和理想。巅峰型领导者与众不同，他们似乎在任何地方都能带领他人取得成功。

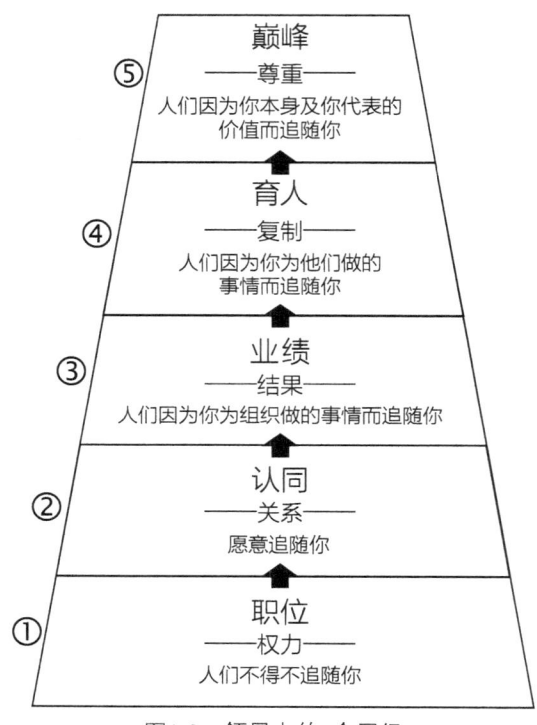

图1-2　领导力的5个层级

管理者领导力层级的不断提升是企业在战略格局和市场版图上持续发展的关键。IBM的领导力培养体系也采用了这5个层级。我们期望管理者能够迅速通过前两个层级，并从第三层级开始实现质的飞跃。每位管理者都会根据自己的优势和背景，在其管理职位上以产出成果为基本要求，合理处理与关键利益相关方的关系，在攻坚克难上以身作则，并知人善任，为组织培养更多优秀的领导和骨干。IBM的组织文化中有一项"领导者培育

第一章
瓴先领导力®：从战略到绩效的管理框架

领导者"的优秀传统，保证了IBM的领导梯队始终拥有充足且持续的人才供给。

管理者通过深入理解领导力的5个层级增强自我认知，不满足于目前的职位和管理要求，而是不断追求更高的标准，向上对标，向内激发，实现自身的持续进化。

2. 领导风格

领导力的培养不仅要求个体在领导力层级上持续精进、组织在梯队上不断建设，还要求管理者理解在不同的情境下以何种领导力来应对，即掌握领导风格的变化。通过增强对自身领导风格的认知与拓展，管理者能够更深刻地洞察自我价值和动机，从而更有效地管理自己的情绪和行为，影响和激励他人，这一点对于所有层级的管理者都是适用的。

IBM根据国际知名咨询公司合益集团提出的6种类型对领导风格进行了划分。合益集团曾进行了一项研究，从全球2万名高管中随机抽取3871人作为研究样本。该研究在很大程度上揭示了领导力的奥秘。研究结果表明，这些高管的领导风格主要分为6种，每种都与不同的情绪智力成分相关，每种领导风格都会对团队、部门乃至整个组织的工作氛围产生独特的影响，进而影响组织的财务表现。该研究最关键的一项发现是，最优秀的高管不会依赖单一的领导风格。在面对不同的情况时，他们会灵活运用3种及以上的领导风格，并能够无缝切换。

如图1-3所示，这6种领导风格分别为：指令型，要求下属立即服从；愿景型，强调愿景并带领下属为之奋斗；亲和型，与下属建立情感纽带和和谐关系；民主型，鼓励员工参与决策，建立广泛的共识；领跑型，以身作则，并对下属抱有高期望；辅导型，侧重于为企业培养人才。

图1-3 管理者的6种领导风格

1）指令型

指令型领导风格也称为威权型领导风格。这种领导风格的管理者通常会自行做出决策，制定规则，并期望员工遵守。他们对工作进度和结果有完全的控制权，通常要求员工按照具体的指示执行任务。

在特定情况下，指令型领导风格具有优势。首先，决策迅速。在紧急或面临危机的情况下，指令型领导风格可以确保迅速且高效地做出决策，因为无须进行广泛的团队讨论或达成一致意见。其次，期望明确。指令型领导风格的管理者通过设定明确的任务和期望，帮助员工清楚地了解自己的职责，从而减少混淆和不确定性。

我们不建议频繁使用指令型领导风格，因为它可能会抑制员工的创新精神和主动性，使员工感到被忽视或不受尊重，进而导致员工满意度和忠诚度降低。

军队是指令型领导风格的一个典型例子。在军队中，上级官员制定决策，下级士兵则需要按照明确的指令执行任务。在紧急状况或战斗环境中，这种领导风格是必要的，因为它可以确保快速且一致的行动。

2）愿景型

数据显示，愿景型是6种领导风格中最有效的，它对组织气氛的每一方面都能起到正面作用。愿景型领导风格的管理者会明确设定并传达未来的目标，擅长建立共享的目标和理想，为团队提供明确的方向。

愿景型领导风格具有明显的优势。首先，愿景型领导风格的管理者提供的清晰愿景可以帮助团队成员看到他们工作的重要性和目标，从而提高他们的工作积极性和投入度。其次，共享的目标和理想可以增强团队成员之间的连接，提升团队的凝聚力。最后，明确的未来目标可以激励团队成员寻求新的方法和策略来达成目标，从而促进创新。

当然，愿景型领导风格的管理者需要避免因为过分关注愿景和目标而忽视现实中的困难与限制。同时，仅有愿景是不够的，还需要清晰的战略和计划，以及有效的执行和跟进，只有这样才能实现愿景。

苹果公司的前CEO史蒂夫·乔布斯就是一位著名的愿景型领导风格的管理者。他为公司创造了一个创新和优质产品的愿景，这个愿景激励了苹果公司的员工，并推动了iPhone、iPad等创新产品的开发。

3）亲和型

亲和型领导风格又称联盟型领导风格，这种领导风格的管理者注重与员工建立强烈的情感联系，致力于创建一个和谐、友好的工作环境。他们通常对员工的感受和需求非常敏感，通过关怀和尊重提高员工的满意度与工作效率。

亲和型领导风格的优势主要体现在提升员工士气和营造团队氛围方面。亲和型领导风格的管理者的关怀和尊重能够提高员工的满意度，增强他们对公司的忠诚度和归属感。同时，通过创建一种积极且充满尊重的工作环境，可以减少冲突，提高团队协作能力。

然而，亲和型领导风格的管理者也可能因为过分追求和谐而回避必要的冲突和挑战，这可能会阻碍团队的发展和改进。此外，亲和型领导风格的管理者的决策可能受到个人情感和人际关系的影响，从而影响决策的公正性和效率。

美国橄榄球队达拉斯牛仔队的老板杰里·琼斯就是亲和型领导风格的

管理者的一个例子。他非常重视球队的氛围，经常与队员建立亲密的关系，为他们提供支持和帮助。他的领导风格帮助他建立了一个积极、团结的球队，他也因此在球员和球迷中赢得了高度的尊重和爱戴。

4）民主型

民主型领导风格鼓励团队成员参与决策过程。采用这种领导风格的管理者通常会征询员工的意见和建议，并在广泛的讨论和投票之后做出决策。他们更加注重团队的共识和协作，而不是单方面的控制和指令。

民主型领导风格的优势非常明显。首先，它可以提高员工的参与度和投入度，让员工感受到他们的声音被听到并受到重视。其次，它可以提高决策的质量，因为集思广益能够汇聚更多的信息和视角。最后，一个公平的决策过程能够增强团队成员的归属感和凝聚力。

然而，在需要快速决策的紧急情况下，民主型领导风格的管理者的决策过程可能成为一个弱点。如果团队成员对某个决策存在较大的分歧，可能会导致决策瘫痪。

谷歌的创始人拉里·佩奇和谢尔盖·布林是民主型领导风格管理者的代表。他们在公司内部营造了一种开放和包容的文化，鼓励员工参与决策过程，提出创新的想法和建议。这种领导风格帮助谷歌保持了创新性和灵活性，使其成为全球领先的科技公司。

5）领跑型

领跑型领导风格是指管理者通过身体力行，展现出高标准的成绩来带动团队提高效能。这类管理者对自己要求严苛，并对工作目标和完成标准拥有明确的期望。

领跑型领导风格的优势体现在设定高标准和激励团队两个方面。领跑型领导风格的管理者通过身体力行设定和传递高效能的预期与标准，这对于提升整个团队的效能颇为有益。同时，领跑型领导风格的管理者的高水平表现和执着的追求能够激发团队成员追求卓越，推动团队不断发展和进步。

然而，领跑型领导风格也有其不足之处。领跑型领导风格的管理者可能对团队期望过高，严苛的标准有时会使团队成员感受到巨大的压力。此外，他们过分专注目标和效能，可能会忽略团队成员的个人需求和感受，从而影响团队的士气和凝聚力。

美国股票经纪人乔丹·贝尔福特是领跑型领导风格的管理者的代表。他以自己的高效能树立了高标准，并激励其销售团队取得了显著的业绩。但是，他对效能的过度追求也给团队成员带来了巨大的压力，并最终导致法律问题。

6）辅导型

辅导型领导风格也称教练型领导风格，是指管理者通过一对一的辅导培养和发展员工能力，从而提升团队整体的效能和适应性。这类管理者通常注重员工的长期成长，愿意投入时间和精力深入了解员工的需求与潜力，并提供具体的反馈和指导。

辅导型领导风格具有显著的优势。首先，它鼓励个人成长和发展，有助于提升员工的技能和自信心，进而提升团队的整体效能；其次，通过一对一的交流和指导，管理者能够与员工建立深入的个人联系，从而提升员工的忠诚度和归属感。

然而，辅导型领导风格也面临挑战，它要求管理者投入大量的时间和精力，并且对员工的自主性有较高的要求。员工需要积极接受反馈和挑战，并愿意主动提高自身的技能和能力。

领英的CEO杰夫·韦纳是辅导型领导风格的代表。他非常重视员工的成长和发展，并经常投入时间与员工进行一对一的交流，提供反馈和指导，帮助他们提高能力。他的领导风格帮助领英建立了一个强大且具有高度适应性的团队。

研究表明，管理者掌握的领导风格越丰富，组织的业绩越佳。特别是那些能够融合愿景型、民主型、亲和型和辅导型这4种领导风格的管理者，能够打造最佳的组织氛围，促进公司业绩的提升。最高效的管理者会根据不同情境的需求灵活切换他们的领导风格。在IBM的领导力培养中，尤其推崇愿景型和辅导型领导风格。

领导风格并无绝对的优劣之分，其适用性取决于不同的情境。因此，管理者需因时、因事、因人调整领导风格，这包括员工的技能与经验、绩效水平、工作任务的性质及复杂度、时间压力及可用资源等。对领导风格的深入理解有助于管理者更有意识地洞悉自我与他人，从而从内部认知的转变做起，外显地调整和拓展自己的领导风格，实现在多变情境下的得体应对。管理者越能根据不同的场合适时运用恰当的领导风格，其管理成熟度越高，从而越有可能引领团队为公司获得卓越的业绩。

三、领导力素质模型

优秀的企业之所以着力开发和应用领导力素质模型，是因为它是对企业战略业务发展具有最大影响的领导力驱动要素。驱动要素如同杠杆，如果施加力量，将十倍、百倍地推进组织在成功道路上的速度和进程。

领导力素质模型是企业成功的关键驱动因素，它综合了成功管理者在特定组织、行业及环境要求下应具备的最佳行为和能力模式，以支持组织实现既定的战略目标并推动其发展。该模型是领导胜任力要素的集合体，涵盖了素质、能力、态度和行为。通常，领导力素质模型是通过一系列严格的程序建立的，它为企业选拔、评估和培养领导力提供了重要依据。

领导力素质模型是对管理者所期望展现的关键行为的描述，它区分了高绩效管理者与普通管理者在组织各层面行事方式的差异，体现了他们个体潜在的、持久的行为特征组合。研究表明，卓越的管理者之所以出色，并非因为他们做了更多相同的工作，而是因为他们采取了不同的行动方式。领导力素质模型正是这些卓越的管理者不同行为和模式的反映。

在企业中，不同层级的管理者面临的工作内容、岗位职责及问题各有不同，故其所需的能力素质也有所区别。通常根据工作内容和岗位职责将管理者划分为高层、中层和基层3个层次。高层管理者负责制定组织的总目标和战略，掌握方针，并评估组织绩效。中层管理者作为高层管理者与基层管理者的桥梁，执行高层管理者的决策，监督和协调基层管理者的工作。基层管理者直接指导员工，贯彻执行任务，协调和监督员工，是员工与领导之间的纽带。每一层级的管理者都应以相应的领导力素质模型为准绳，通过理论学习与实践工作不断提高各项素质能力。

优秀的企业能够紧紧围绕战略目标，应用系统化的领导力素质模型来选拔和培养领导人才，并通过科学的薪酬体系予以支持。下面以IBM在业务转型和发展过程中经历的3次领导力素质模型的演变为例，深入探讨领导力素质模型如何作为杠杆驱动要素，对企业的战略和业务发展产生影响。

纵观IBM百年的发展历程，其领导力素质模型相对稳定。然而，随着IBM战略转型和业务发展的需要，领导力素质模型经历了3次重大升级和调整，如图1-4所示。

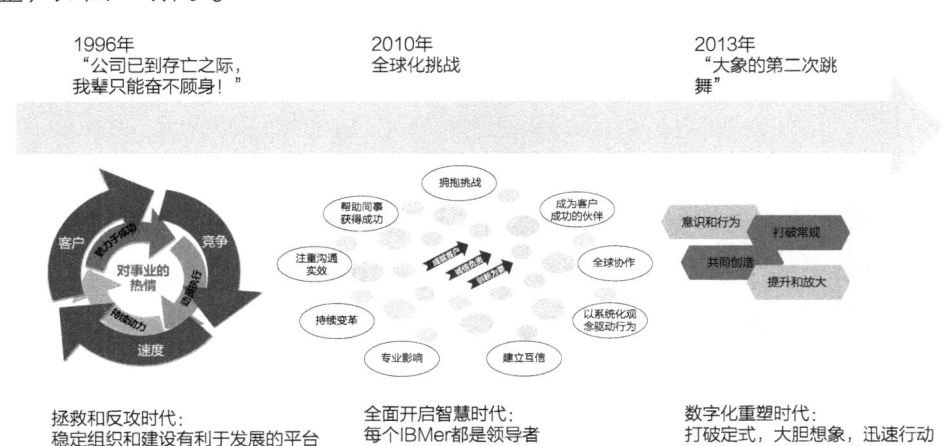

图1-4　IBM领导力素质模型的发展

1. 1996年的三环领导力素质模型

三环领导力素质模型被称为"行动和绩效导向的领导力模型"，是极受推崇和学习的IBM领导力素质模型。在郭士纳的领导下，IBM于1996年推出了适应当时外部环境和内部发展需要的领导力模型。郭士纳曾说："公司已到存亡之际，我辈只能奋不顾身！"在那个拯救与反攻时代，该模型起到了稳定组织和建设一个有利于发展的平台的关键作用。该模型的核心是"对事业的热情"，而"致力于成功""动员执行""持续动力"这三大要素环绕核心运转。

（1）核心：对事业的热情。IBM认为，一位杰出的领导者应当对事业、赢得市场及为客户提供服务充满热情。

（2）要素1：致力于成功。IBM从3个方面评价领导者是否致力于成功：对客户的洞察力、突破性思维和对成功的强烈渴望。

（3）要素2：动员执行。IBM认为，评估一位杰出的领导者能否动员团队执行并实现目标，应从4个方面考虑：团队领导力、坦诚直言、协作和决断力。

（4）要素3：持续动力。IBM认为，判断一位杰出的领导者能否为组织带来持久的推动力有3个标准：发展组织能力、指导与培养优秀人才、个人贡献。

2. 2010年的9项核心能力领导力模型

9项核心能力领导力模型被称为"环境与执行导向的领导力模型"。在该领导力素质模型发布之前，还有一个以10项能力为核心的领导力素质模型。与1996年的领导力素质模型相比，这两个版本的更新反映了全球格局的剧烈变化。当时，IBM提出了"智慧地球"全球战略，随后推出了"智慧城市""智慧政府""智慧交通"一系列战略。IBM洞察到，随着科技和信息技术的发展，世界将变得更加扁平化，面对这一轮"全球化挑战"，IBM需要确定如何取得胜利。领导力的培养不再局限于管理层，而是需要转移到每位IBMer（IBM人）身上。在智慧时代，每位IBMer都是领导者。IBM打破了领导力素质模型与员工能力模型之间的界限，建立了一个适合全球40多万名员工的9项核心能力领导力模型，并要求这些能力被纳入员工及各级管理者的日常行为和绩效评估中。

这9项核心能力分别是：成为客户成功的伙伴、全球协作、以系统化观念驱动行为、建立互信、专业影响、持续变革、注重沟通实效、帮助同事获得成功、拥抱挑战。

3. 2013年的四维领导力素质模型

四维领导力素质模型被称为"评估与结果导向的领导力模型"。在云计算时代，IBM再次面临行业危机：连续数年业绩不尽如人意，负面新闻时有发生。2012年，IBM迎来了历史上第一位女性CEO罗睿兰，由此开启了以数字化和认知计算为核心的战略转型。这场转型的核心在于使IBM实现从依赖软件服务转变为依靠硬技术立身，这对IBM而言宛如"大象的第二次跳舞"。这次转型对IBM的领导者提出了新的要求：在数字化重塑时代，领导者需要打破定式，大胆想象，迅速行动。

面对这次转型，IBM遇到了三大挑战：如何敏锐地把握行业变化？如何实现不破不立？如何处理转型期间的负面情感？据此，IBM提出了四维领导力素质模型，其中，包含4项能力，用于应对这三大挑战。

1）意识和行为——引领行业

这一能力旨在应对第一个挑战：如何敏锐地把握行业变化？IBM期望其领导者在意识和行为层面能够带领公司重获行业领先地位。因此，IBM对领导者提出了以下要求：能够接受并利用不完美的数据；揭露并管理体系中的障碍；迅速做出决策和行动；持续观察并及时捕捉外部信号；通过广泛的社交圈收集创意和想法。

2）打破常规——走出舒适圈

这一能力旨在应对第二个挑战：如何实现不破不立？IBM希望其领导

者能够走出舒适区，突破旧的思维定式，勇于创新。因此，IBM对领导者提出了以下要求：质疑既有假设；尝试无产出模式；开发最小可行性产品并不断迭代；揭露那些可能令人不适的事实；为突破性见解创造良好的环境；进行实验并根据结果决定是否扩大规模或放弃。

3）共同创造——引领行业

这一能力也旨在应对第二个挑战：如何实现不破不立？IBM期待其领导者能强化协作精神，共同创新，以助力公司重获行业领先地位。因此，IBM对领导者的具体要求包括：敢于进行大胆的思考，确立明确且共识的目标；建设跨领域合作的团队，推动深入合作；与客户共同参与创造过程；积极寻求反馈，主动倾听不同的意见；简化复杂问题，量化简单事务。

4）提升和放大——激情、毅力、绩效

这一能力旨在应对第三个挑战：如何处理转型期间的负面情感？IBM希望其领导者对业务转型保持激情，展现出坚定的毅力，并创造卓越的业绩。因此，IBM对领导者的要求包括：在团队合作中树立信任并承担责任；组建并领导跨地域的和虚拟的工作团队；选拔优秀人才；授权并激励团队成员去做伟大的事情；坚决杜绝低绩效；促进员工的横向发展与成长；积极营造一个健康的企业文化氛围。

我们注意到，在3个不同的历史阶段，IBM的领导力素质模型在形式上表现出了较大的差异。然而，其本质都紧扣IBM当时所面临的关键挑战和业务发展。管理者必须针对企业当前阶段的领导力素质模型，培养和提高其定义的核心能力，这样才能有效地引领企业突破难关、推动变革，并取得成功。

四、领导力素质的驱动作用

企业发展与变革的起点在于管理者对外部环境和内部状况的深刻洞

察，以及由此产生的改革思想；终点则是这些思想通过规划和协同作用转化为具体行动并实现成果。连接起点与终点的桥梁是周密的规划和有效的协同。简言之，可以将战略看作一个包含思想、规划和行动3个步骤的过程，而使这3个步骤形成一个完整且有机的整体的关键因素，正是领导力。

通过IBM领导力素质模型的演变，我们可以看到企业在不同的阶段对管理者的思维方式和核心能力有着不同的要求，以适应当时的外部环境和业务需求。当一个组织的领导力素质模型被准确地定义，并且所有管理者都依据这一模型来培养自己的能力和行为时，其对组织战略的制定与落地的驱动杠杆作用便会凸显出来。

从个人角度出发，理解和培养领导力应着眼于把握那些能对企业管理产生重大影响的核心能力与行为。参与组织战略的制定、协调执行及创造绩效的实际工作是提升领导力最有效的途径。相比之下，参与那些与企业经营管理现实相脱节的领导力培训则效果有限。

正如IBM向员工强调的领导力一样，在VUCA时代的背景下，组织结构的扁平化和网格化要求领导力不再是管理者的专利，而是每位员工都应具备和持续提高的素质。只有当组织中从高层到中层再到基层每个层级的管理者乃至所有员工都能展现出与岗位相适应的领导力时，组织的战略才能得到有效的贯彻和执行。如同血液在人体中自然流动一样，领导力的普及和提升将滋养组织这个有机体的每个部分。

第四节
瓴先的核心价值观导向

在第三节，我们将瓴先领导力®的3个主要模块比作人体的头部、腰部和腿部。在这一比喻中，企业的价值观宛若心脏，赋予了企业生命力，并指明了企业发展的方向，同时明确了企业的使命、目标和理念。管理者在执行职责时，应深刻理解、确立并实践与组织的核心价值观一致的行为准则。

价值观具有凝聚力，可以维系一家企业在剧烈的变革过程中连接不散。IBM之所以能够在危机中重整旗鼓、重回市场竞争的前沿，其核心价值观"成就客户，创新为要，诚信负责"发挥了至关重要的作用。

郭士纳的继任者、IBM的前CEO彭明盛在接受《哈佛商业评论》的采访时，对价值观做了如下阐述："价值观在管理系统中注入平衡——短期交易与长期关系的平衡；股东、员工与客户之间的平衡。价值观帮助我们确保决策与公司的本质相符。"正如彭明盛所指出的，价值观可以确保企业在追求经济效益的同时，不会忘了自身是一家什么样的企业。

在IBM，每位员工都能深刻地感受到公司对价值观的重视。IBM的价值观不仅是挂在墙上的标语，更实际体现在员工的每项工作行为中。公司要求所有管理者都必须依照这些价值观来指导员工，服务客户。

一家企业的价值观通常在其创立之初就已确立，并可能随着企业的发展适时地调整，但这些调整通常不会极端到完全颠覆原有的价值观。价值观象征着企业存在的深层意义。企业内部对价值观有着强烈的共识：什么是对的，什么是错的，什么是我们追求的，什么是我们坚决不允许出现的。

管理者必须理解，基于价值观的凝聚力是团队或企业在更高层面的聚合力。价值观在推动业务发展上的作用超越了具体的业务策略，因为它会对员工与业务产生更深远和稳定的影响。而基于价值观的领导方式能够真正赢得员工的认同，激发他们的潜力。

一、核心价值观的定义

在西方企业的发展历程中，企业价值观经历了多种形态的变化：有的强调利润最大化，有的注重管理科学和效率，还有的重视社会责任和道德伦理。当代企业价值观呈现出更加多元化的趋势，如注重人本主义、以客户为中心、科技与创新、透明度与诚信、社会责任等。

在不同的社会发展阶段，总有一些价值观被普遍认为是最基本和最重要的，这些价值观通常作为价值判断的基石，称为"本位价值"。作为独立的经济组织和文化共同体的企业，其内部形成的具有该企业特色的本位价值，通常被称作"核心价值观"。例如，一家企业将利润视为其核心价值观，当利润与创新、社会责任产生矛盾时，该企业往往会优先考虑利润，使创新和社会责任适应对利润的追求。

核心价值观构成了企业的信条，指导管理者和员工的判断。一旦在企业内部形成共识，它就会为企业提供持久的精神支撑力。员工的价值观若与企业相契合，他们就会将工作视为追求个人理想，企业价值观将成为他们克服困难的精神支柱。

核心价值观是企业文化的核心，可以统一企业内部的价值观念和行为准则，建立共识，形成特定的文化和工作方式，增强凝聚力和协作效率，并提供处理各种矛盾的准则。

同时，核心价值观也是企业战略的基石，可以指导战略定位和目标，确立执行措施的界限，推动企业朝着既定方向发展。

研究发现，优秀的企业通常拥有能够吸引员工认同和激励人心的核心价值观。例如，华为强调"以客户为中心、以奋斗者为本、长期艰苦奋斗、坚持自我批判"，阿里巴巴提倡"六脉神剑"理念，迪士尼则坚持"健康而富有创造力"。这些企业的核心价值观不仅极大地激发了员工的奋斗精神，也感召着客户和上下游生态链伙伴。

二、成功企业的核心价值观

著名管理专家及畅销书作家吉姆·柯林斯在其著作《基业长青》中提出了"愿景型企业"的概念，并通过分析IBM、惠普、通用电气、宝洁、迪士尼、沃尔玛等长期成功企业，发现这些企业都有一个共同点：持有一种核心理念，同时刺激进步，积极改变除核心理念外的任何东西。这里的"核心理念"指的是企业的核心价值观和使命。

柯林斯强调，核心价值观是组织长盛不衰的根本信条，它不应与特定文化或作业方法混为一谈，不能为了财务利益或短期权益而自毁立场。核心价值观可以用不同的方法陈述，但始终都应当是简单、清楚且直接而有力的。

核心价值观能够升华成为深入人心的信念，并为行为提供实际指导。例如，山姆·沃尔顿明确表述了沃尔玛的首要价值观："顾客至上。如果你不服务于顾客，或者不支持服务于顾客的人，那么我们不需要你。"宝洁的联合创始人詹姆斯·甘保尔则强调了产品品质和诚信经营的重要性："如果我们不能制造足斤足两的纯粹产品，那就去做别的事吧。"

IBM创始人托马斯·J. 沃森在他1963年撰写的《一个企业的信念》一书中谈到了核心价值观（他称之为"信念"）。他说："我相信，一家公司成功与失败的真正差别往往在于，公司能在多大程度上激发员工的精力和才能，并帮助他们找到共同的目标。当公司在一代又一代的传承中经历诸多变化时，如何维系这种共同目标和方向感呢？我认为答案在于我们所说的'信念'的力量，以及这些信念对员工的吸引力。必须始终把信念放在首位。如果政策、做法和目标与根本信念相悖，那么它们就必须被改变。"

自成立伊始，IBM就坚信价值观（理念）对企业发展的核心作用，业界提及IBM的文化时，通常会形容其有着"教派般的氛围"。IBM始终执行价值观导向的密集训练和社会化过程，要求每位新入职的员工都必须学习公司的核心价值观，学习公司哲学及相关技术类课程，并掌握大量公司特有的语言（IBM用语）。1985年出版的《美国最适合就业的100家大公司》一书对IBM的描述是："把自己的信念像教会一样制度化……形成了一家充满虔诚信徒的公司……有人将加入IBM比作参加宗教团体或入伍。如果你对海军陆战队有所了解，那么你就会了解IBM……你必须愿意放弃部分个人意识，以便在公司存活。"一位在IBM工作了9年后离职的员工曾表示："离开这家公司就像移民一样。"

愿景型企业的核心理念好比自然界的遗传密码。遗传密码在物种变化和演进过程中保持不变，愿景型企业在历经所有突变的过程中，其核心理念也保持不变。

麦肯锡著名的7S框架模型认为，在战略过程中最重要的7个因素可以用7个以S开头的英文单词表示，分别是Strategy（战略）、Structure（结构）、Systems（系统）、Style（风格）、Staff（人员）、Skills（技能）和Shared values（共享价值观）。在这个模型中，共享价值观起着核心作用。只有当这些因素构成一个协调一致的体系时，企业才能够取得成功。

三、价值观领导的导向作用

核心价值观是指导和塑造企业文化、行为与决策的基本信念及原则，对企业管理者而言，将价值观领导放在根本位置上至关重要。价值观领导具有以下几个导向作用。

1. 塑造企业文化

企业文化是企业竞争力的核心，而价值观是塑造企业文化的基石，能够影响员工的行为准则、工作态度和团队合作方式。管理者通过强化价值观领导，可以培养出一种共同的信念和目标，形成强大的组织凝聚力和向心力。

2. 提供决策指南

核心价值观提供了一套决策框架，使管理者在面对复杂多变的商业环境和各种决策时能够保持一致性和明确性。价值观领导确保了决策的方向与企业的长远目标和宗旨相符。

管理者可以依据核心价值观来设定战略目标，在众多选择中做出抉择。例如，"客户至上"是企业的核心价值观之一，在制定战略时，管理者就应当优先考虑客户需求和客户满意度。

这种情况类似中国道家哲学中的"道"。对企业而言，这个"道"就是其核心价值观。管理者在决定如何参与外部市场价值创造、制定战略方向时，其核心价值观定义了企业的本质，指引管理者选择什么、放弃什么，以确保企业内外一致、全员共融。

3. 塑造员工行为标准

价值观领导能够为员工设定行为规范和职业道德标准，确保员工行为与企业的价值追求及社会责任一致。例如，某企业强调诚信、创新、客户至上、合作共赢等核心价值观，这些都应转化为管理者对员工的具体行为要求，指导他们在日常工作中的行动和决策。

4. 构建品牌信誉

价值观领导可以帮助企业构建独特的品牌形象，区别于竞争对手，通过一致的价值观传达，提升客户和公众对企业的信任度与忠诚度。例如，默克制药以战胜疾病为使命，而非仅追求利润。

不同企业将不同的元素作为其理念的核心。例如，强生和沃尔玛视顾客为公司理念的核心；福特和迪士尼将产品或服务作为公司理念的核心；

索尼和波音将大胆冒险作为公司理念的核心；摩托罗拉和3M公司则将创新作为公司理念的核心。这些要素构成了这些杰出企业的基本特色，使它们与众不同。

5. 提高企业经营效率和员工凝聚力

共享的价值观能够带来更强的组织凝聚力。管理者通过价值观领导，能够使员工很容易在具体问题上达成共识，从而极大地节省企业运营成本，提高企业经营效率。

同时，当企业价值观与员工产生共鸣时，员工会更有内在的工作动力，从而释放更大的潜能，创造更高的绩效。企业的活力是企业整体合力作用的结果。企业合力越强，所激发的活力越大。

6. 吸引具有相同价值观的客户

企业在制定战略时，会对客户进行分析和选择；同样，客户在选择时，也会对企业进行分析和判断。研究发现，71%的客户倾向于选择与他们的价值观和意识形态相同的品牌。特别是Z世代（通常指1995—2009年出生的一代人）在选择品牌、购买产品或服务时，83%的人特别重视价值观的一致性，考虑品牌所代表的价值观。

因此，核心价值观的作用已经不再局限于企业内部。企业的一举一动都体现了其价值观，而这些价值观必然会体现在产品和品牌上。在产品质量相当的情况下，一个以规模和利润为主导目标的企业与一个强调社会责任感的企业，作为客户的你会如何选择？

四、核心价值观典型案例

1. 奈飞公司

奈飞（Netflix）公司是全球领先的流媒体娱乐服务提供商，在超过200个国家和地区拥有会员。该公司的核心价值观在其战略规划与执行过程中发挥着至关重要的作用。

奈飞公司的核心价值观涵盖诚实和透明、多样性和包容性、勇于创新和追求优秀。以下是奈飞公司管理层在践行价值观领导方面的若干示例。

1）诚实和透明

奈飞公司的管理者在决策过程中会与团队成员开展坦诚的对话，并确保所有的决策都是基于数据和实际情况而不是基于个人偏见或不完全的信息做出的。

奈飞公司确保向用户提供准确的订阅和计费信息，并在做出任何价格调整之前都会通知用户，确保他们了解变动的原因和影响。例如，当需要调整订阅价格时，奈飞公司会提前告知用户并解释原因。此外，奈飞公司还致力于提供用户友好的界面，让用户可以清楚地了解自己的订阅情况。

2）多样性和包容性

奈飞公司的目标是成为全球观众的首选娱乐平台，因此，它需要提供各种各样的内容以满足全球各地观众的需求。奈飞公司的管理者在制定内容策略时，会考虑不同文化和观众群体的需求，以确保内容的多样性和包容性。

奈飞公司投资和分发来自世界各地的电影与电视节目，这些内容涵盖了不同的文化、语言和生活经历。同时，奈飞公司在其原创内容中也努力体现多样性和包容性。例如，该公司制作了一系列以少数群体为中心的节目，如《奇异人生》（*Atypical*）关注自闭症人群，《橘子是新黑》（*Orange Is the New Black*）展示了女子监狱中的种族和性别多样性。同时，奈飞公司为其发布的内容提供字幕、描述音频和其他无障碍功能，以确保听力或视力受损的观众也能享受服务。

在公司内部，管理层在招聘和人力资源政策中也强调多样性和包容性，致力于创建一个多元化工作环境，确保其团队成员能够代表广泛的用户群体，并在工作中获得平等的机会。

3）勇于创新

奈飞公司是在线流媒体服务的先驱，其成功的关键在于始终秉承持续创新的核心理念。奈飞公司的管理团队致力于不断寻求新的技术和业务模式，以提升用户体验、增加订阅者人数和提高市场份额。例如，奈飞公司不仅提供了离线观看功能，还推出了个性化推荐算法，以提升用户体验。

在内容发布模式上，奈飞公司改变了传统的每周发布一集电视节目的模式，采用了一次性发布整季内容的方式，满足了观众的"剧集追逐"需求。

4）追求优秀

奈飞公司对内部团队有着严格的要求，强调"雇用和培养世界级的人才"，并相信"优秀的团队会做出优秀的决策"。该公司管理团队积极吸引和保留顶尖人才，并通过有竞争力的薪酬和激励机制奖励卓越的表现，鼓励员工追求优秀。

奈飞公司对"追求优秀"核心理念的坚持，让公司的内容制作团队始终代表业内的最高标准，无论是在故事讲述上还是在技术实现上。《纸牌屋》《怪奇物语》等作品在全球范围内受到了广泛好评。奈飞公司的原创内容多次获得艾美奖、金球奖等行业大奖。

可以看到，奈飞公司的管理团队在决策时切实贯彻核心价值观，无论是对市场、客户还是员工。这些价值观不仅体现在战略制定和执行上，更落实在商业决策、技术运用、客户服务、员工互动等方面。正是这样的实践使奈飞公司在市场表现、客户满意度、员工满意度等关键指标上展现了核心价值观的强大影响力。

2. 沃尔玛

沃尔玛的核心价值观由其创始人山姆·沃尔顿确立，被称为"沃尔顿的3个基本信念"，是该公司文化的基石，主要包括：尊重每个人、服务顾客和追求卓越。

1）尊重每个人

沃尔玛致力于尊重所有员工，不分职位、种族、性别、年龄和背景。在日常工作中，管理者需要为员工提供公平的晋升机会，对员工的意见和建议持开放态度，严格审查和处理任何不公平现象。此外，沃尔玛实施多元化和包容性的用人策略，管理者在做用人决策时，需要确保员工队伍的种族、性别、年龄和文化的多样性，同时注重经验、技能和观点的丰富性。

在顾客服务方面，沃尔玛致力于为每位顾客提供一致而尊重的购物体验。公司要求管理者在"尊重他人"方面树立标杆，并提供相关培训，确保员工能够尊重并满足不同顾客的需求。

2）服务顾客

沃尔玛始终坚持"顾客第一"的原则。在沃尔玛的办公室墙上有两条显著的标语。第一条是"顾客永远是对的"；第二条是"如果顾客错了，请回顾第一条"。沃尔玛坚持顾客至上，坚信只有顾客才是真正的老板。公司致力于提供高质量的商品和服务，力求满足甚至超越顾客的期望。在日常工作中，管理者要以身作则，带领团队始终以友好的、乐于助人的态度对待顾客，并且不断探索新的方法以提高顾客满意度。卓越的顾客服务是沃尔玛区别于其他公司的显著特征。

在商品类别的选择上，沃尔玛秉持"服务顾客"的理念，提供从食品到家居用品、从电子产品到服装等广泛的商品选择，几乎覆盖了人们日常生活的所有方面。这样的多样性确保了公司能够"一站式"满足顾客的各种购物需求。

同时，沃尔玛管理层持续在公司内部推动"持续创新"的理念，以不断提升顾客的购物体验。例如，通过引入自助结账台、在线购物和门店自提等服务，沃尔玛使顾客的购物变得更加快捷和便利。管理层还将"顾客反馈"纳入日常的工作考核中，通过顾客满意度调查等多种方式积极收集顾客意见，以便不断优化和改进服务。

3）追求卓越

沃尔玛从不满足于现状，始终致力于追求改进和卓越。在日常工作中，这意味着沃尔玛的管理团队不断倡导各级员工进行自我评估和学习，并持续提高商品和服务质量。

在技术方面，沃尔玛不断革新，包括建立电子商务平台和使用大数据分析优化库存管理。同时，沃尔玛还开发了移动应用和在线购物平台，以提升顾客体验，提高顾客满意度。此外，沃尔玛采用了高效的供应链管理系统，运用了先进的物流和分销技术，如跨境物流系统、自动化仓库和实时库存管理系统，以确保商品能得到快速补货和配送，从而提高整体运营效率。

在运营方面，沃尔玛以出色的成本控制著称。沃尔玛利用规模经济和有效的成本管理，将节约下来的成本转化为顾客的价格优惠，从而受到广泛赞誉。

在服务方面，沃尔玛遵循"250法则"。所谓"250法则"，即每位顾问大约有250个与其关系较亲近的人，如同事、邻居、亲戚和朋友等。若一位顾客对某项服务感到不满意，他可能会影响这250人对这项服务的看法。这就意味着如果一位顾客不满意，可能他背后的250人也会感到不满意；反之，如果一位顾客对某项服务感到满意，他可能会向250人分享并推荐该项服务。沃尔玛的管理者始终遵循价值观领导原则，激励员工围绕核心价值观不断追求卓越。这种做法也帮助沃尔玛成功地吸引了拥有共同理念的顾客。

小结

核心价值观对企业而言应当是稳定的，然而它的表现形式会随着时间不断发展和变化。柯林斯指出，企业的领导者必须区分核心的理念与非核心的实践方法，不可将两者混淆。企业必须小心地维护其核心价值观，同时也可以改变和发展它的表现形式。

在领先领导力®实践中，核心价值观构成了管理者引领企业前进的根基。管理者不仅要帮助企业传承其稳定的核心价值观，还要确保这些价值观的表现方式能够适应当前的形势。通过价值观领导，企业可以坚定战略方向，提振员工士气，吸引顾客和生态链合作伙伴，从而实现多方共识、共赢。

第二章

善反思的管理突破：
战略洞察

第一节
管理突破需要战略反思

一、重温 IBM 绝处变革的故事

美国《财富》杂志每年都会对全球企业进行"世界500强"排名。能够进入该排行榜的企业通常都经历了多年的沉淀,逐步构建了自己的企业版图。据统计,1920年,全球500强企业的平均寿命为67年,而到了2015年,这一数字缩短至12年。在美国,大约62%的企业寿命不超过5年,仅有2%的企业能存活50年以上。像IBM这样历经百年沧桑仍屹立不倒的企业变得越来越稀少。

IBM在其百余年的发展历程中,经历了多次起伏和转型,其中1993—2002年的10年变革尤为引人瞩目。IBM成立于1911年,其在发展历程中创造了无数荣光。20世纪80年代初,IBM不仅凭借大型计算机确立了其行业霸主地位,而且在个人计算机领域取得了成功。1984年,IBM的年销售额达到了260亿美元,并连续多年被《财富》杂志评为"美国最受尊敬的公司"。1987年,IBM的市值达到了1060亿美元。

进入20世纪90年代初期,计算机行业经历了巨大的变革。IBM曾经的辉煌开始逐渐黯淡,其生产的传统大型计算机被视为过时且技术落后,作为主要利润来源的大型计算机业务受到了连续的冲击。同时,IBM在个人计算机领域也失去了国际市场的前三强地位。许多科技专家和主流媒体得出结论:IBM的倒闭指日可待。IBM的股价也从1987年的每股43美元的高点跌至1993年第一季度的不足13美元。IBM的挫败正如它的成功一样,甚

第二章 善反思的管理突破：战略洞察

至被商学院写进了教科书。《财富》杂志在1992年的封面文章中醒目地写道："机器恐龙的灭亡值得每个人引以为戒。"公众普遍认为，IBM的末路已至。

在IBM的发展历程中，1993年出现了一位关键人物。1993年4月1日，IBM在纽约希尔顿酒店召开了一场异常重要的新闻发布会，宣布任命路易斯·郭士纳为新的董事长兼CEO，这在业界引起了巨大的震动。因为按照IBM的传统，CEO一般由在公司服务多年的资深高管出任。而郭士纳在加入IBM之前，并没有计算机行业的工作背景，他是美国最大的食品及烟草公司的前CEO。因此，他初入IBM时，一些公司元老并不认可他，甚至戏称他为"卖饼干的人"。然而，郭士纳拥有一份令人瞩目的履历：他拥有27年的管理经验，是哈佛商学院工商管理学硕士，毕业后加入了麦肯锡，并在28岁时成为该公司历史上最年轻的合伙人；他在36岁时成为美国运通公司的执行副总裁，并一度被视为总裁的潜在接班人。尽管缺乏计算机行业经验，但郭士纳在IBM面临前所未有的巨额亏损时，接受了重任。他对IBM实施了深刻的结构调整和业务转型，成功扭转了公司的颓势，带领IBM走出了困境。

郭士纳于2002年卸任，继任者彭明盛延续了郭士纳开创的辉煌。郭士纳在IBM任职期间带来的盈利效应持续了20多年。IBM的股价从1993年的低于20美元/股，上涨至2012年的200多美元/股。郭士纳在领导IBM的10年中，做出了两个至关重要的决策：首先，他拒绝了拆分公司的方案，这使IBM能够向全球扩展，业务变得更加多元，从而规避了高科技产业萧条的影响；其次，他改变了IBM的经营模式，从硬件制造转向服务提供，将IBM从以产品为导向的公司转变一家为以服务为导向的公司。

二、柯达公司，另一个关于变革的故事

柯达公司成立于1888年，截至1996年，其员工人数超过14万人，市值

达到280亿美元，并且掌握了全球2/3的市场份额。然而，仅仅过了16年，2012年，柯达公司不得不申请破产保护。柯达公司达到巅峰用了将近一个世纪的时间，但从巅峰跌落到低谷只用了不到20年。究竟是什么原因导致这家曾经的行业巨头如此迅速衰落？

柯达公司的创立者乔治·伊士曼出生于1854年，早年生活颇为艰辛。他的父亲在他幼年时去世，这迫使他14岁辍学并开始工作，以此维持家庭的生计。尽管如此，他对兴趣的追求和对事业的雄心并未减弱。伊士曼在银行的工作让他积攒了创业所需的资金。

1880年，伊士曼投身于当时还处于起步阶段的摄影技术。那时，摄影不仅需要繁重的设备，而且技术复杂、成本高昂。伊士曼立志要让摄影变得简单、经济，并且让更多普通人能够享受摄影的乐趣。

1888年，伊士曼创立了柯达公司，并研发出了便携式柯达相机，这一创新使相机成为大众可承受的商品。这款相机配备的胶卷能够拍摄100张照片，用户只需按下快门即可进行拍摄。胶卷拍满后，用户将相机寄回柯达公司，由柯达公司的技术人员负责冲洗照片并重新装填胶卷。这一模式极大地促进了摄影技术的普及。

在20世纪的大多数时间里，柯达公司一直是全球摄影行业的领军企业。然而，进入21世纪初，柯达公司未能迅速适应数字化的浪潮，从而面临严重困境。

实际上，柯达公司在数字摄影领域曾具有先行者的地位。1975年，柯达公司工程师史蒂夫·萨森森发明了世界首款便携式数字相机。但柯达公司在将这项技术商业化方面显得迟缓，主要原因是柯达公司传统的营业模式依赖胶片摄影，包括胶片的生产、销售，以及提供照相机和冲印服务，这些业务曾给公司带来了稳定而丰厚的利润。因此，当数字摄影技术崭露头角并逐步成熟时，柯达公司并未立即全力投入这一新兴市场，担心这可能会冲击其原有的盈利模式。

21世纪伊始，随着互联网和个人计算机的广泛普及，数字摄影技术迅速取代了传统胶片摄影技术。虽然柯达公司在21世纪初也推出了自己的数字相机和在线照片分享服务，但其市场反应已不及从前。到2010年前后，柯达公司在数字摄影市场的份额被索尼、佳能和尼康等竞争对手超越。

2012年，柯达公司申请破产保护。经过一系列重组和策略调整之后，柯达公司实现转型，成为一个专注于数字图像和打印技术的企业。尽管如此，柯达公司仍未能重现昔日的辉煌。

柯达公司的经历是"创新者困境"的典型案例，显示了一家公司在遭遇颠覆性创新时，可能因为过分依赖其既有商业模式而未能及时适应新的市场环境。这种情况被称为"柯达时刻"，为企业转型和创新提供了重要的警示。

为了总结柯达公司在数字时代失败的教训，我们从以下几个核心原因进行分析。

1. 对颠覆性技术的抵抗

柯达公司虽然在早期开发出了数字相机，但因为公司的主要利润来源于传统胶片业务，所以并未积极推进这项技术的商业化。这种对新变革的抗拒心态导致柯达公司在数字摄影市场的竞争中处于劣势。

2. 错过市场转变的时机

随着互联网和个人计算机的普及，以及移动设备的兴起，数字摄影技术迅速取代胶片摄影技术。柯达公司虽然推出了自己的数字相机和在线照片分享服务，但已错失市场转变的最佳时期。

3. 缺乏有效的转型策略

尽管柯达公司在进入21世纪后进行了多次尝试和转型，但由于缺乏有效的策略和执行力，其在数字摄影市场的份额逐渐被竞争对手蚕食。

4. 竞争压力

柯达公司在转型过程中，还面临来自索尼、佳能、尼康等公司的激烈竞争。这些公司在数字摄影技术的研发和商业化方面均领先于柯达公司。

三、启示

是什么让IBM绝地逢生，在历经风雨、濒临倒闭之际成功地抓住变革的方向，从而踏上新的航程？又是什么让柯达公司于盛世衰落，曾经的行业霸主在短短20年后走下神坛，被竞争对手远远超越，最后申请破产保护？

答案显然不在于IBM的员工比柯达公司的员工更聪明。正如对柯达公司失败原因的分析所示，不管是对颠覆性技术的抵抗，还是有效的转型策略的缺乏，这些问题都与公司管理层的意识和能力密切相关。在企业平稳发展时期，管理者的领导力主要体现在领导团队、执行决策、实现业绩目标上。但当企业面对时代变革、遇到颠覆性技术或外部环境的巨大变化时，仅依赖执行力和业绩导向的领导力是远远不够的。瓴先领导力®需要向上和向外突破，而这种突破的关键在于战略反思。

战略反思通常要求高层管理者在短期目标与长期目标之间做出正确的平衡，并且敢于质疑和挑战短期目标。这不仅涉及处理当前业务所承受的压力与公司长远发展之间的平衡，还包含员工的成长与当期产出之间的平衡。管理者需要从日常繁重的事务中抽身，将更多的注意力转向对未来发展的深入思考。

IBM当年之所以改变传统做法，不再从内部高管中选拔CEO，而是决定在外部寻找合适的人选，是因为它认识到内部管理者往往存在一种管理惯性。这种惯性不仅长期根植于日常管理行为中，更深刻地影响管理者的理念和认知。只有像郭士纳这样具备外部视角的领导者，才能在短时间内做出对IBM长期发展有利的战略决策。尽管这些决策显然会对公司短期目标产生不利影响。例如，自1990年起，IBM的主机业务收入便开始下滑，当客户要求降价时，郭士纳果断采取了降价策略。他坚信这是挽救IBM的关键决策之一，即使这会在短期内增加IBM的财务压力。

战略反思同时要求高层管理者时刻准备在组织内引领变革。他们需对以往的业务模式进行调整，以更好地适应市场和客户需求，这种调整的影响是深远而广泛的。从柯达公司的失败可以看出，当管理者主动忽视外部市场的信号，固守旧有优势，并期望仅凭内部效率的提高或合作伙伴的联盟来维持成功时，市场往往会做出冷酷的回应。

与柯达公司不同，三星电子公司对商业策略进行了灵活调整，最终实现了转型成功。三星电子公司是一家全球知名的科技公司，其产品涵盖手机、计算机、家用电器等各类消费电子产品。在20世纪80年代末初入科技消费品领域时，三星电子公司并没有立即取得成功。起初，三星电子公司在消费电子市场上的地位并不突出，其产品质量和技术水平也无法与当时的市场领导者索尼和松下等竞争。因此，三星电子公司选择转型成为其他公司的零部件供应商，这一策略最终被证明是明智的。通过制造零部件，三星电子公司积累了丰富的制造经验和先进技术，同时获得了可观的资金。例如，三星电子公司在半导体和显示屏领域的投资使其技术达到了世界领先水平。

进入20世纪90年代，三星电子公司依托其在零部件制造方面的技术和经验积累，回归消费电子产品市场。这一次，三星电子公司推出的产品在质量和技术上均有显著提高，公司也凭此成为全球市场上一股强大的力量。今天，三星电子公司已成为全球最大的电子产品制造商之一，在2021年的《福布斯》全球500强中位居第11位。在智能手机等消费电子产品市场，三星电子公司占据着举足轻重的地位。这些成就得益于该公司在零部件制造方面的深厚积累，以及长期以来对产品质量和技术革新的持续追求。

第二节
从战略反思到战略洞察

在企业变革中，管理者必须培养自己的战略反思能力，这涉及对组织内部情况的审视和对已实施战略的评估。与此相对的是战略洞察，它指的是对组织外部环境的理解与预测。战略反思是后瞻性的，重在学习与改进；而战略洞察是前瞻性的，重在预测与准备。管理者通过不断的战略反思，引发深度的战略洞察，从而带领企业持续发展和主动变革。

一、战略管理

"战略"一词源自军事领域。之所以将其应用扩展至企业管理领域，是因为这两个领域都存在类似的竞争环境特征，包括不确定性、信息的不完整性、资源的有限性、竞争对手的存在，以及自然淘汰法则。

企业战略管理的概念最早可以追溯至20世纪30年代。美国管理学家切斯特·巴纳德在其1938年出版的著作《经营者的职能》中提出了这一概念。美国管理学家阿尔福来德·D.钱德勒在其1962年出版的著作《战略与结构：美国工业史的考证》中，系统地将"战略"引入企业管理中，并明确地将战略决策与业务决策区分开来。

进入20世纪70年代，肯尼斯·R.安德鲁斯在1971年提出了旨在获取竞争优势的SWOT分析框架，并认为战略就是企业所能发挥的组织优势和组织劣势与所能抓住的环境机会与环境威胁之间的匹配。1972年，伊戈尔·安索夫在其论文《战略管理思想》中正式提出了"战略管理"这一概念。1979年，安索夫出版了《战略管理论》一书。这部著作与他于1965年出版的《公司战略》和1976年出版的《从战略计划到战略管理》，共同构成了战略管理学科的理论基石。

20世纪80年代，市场竞争异常激烈，企业获得和维持竞争优势的重要性日益凸显。在这一背景下，著名管理学家彼得·德鲁克在其著作《管理：任务、责任、实践》中强调了战略思维的重要性。同时期，哈佛商学院教授迈克尔·波特也在该领域取得了重大突破。他在《竞争战略》（1980年出版）和《竞争优势》（1985年出版）两本专著中应用系统论的分析方法，阐述了他的战略分析框架——五力模型，包括新进入者的竞争能力、替代品的替代能力、现有竞争对手的竞争能力、购买者的议价能力、供应商的议价能力。波特认为，企业的竞争优势最终来自为客户创造的价值。

进入20世纪90年代，加拿大管理学家亨利·明茨伯格在1998年出版了《战略历程》一书。该书剖析了战略形成的十大学派。这些学派从不同的角度和层次反映了战略形成的客观规律，对战略管理理论的发展做出了重要贡献，并共同构成了完整的战略管理理论体系。

明茨伯格提出的战略5P理论阐述了战略概念的多维视角，获得了广泛的引用。他认为战略是计划，即有意识的行动方案，预先制订；也是策略，即机智地对竞争对手采取特定的战术或行动。从历史角度看，战略显现为模式（Pattern），并不总是预先计划好的，而是可以从一致的行为中自然发展出来的。从组织文化角度来看，战略是观念，反映了一个组织如何看待世界——通常基于其价值观、信仰和文化。从市场竞争角度来看，战略是定位，涉及组织在市场或行业中的位置，包括决定在哪些市场上竞争、提供何种独特价值及如何与竞争对手区分开来，以建立强大而灵活的竞争优势。

关于企业战略的定义，被誉为"竞争战略之父"的迈克尔·波特指出：战略就是做出选择、权衡取舍，就是要有意识地选择与众不同。战略的本质是选择不去做什么。

本书对企业战略的定义是：企业为满足客户需求和取得优秀的业绩，通过评估和分析外部环境与内部条件，从全局视角出发，对企业发展目标、实现目标的途径和手段进行长期的总体规划。企业战略管理的核心要义可以概括为"选择"与"谋划"两个关键词：明确何时应当着手进行何事，何时应当避免涉及何事，然后制订详细的行动计划。

战略并非空洞的概念，而是影响企业是否能够持续发展和盈利的关键决策依据。战略管理则是基于企业的战略规划，对企业战略的执行进行监督、分析和控制，特别是对企业的资源配置和业务方向进行制约，以确保企业顺利实现既定目标。

二、战略反思

1. 战略反思的定义

对正在实施的战略进行反思时，管理者需要审视组织的资源和能力，评估已实施战略的效果，并反思组织的战略实施过程与决策。战略反思要求管理者进行深入思考，从组织的经验和实践中提炼出有价值的教训与启示，以便在未来的战略制定和实施中实现改进。

能否不断进行战略反思，是瓴先领导力®的重要表现之一。战略反思是指组织或个人回顾和思考其战略方向、实施过程、成效及潜在改进空间，其目的是持续深入地反思和批判性分析战略实施情况，以识别现有战略的优势和劣势，从而对战略进行适当的调整和优化。

战略本身是周期性的，企业管理者制定的每项策略都基于对当前环境的解读，对未来发展目标的预测和规划。在迭代的周期中识别并弥补能力的不足之处，使组织变得更加强大，是战略反思的核心意义。尤其在当今互联网时代，管理者带领企业建立以用户为中心的快速迭代能力——"小步快跑，快速试错"，变得尤为重要。

战略反思可以定义为以下4个关键要素。

- 战略回顾：对过去的战略方向、实施步骤和成效进行全面回顾。
- 批判性思考：深入分析现有战略的成功因素和失败因素，以及这些因素背后的原因。
- 学习和改进：从已有经验中提取教训，为未来的战略规划和实施提供有益的洞见。
- 调整和重新定位：基于对过去经验的反思和学习，适当调整现有战略，以便更好地实现组织目标。

对企业管理者来说，在日益激烈的竞争中选择正确的战略目标和发展方向，对企业的生存和发展至关重要。如果沿着错误的战略方向投入大量资源却无法获得期望的成果，企业可能会耗尽有限的资源，从而迅速削弱竞争力，并可能面临市场生存的危机。

2. 典型案例

诺基亚曾是全球移动电话行业的领导者，但在智能手机时代的竞争中逐渐丧失了市场地位。管理团队缺乏战略反思被认为是诺基亚最终衰败的重要原因之一，主要体现在以下几个方面。

1）对技术趋势的忽视

在智能手机兴起之初，诺基亚的管理团队未能及时认识到触摸屏技术和移动操作系统的重要性。当市场和竞争态势发生显著变化时，该公司仍然沉浸在过往的成功模式中，缺乏对新技术趋势的批判性思考和迅速响应。

2）战略方向的迷失

随着iOS系统和安卓系统的崛起，诺基亚的管理团队在智能手机市场的战略方向上开始摇摆不定。公司缺乏对战略方向和目标市场的清晰反思，对消费者需求缺乏深入的洞察，导致在关键时刻做出了不一致的战略决策，特别是在操作系统的选择上显得犹豫不决。

3）执行效率的下降

由于未能及时反思和解决战略执行过程中的问题，诺基亚在产品开发和市场推广方面的效率逐渐下降。在激烈的市场竞争中，这种执行迟缓进一步削弱了公司的竞争力。

4）组织学习的缺失

在诺基亚的衰败过程中，公司管理团队缺乏对失败教训的系统性反思和总结，导致错误和问题反复出现，公司的组织学习能力遭到损害。

综上所述，管理团队的战略反思不足导致诺基亚未能充分适应市场和技术的快速变化，从而错失了在关键时刻制定和执行正确战略决策的机会。同时，诺基亚未能充分从失败中学习和汲取教训。这些因素综合作用，最终导致诺基亚在全球智能手机市场上的领导地位不保。诺基亚的案例提醒我们，战略反思是管理者引领组织持续进步和学习的关键工具，也是企业在激烈竞争和不断变化的商业环境中维持竞争力的核心要素。

总结而言，管理者的战略反思能力对组织战略的制定和执行至关重要，它不仅关系到企业的长期发展，还可能左右企业的兴衰成败。通过建立并持续提升战略反思能力，管理者能培养出更广阔的视野和批判性思维，这将有助于提高组织的战略灵活性，提高战略执行的有效性，并确保战略目标的实现与资源分配和组织文化保持一致。

三、战略洞察

1. 战略洞察的定义

如前所述，战略洞察首先着眼于对组织外部环境的分析。它涉及组织或个人对行业趋势、市场变动、竞争对手策略、新兴商业模式及技术进步等多个方面的深刻理解和预见。这些理解和预见帮助管理者构建了对企业发展战略产生深远影响的前瞻性假设。

战略洞察的过程超越了对表层现象的观察，它探究了潜在的模式、关系、机会和潜在风险。因此，战略洞察不仅是对现有信息的分析，更包含对未来发展趋势的预测和阐释。

"洞察"一词意味着超越普通观察，涉及对事物深层次意义或本质的洞悉。这通常要求人们对复杂的问题或情境进行清晰、深入且有见解的分析，以便揭示问题背后的真实动因。洞察力不仅基于逻辑推理，还基于全面的理解、判断和直觉。

战略洞察要求管理者拥有广阔的视野，并能够在海量信息中识别关键因素，这些因素将指导组织确定战略方向。战略洞察的含义通常包括以下5个方面。

- 识别趋势和模式：对市场趋势、技术趋势、社会趋势和政治趋势的洞察。
- 了解竞争环境：分析竞争对手的策略、优势和劣势，为组织的定位提供参考。
- 消费者和市场分析：对消费者行为和目标市场进行深入的理解，以便提供有针对性的产品和服务。
- 风险识别和评估：预测并评估潜在的风险和挑战，制定应对策略。
- 机会发现：探索现有市场空间和未来趋势，以发掘新的商业机会。

2. 典型案例

以史蒂夫·乔布斯领导时期的苹果公司为例，凭借几次关键的洞察，该公司逐步确立了其在个人电子消费品领域的领先地位。

1）对消费者需求的洞察

乔布斯深刻洞悉到消费者对简洁、易用和美观产品的追求。21世纪初，大多数电子产品功能复杂、设计普通。乔布斯通过分析消费者对简单、直观、易操作、设计优雅的产品偏好，推动了iPod、iPhone和iPad等产品的开发。他不仅依据市场调查和消费者的直接反馈获得创新的灵感，更从人们的日常生活体验中获得创新的灵感。

2）对技术趋势的洞察

乔布斯预见到了移动互联网时代的到来，他并没有简单地追随趋势，而是凭借iPhone的推出重塑了移动电话的定义。他意识到触摸屏技术、移动应用和全新的用户界面设计将为用户带来前所未有的便利和体验。

3）对市场战略的洞察

苹果公司的产品不仅限于硬件，还包括iTunes和App Store等整个生态系统。乔布斯认识到，通过提供硬件、软件和服务的整体体验，能够确保产品的一致性和品质，从而赢得消费者的忠诚。这一战略使苹果公司能够在竞争激烈的市场中突显其特色。

4）对品牌价值的洞察

乔布斯不只销售产品，还传递了一种生活方式和理念。通过精心策划的产品发布和营销活动，他塑造了苹果品牌的特质——创新、高品质和独特。这种对品牌形象和消费者情感需求的深刻理解有助于在苹果公司与消费者之间建立深厚的情感纽带。

乔布斯的敏锐洞察力体现在他对消费者需求、技术趋势、市场战略和品牌价值的深刻理解上。他的视野并不局限于表面，而是深入到推动这些现象的根本因素和潜在可能性。正是这些洞察指导苹果公司制定了一系列成功的战略决策，从而重新塑造了整个科技行业。

总体来说，战略洞察是全面分析和理解组织内外部环境的过程。它有助于组织更好地制定和执行战略，把握机遇，应对挑战，提升竞争力，并实现组织的长期目标与愿景。在不断变化的商业环境中，战略洞察已经成为组织成功的关键要素之一，也是卓越管理者必备的思维和能力。

对标乔布斯的卓越战略洞察力，管理者需要提高对组织内外部环境的综合分析和决策能力。这将有助于组织制定更明智的战略决策，揭示尚未被充分利用的机遇和潜在需求，从而推动创新。此外，这也将提高组织抵御风险的能力，并在激烈的市场竞争中确立准确的定位与竞争优势。

第二章
善反思的管理突破：战略洞察

战略反思与战略洞察两者相得益彰，形成头尾呼应、相互促进的关系。组织以战略洞察为起点，形成新的战略意图、制定战略规划并落实战略执行。在执行过程中，组织需要不断进行战略反思，这将促进下一轮战略调整的循环。因此，管理者主动和持续的战略反思能够有效促进战略洞察，进而带领组织进入下一个战略周期。战略反思和战略洞察的结合形成了组织战略规划的闭环，如图2-1所示。

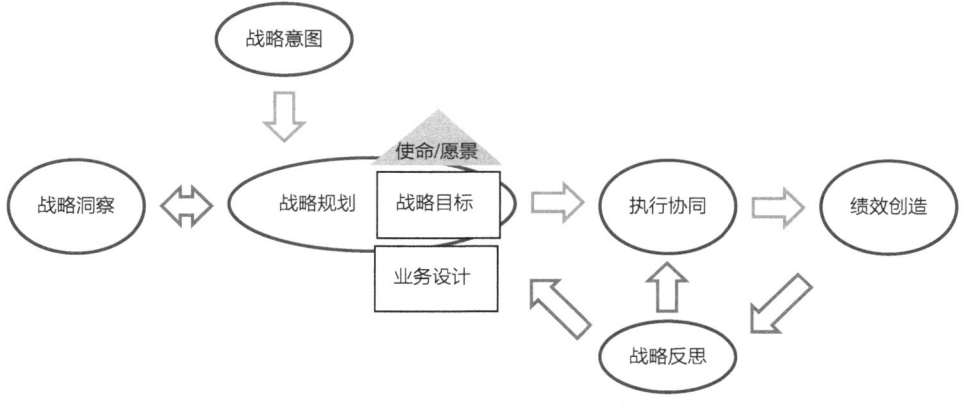

图2-1 从战略反思到战略洞察的闭环

第三节
业绩差距与机会差距

管理者的战略反思体现在瓴先领导力®框架中，始于对现状和期望之间差距的敏锐感知和深刻认识。正如前文所述，战略的形成往往源于对现状的不满，这种不满来自对现状和期望之间差距的感知。在这里，管理者的瓴先领导力®表现在两个方面：一是对差距感知的敏锐性和准确性；二是是否具备采取行动来弥补这一差距的决心和能力。通过分析IBM和柯达公司的案例，可以看到管理者在这两个方面的表现存在显著差异。

一、对差距的不同感知

首先介绍"对差距感知的敏锐性和准确性"这一概念。差距是指现状与期望结果之间的距离。如果用简单的公式表达，可以表示为"差距=期望的结果–现在的结果"，如图2-2所示。

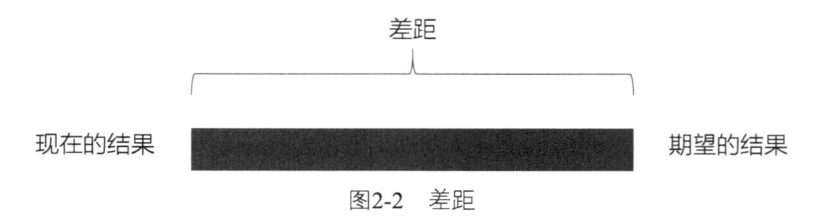

图2-2　差距

对同一家企业而言，"现在的结果"应该是既定的。例如，IBM在1992年的股价是20美元/股，柯达公司在2011年股价最低点是78美分/股。那么，造成不同管理者心中"差距感知"不同的原因，正是他们"期望的结果"不同。这个期望的结果是什么呢？是企业年初设定的全年绩效目标，还是与竞争对手相比的一个预期值？对某些管理者来说，期望的结果可能是年初设定的全年绩效指标。他们全力以赴达到这个指标，认为只要达到这个指标，当年的业绩就十分出色。有时，管理者甚至会提前考虑到未来几年的业绩，如果当年的实际业绩超出年初目标过多，他们可能会考虑将部分业绩"留到"明年使用。对这样的管理者来说，差距感知可能永远不存在，因为他们总能"调整"数据以符合目标。既然没有差距，就不会有不满意，也就没有改变的必要。然而，从企业发展的角度来看，这就像"温水煮青蛙"，管理者看不见危机，甚至错误地认为自己的企业还处于行业中心。实际上，企业可能早已被竞争对手远远甩在了后面。这类管理者对组织的危害极大。

那么，对卓越的管理者来说，他们设定的"期望的结果"又是怎样的呢？卓越的管理者懂得始终要敬畏市场和客户，持续关注外部的变化。他们具备设定与市场发展同步的、合理且具有挑战性的"期望的结果"的能力。这样的"期望的结果"应当对标行业领先水平，显示出强烈的企图心。只有具备强烈的进取心和挑战性，企业才能持续保持兴奋和紧张的状态，不断进行自我革新，追求更高的目标。

二、差距的两种类别

理解了不同组织、不同管理者对差距有不同的感知后，还要了解差距的类别。可将差距分为业绩差距和机会差距两种类别。

1. 业绩差距

业绩差距是大多数管理者和员工所理解的差距：相对于年初设定的目标，由于执行不到位，导致年度成果未能达到预期目标。这样的例子非常多，举例如下。

例1：

某全球制造业企业在过去5年内业务急剧扩张，但在此期间，产品质量出现了下滑。尽管该企业尝试引进六西格玛管理方法，但在过去的一年中该尝试并未成功，其市场份额因此减少了5%。每减少一个百分点，就意味着大约5亿美元的收入损失。该企业计划在未来2年内恢复这部分失去的市场份额。

例2：

某国有制造服务企业上半年的财务报告显示，在机床维保等制造服务领域，其收入仅为1000万元，与年初设定的全年目标6000万元相比，存在5000万元的较大差距。主要原因是操作流程和人员效率较低。为此，该企业下半年将大力提高运营效率，确保实现全年目标。

例3：

某培训公司上半年的业务报告显示，由于授课老师的课程内容陈旧且不贴合客户的实际工作场景，导致重要大客户投诉及取消订单，使上半年的整体收入同比下降了30%。为了达成今年的年度目标，下半年该公司必须加强课件的更新迭代和对老师的再培训，以提高课程整体质量和客户满意度，重新获得客户信任并促进回购。

下面对这3个例子进行分析。

例1："在过去5年内业务急剧扩张"，导致需要进行产品质量管理。也就是说，如果提高了产品质量，就能实现业绩增长。"提高产品质量"属于执行层面的问题。

例2：与年度目标6000万元相比，存在的差距主要源于内部操作流程和人员效率不高。这些问题可以通过改进现有的运营流程、提高员工的能力、改善员工的态度解决，因此属于执行层面的问题。

例3：该培训公司上半年业绩下滑，是由课件质量、老师授课水平不高造成的，可以通过对课件的更新迭代、对老师授课能力的提高改善现状，从而提高下半年的业绩，这也属于执行层面的问题。

综合以上3个例子可以看到，对现状不满意来源于执行不到位，包括运营效率低、员工能力不足、流程障碍等。这便引出了业绩差距的定义：业绩差距是对现有经营结果和期望值之间差距的一种量化陈述。业绩差距往往可以通过执行体系的改善来弥补，这也意味着通过提高管理质量，可以缩小现状与目标之间的差距。

2. 机会差距

机会差距不源于执行层面的不足，而是由企业在市场定位上的选择失误导致的，如产品结构不合理、客户群体选择不当或竞争定位缺乏差异性等。这里也举几个例子。

例1：

自我国政府于2016年正式提出"互联网+"战略以来，某国有能源企业先后在2017年和2019年确定了"数字经济""智能+"发展方向。传统行业必须深入思考并采取行动，以把握产能升级和产业创新的趋势，实现向数字经济时代的转型。在工业互联网推动下的风电市场领域，预计将产生超过××万亿元的市场机会。该企业的目标是在2019—2020年捕捉到其中××%的市场机会。

例2：

随着国家金融政策不断加强资本监管并大力支持直接融资市场，某国有银行的传统息差业务遭遇了前所未有的挑战。同时，银行业面临互联网金融日益激烈的竞争。为此，该行今年将加速调整战略布局和业务模式，围绕客户需求提供全面的金融服务。目标是在银行业的转型过程中实现快速发展，并在此基础上，力争比去年的营业收入增长20%。

例3：

随着互联网技术的不断进步和疫情影响下新常态的形成，某培训公司线上培训的市场规模日益扩大。该公司采用网络技术进行学习与传统课堂学习的比例已经从原来的2∶8提高至6∶4。预计在未来一年内，线上企业培训将至少创造××亿元的收入。为此，该公司必须迅速开发与企业培训需求相匹配的线上产品线，以抓住这一新兴市场机遇，并力争销售额比去年增长50%。

下面对这3个例子进行分析。

例1：对传统风电企业来说，在这轮智能制造的行业变革中，要想把握××%的市场机会，必须将数字化和"智能+"技术融入生产与运营模式之中。这不仅是执行层面的变革，更涉及业务设计的深度调整。企业需要从传统制造模式升级到智能制造模式，实现业务模式的根本跨越。

例2：我国金融业和银行业正在经历深刻的变革。在国家政策层面，银行被鼓励发挥信贷、债券、股权"三支箭"的作用，充分利用非银行金融机构的特色优势，加强资产管理，并扩大直接融资的比例。在客户服务层面，银行面临需求复杂化的趋势，客户不仅需要全周期、全链条的金融服务，还期望配置全量金融资产。此外，新兴的金融模式，如互联网金融，也给传统银行带来了竞争压力。

在这些外部因素影响下，国有银行必须突破现有业务模式，不仅应提供传统存款和贷款服务，还应提供覆盖企业全生命周期和个人全量产品配置的综合金融服务。简而言之，仅提高传统存贷业务的执行效率已经不足以应对当前外部环境的挑战，国有银行必须从战略层面进行根本性的业务结构调整。

例3：该培训公司原本主要提供企业员工的线下培训服务。由于互联网技术的发展及受疫情的影响，客户的消费需求发生了显著变化，线下业务大量转移至线上。因此，该公司须迅速适应客户新的需求，开发具有竞争力的线上产品。这不仅涉及产品线的创新，还涉及运营方式和内部核心能力的调整，体现了业务模式的根本变革。

从上述3个例子中可以发现，导致对现状不满的并非执行层面的问题，而是与业务设计相关的因素。这些因素可能涉及产品和服务的选择、目标客户群体的确定，以及运营模式的决策等。这些因素构成了企业的业务设计，而对企业来说，它们往往是全新的设计方向。

由此引申出了机会差距的定义：机会差距是对现有经营成果与采纳新业务设计可能带来的成果之间差异的一种量化评估。填补机会差距要求企业引入新的业务设计，这也促使企业持续向外观察市场变化，向内进行自我反思。

三、差距分析

1. 差距分析五步骤

在理解了两种差距的定义和区别后，管理者应着手对这两种差距进行分析。差距分析可以分为五个步骤，如图2-3所示。

第二章
善反思的管理突破：战略洞察

图 2-3　差距分析五步骤

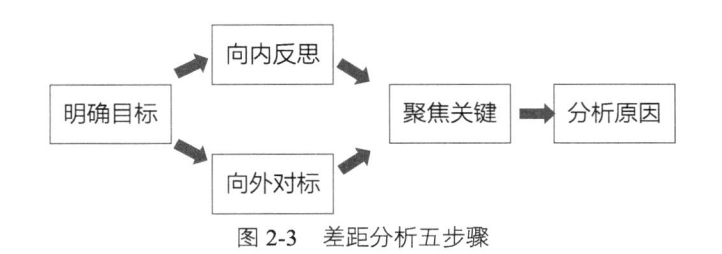

1）明确目标

差距分析应致力于描绘企业的未来发展，以确保企业存在成长潜力的空间。这一分析识别的目标为企业的战略目标。例如，"力争下半年营业收入达到5000万元"便是一个具体的战略目标。在行业转型期间，企业管理者可以设立与竞争对手比较后的变革目标，如"在银行业的转型过程中实现快速发展，并在此基础上，力争比去年的营业收入增长20%"。此外，当外部环境发生变化时，企业管理者也需要制定新的目标，如"必须迅速开发与企业培训需求相匹配的线上产品线，以抓住这一新兴市场机遇，并力争比去年的销售额增长50%"。

2）向内反思

企业管理者应对当前的业务现状进行全面盘点和深入反思，对财务指标、客户服务指标、内部运营指标、人员发展指标等关键绩效指标进行综合评估。这不仅涉及年终的实际业绩，还涉及整个年度的执行流程。通过这种方法，管理者能够明确识别在达成既定目标方面存在的明显短板和不足之处，并将这些问题清晰地列出。

3）向外对标

优秀的企业和管理者必须不断拓宽视野，不能仅关注内部目标。向外对标的内容包括：与行业整体发展方向和速度相比，我们的差距在哪里？与主要竞争对手相比，我们在哪些方面落后了？市场上有哪些机会是竞争对手把握了而我们未把握的？有哪些机会是我们正在计划但尚未把握的？针对这些问题，管理者要系统地列出答案。

4）聚焦关键

在分析第二步和第三步中列出的不满足的情况和差距后，管理者应当识别出其中的关键差距。关键差距的识别可以从两个方面进行：一是影响度，即这个差距对企业发展的影响程度；二是可行性，包括企业是否具备相应的能力，以及对所需成本和资源的可承受性。对于筛选出来的关键差距，管理者必须进行量化分析，并尽可能做到具体化描述。其基本原则是：能够量化的差距要量化，无法量化的差距则要尽量具体化。

5）分析原因

对于关键差距，管理者需要进一步思考其形成的根本原因。形成关键差距的根本原因有以下3类。

（1）业务模式不再适应。人们习以为常的业务模式建立在过去的某些假设的基础之上，但这些假设已不适应未来市场的发展趋势。因此，业务模式本身的问题导致了与市场需求的差距。

（2）企业的执行体系不够完善。企业在运营流程、资源配置、组织设计等方面存在弱点，导致无法有效执行战略规划和实现既定目标。

（3）企业的绩效体系存在缺陷。企业的战略目标与各层级组织的关键任务无法被员工有效地承担，目标分解、反馈机制及激励措施在价值链中存在不足之处，未能充分调动员工的积极性和主动性。这导致企业战略目标未能走完"最后一公里"。

2. 差距分析结果

基于以上五个步骤进行差距的识别和分析后，管理者需要输出若干差距分析结果。差距分析结果包括以下4个要素，如图2-4所示。

1）差距类别

识别出来的差距是业绩差距还是机会差距？对此应明确标识出来。

2）差距描述

管理者需要对识别出的差距进行详尽的描述，特别是要明确说明业务结果的具体情况，如收入、利润或贡献、市场份额等指标。描述时应尽量将指标具体化和量化，避免使用宽泛的语言。例如，避免使用"我们需要加快发展速度""去年的整体业绩不理想"等表述，因为这些表述过于模糊，不能准确指出问题所在。

3）形成差距的主要原因

在分析并阐述形成差距的主要原因时，管理者应深入挖掘根本原因，而不只是描述现象或用结果解释结果的表面原因。例如，仅用"企业对我们课程的复购率低"来解释"上半年业绩未完成"的情况，是不够的。这种说法只是用另一个结果来描述问题，而没有真正分析形成这一结果背后的深层次原因，因此是不合格的。

4）负责人

管理者为每个差距指定一个最合适的负责人，确保此人拥有完成任务所需要的权力和资源。选择负责人时，建议选取能够协调完成任务的最低合适级别的人员。例如，如果销售总监有能力领导完成任务，就不应指派总裁或副总裁作为负责人。同时，必须为负责人设定明确的时间限制，以保证任务能够得到有效的推进和完成。

差距类别：

差距描述：

形成差距的主要原因：

负责人：

图2-4　差距分析结果

针对差距分析结果，对于业绩差距，应要求各级管理者对执行体系和绩效体系进行改进与完善；对于机会差距，需要在企业层面或部门层面重新审视和设计当前的战略。因此，差距分析不仅是揭示问题的工具，也是企业制定战略和执行改进的起点。

第四节
洞见与远见：市场洞察

管理者的战略洞察在瓴先领导力®框架的市场洞察环节得到体现。在完成差距分析之后，管理者针对识别出的机会差距，需要从外部环境向内部条件进行深入分析，形成系统而深刻的洞见与远见，考虑当前形势并预测未来趋势。管理者的目标是识别趋势变化背后的本质，并在其中寻找机会。

市场洞察可以从4个维度获取：一是整体层面的宏观研究，包括整体的宏观环境趋势；二是行业层面的中观研究，关注企业所在行业的发展动态；三是客户层面的微观分析，深入了解客户需求和痛点；四是竞争层面的考察，包括对主要竞争对手的分析及对企业自身的优劣势评估。

基于以上4个维度，本书总结了一个"四研"模型——宏观研大势、中观研行业、微观研客户、竞争研彼此。

一、宏观研大势

管理者要想提升格局与洞见，必须学会分析宏观大势，包括对企业外部环境进行多维度、多层次的研究，以形成有助于企业生存和发展的判断与决策。了解宏观环境的目的在于对影响行业和企业的各种宏观因素有一个全面的认识与评估。宏观环境，如政治环境、经济环境、社会环境和技术环境，为企业提供成长的土壤和养分，构成规划的基础。各行业、各企业需要根据自己的特点与需要，采用PEST[1]分析框架，对这些主要外部环境进行定制化分析。

1. 政治环境分析

政治环境分析是宏观环境分析的重要组成部分，涵盖政府政策和法规、政治稳定性、税收制度、国际关系与贸易政策、行业支持与限制、政治风险六大要素。这些要素与企业运营密切相关，各要素的详细解释如表2-1所示。

表2-1 政治环境分析要素

模块	细分要素	细分要素的含义
政治环境分析	政府政策和法规	分析政府的经济政策、社会政策、工业政策等，以及与企业经营相关的法规和标准
	政治稳定性	评估政治体系的稳定性，考察是否存在社会动荡、抗议、罢工等现象
	税收制度	深入了解国家的税务政策，包括税率、税收优惠政策、税务合规等
	国际关系与贸易政策	分析国际贸易协议、关税、配额、制裁等，以及国家之间的外交关系如何影响商业活动
	行业支持与限制	分析政府是否有补贴、资助、许可、限制或禁令等，特别是对目标行业
	政治风险	评估政治因素（如国家领导人更迭、政府政策改变、政治危机等）可能给企业带来的风险

政治环境分析能够使管理者洞悉并适应政府政策、法规及国际关系的变化，及时捕捉商业机遇，规避政治风险，并确保企业合规运营，具体包括以下几项。

（1）明晰战略方向。理解政府政策和国际关系，以制定符合政府政策方向的经营策略。

（2）降低风险。识别政治风险，如政策变动和政府干预，以采取措施

---

[1] PEST是政治（Political）、经济（Economic）、社会（Social）和技术（Technological）的英文首字母组合。

降低影响。

（3）寻找商机。把握政策变化带来的机会，如市场准入和税收优惠。

（4）提高合规性。确保企业运营策略遵守法律法规，维护合法经营。

（5）提高竞争力。通过洞悉政治环境，确定市场定位，发现差异化的竞争机会，提高竞争力。

特斯拉作为一个新能源汽车制造商，其在中国市场的成功展示了如何通过政治环境分析提高企业竞争力。

中国不仅是全球最大的汽车市场，也是全球最大的新能源汽车市场。政府对于促进新能源汽车产业的发展有着强大的政策支持，包括制定新能源汽车补贴相关标准、给予新能源汽车制造商税收优惠，以及积极建设新能源汽车充电基础设施等。在考虑进入中国市场时，特斯拉深入分析了中国政府的新能源汽车支持政策，充分利用中国政府提供的补贴和激励措施来降低成本，刺激消费者的购买意愿。特斯拉在上海建立的超级工厂不仅满足了中国及亚洲其他地区的新能源汽车需求，也充分利用了中国政策的优势，降低了物流成本，提高了供应链的效率。特斯拉还利用中国政府对环保和减排的强调，通过其品牌的绿色环保特性成功地在市场上定位，吸引了环保意识较强的消费者群体。同时，特斯拉的本地化生产允许其绕开进口关税，降低了在中国市场销售的成本。此外，特斯拉能更快速地响应市场变化，提高企业的灵活性和竞争力。

通过以上政治环境分析和相应策略的制定，特斯拉不仅成功地应对了政治风险，还利用中国政府的支持政策提高了自身在中国市场的竞争力，并获取了可观的市场份额。这个案例明确展示了政治环境分析在理解市场动态、制定战略决策及在竞争激烈的市场中获取优势方面的重要性。

2. 经济环境分析

经济环境分析是企业宏观环境分析的关键组成部分，涵盖经济增长率、通货膨胀率、利率、货币政策、失业率、消费者支出与信心、外汇汇率、财政政策及国际经济状况9项与企业经营密切相关的要素。各要素的详细说明如表2-2所示。

表2-2 经济环境分析要素

模块	细分要素	细分要素的含义
经济环境分析	经济增长率	评估国家或地区的GDP增长情况，反映整体经济的发展趋势
	通货膨胀率	分析价格水平的变化，了解商品和服务的价格走势
	利率	包括借款利率和存款利率，关系到企业的融资成本和投资回报
	货币政策	深入了解中央银行的货币政策，如利率调整、货币供应量等
	失业率	反映劳动力市场的情况，影响消费水平和社会稳定
	消费者支出与信心	分析消费者的购买能力和购买意愿
	外汇汇率	了解本国货币相对于其他货币的价值，这对参与国际贸易的企业特别重要
	财政政策	分析政府支出和税收政策，了解其对经济环境的影响
	国际经济状况	对于跨国企业或出口导向型企业，需要分析全球经济形势和主要市场的经济状况

通过全面分析经济环境，管理者能够帮助企业准确把握市场趋势，制定相应的战略，合理配置资源，抓住商机，并降低运营风险，具体包括以下几项。

（1）制定战略方向。准确把握经济状况，指导市场进入、扩张或退出决策。

（2）降低运营风险。识别并预防通货紧缩、高利率等潜在经济危机。

（3）优化资源配置。基于经济环境做出合理的决策，提高生产效率、销售效率、投资效率。

（4）捕捉商业机会。适应经济变动，快速把握新商机，如利用低利率扩展业务。

（5）增强竞争优势。深入理解和预测经济趋势，维持市场领先地位。

华为作为全球领先的信息与通信技术解决方案提供商，其在全球5G网络设备市场的发展策略充分展示了PEST分析框架中经济环境分析的应用。通过深入分析全球经济趋势，华为预计各国政府和网络运营商将显著增加对5G网络的投资，从而推动5G设备和技术需求的快速增长。华为不仅在5G技术研发上持续投入以巩固其在市场上的技术领先地位，还通过关键设备如5G基站的创新及网络性能的优化提高成本效益。这使华为不仅在技术上占据优势，更在经济层面实现了资源的优化配置。

3. 社会环境分析

社会环境分析聚焦于人的行为和社会结构，涉及文化、价值观、生活方式及教育等方面。它包含7个与企业运营密切相关的因素：人口结构、文化与价值观、教育水平、生活方式与消费习惯、社会阶层与收入分配、健康与福利观念、社交媒体与网络行为。各要素的详细说明如表2-3所示。

表2-3 社会环境分析要素

模块	细分要素	细分要素的含义
社会环境分析	人口结构	了解人口数量、年龄分布、性别比例、生育率、迁移模式等，有助于了解潜在消费者的特征
	文化与价值观	分析目标市场的文化传统、宗教信仰、社会道德观念和价值观，理解消费者的需求和行为模式
	教育水平	教育水平和素质教育的普及情况可能影响消费者的购买决策与品牌忠诚度
	生活方式与消费习惯	深入了解人们的日常生活方式、消费习惯和媒体使用情况，以便更好地定位产品和服务
	社会阶层与收入分配	分析收入水平、社会阶层结构和贫富差距，有助于企业精准定价和市场定位
	健康与福利观念	社会对健康、安全、福利的关注度和政府的相关政策可能影响企业的产品开发与市场推广策略

续表

模块	细分要素	细分要素的含义
社会环境分析	社交媒体与网络行为	了解网络和社交媒体的使用情况，有助于企业选择合适的营销渠道和策略

社会环境分析有助于管理者深刻理解目标市场的社会文化特征，精准掌握消费者需求和行为，制定有效的市场策略，并迅速捕捉及应对市场动态，具体包括以下几个方面。

（1）理解消费者需求。企业依据社会环境分析可以更准确地把握消费者的需求和期望，开发并推广符合市场需求的产品和服务。

（2）制定市场策略。深入了解社会文化和消费行为，有助于企业精细化市场定位，选择适宜的销售渠道和推广方式。

（3）预测市场趋势。分析社会环境有助于企业预见市场动向，如健康饮食、可持续消费等，从而及时调整策略。

（4）降低文化风险。了解新市场的文化和价值观有助于企业减少文化冲突，提高市场接受度。

（5）增强社会责任感。关注社会责任和道德有助于企业建立良好的社会形象，提升品牌声誉。

宝洁公司作为一家国际著名的日用消费品企业，对中国市场进行了社会环境分析，从而更精准地适应和满足了中国消费者的需求。

宝洁公司观察到，随着生活水平的提高和健康意识的增强，中国消费者对健康及家庭护理产品的需求不断上升。为了顺应这一趋势，宝洁公司推出了多款专为中国市场设计的个人护理和家庭护理产品，如配方升级的洗发水和适应中国水质特点的洗衣粉。

同时，宝洁公司发现中国一、二线城市与三、四线城市消费者在购物习惯上存在显著差异，且互联网购物正在迅猛发展。基于这些认识，宝洁公司加强了在电子商务领域的布局，并针对不同城市层级制定了有别于传统的市场营销策略。

此外，宝洁公司还依据中国各地区消费者的收入水平和消费习惯进行了细致的市场划分，针对性地推出了满足不同消费群体需求的产品。

4. 技术环境分析

技术环境分析致力于评估技术发展的趋势、影响与机遇，以及这些技术对企业可能产生的影响。它涵盖6个与企业运营密切相关的要素：现有技术水平、新兴技术趋势、技术标准与法规、研发能力与创新文化、技术供应链及技术对环境和社会的影响。各要素的详细说明如表2-4所示。

表2-4 技术环境分析要素

模块	细分要素	细分要素的含义
技术环境分析	现有技术水平	评估现有技术的成熟度、可用性和效率，包括与企业运营相关的核心技术和支持技术
	新兴技术趋势	分析可能影响行业或市场的新兴技术，如人工智能、物联网、区块链等
	技术标准与法规	了解与技术相关的标准、法规和专利，分析它们对企业运营和竞争力的潜在影响
	研发能力与创新文化	评估企业内部的研发能力、创新文化及与外部研究机构的合作情况
	技术供应链	分析技术供应链的稳定性和可持续性，包括供应商的选择、合同和风险管理
	技术对环境和社会的影响	探讨技术的环境友好性和社会责任，如节能、减排、数据安全等

技术革新深刻地影响着行业，技术革新成果往往具有颠覆性。管理者通过深入分析技术环境，可以帮助企业把握趋势、优化资源、降低风险、提高竞争力，实现可持续发展，具体包括以下几方面。

（1）掌握技术趋势。及时适应市场变化，防止技术过时，保持行业竞争力。

（2）优化资源分配。精确分配研发资源，提高投资效率和效益。

（3）降低运营风险。了解技术供应链、法规和标准，减少运营风险，确保稳定合规经营。

（4）增强竞争优势。分析竞争态势，明确优势与劣势，指导改进创新。

（5）促进创新和增长。激发技术创新，开发新产品和新服务，扩大市场份额，实现增长。

字节跳动是一家以算法为核心技术的中国互联网科技公司。通过应用PEST分析框架进行技术环境分析，字节跳动成功地掌握了技术趋势，并在增强竞争优势、促进自身的创新和增长方面取得了显著成就。

字节跳动深入研究并应用人工智能技术，在个性化内容推荐方面取得了领先地位。该公司的核心算法可以分析用户行为，为用户提供量身定制的新闻资讯和娱乐内容，以满足不同用户的需求。

字节跳动的人工智能驱动平台不仅在中国市场取得了成功，还通过TikTok等应用在全球范围内迅速扩张。它在与脸书、Instagram等社交巨头的竞争中，凭借其独特的算法和卓越的用户体验，建立了庞大的用户基础，获得了较大的市场份额。

字节跳动还持续拓展技术应用的范围，不限于内容分发领域的创新，在在线教育、游戏、音乐等领域也进行了探索和投资。这些创新活动推动了公司的多元化发展，促进了公司收入的持续增长。

在科技飞速发展的当下，系统和全面地分析、评估技术环境，是确保企业持续成功和行业领先的关键。面对政治、经济、社会多重因素叠加的技术变革趋势，如"新基建""数字中国"战略等，企业应迅速响应。

二、中观研行业

管理者在分析宏观大势的基础上，应持续、全面地分析所在行业，探究行业变化，包括价值链的演变、高价值区域的变迁、市场规模及增长预期等。这样可以准确把握行业本质规律、价值链和价值网，识别企业面临的机会与潜在威胁。

行业研究有多种分析方法和工具，如行业价值链分析、行业生命周期分析、行业跨界融合分析、行业集中度分析、行业结构−行为−业绩分析、行业关键成功因素分析等。本书主要介绍行业价值链分析、行业生命周期分析和行业跨界融合分析，旨在帮助管理者深入研究和分析行业现状。

1. 行业价值链分析

行业价值链分析是研究行业内价值创造过程的有效方法。它可以帮助企业理解价值链中各环节对价值的贡献，从而识别自身在行业中的定位和竞争优势。"价值链"一词最早由美国哈佛大学教授迈克尔·波特于1985年提出。作为一种战略分析工具，它将企业活动划分为主营活动和辅助活动。

通过行业价值链分析，企业能深入评估行业各方面的影响及影响程度，综合利弊，寻求最优的价值链配置。企业的每项价值活动都潜在地为经营差异化提供可能。通过独特的价值活动或构建不同的价值链，企业能实现差异化优势。

1）行业价值链分析的主要任务

（1）确定主营活动和辅助活动。分析行业内所有关键的主营活动（如生产、销售、服务）和辅助活动（如人力资源管理、技术研发）。

（2）分析价值链中的每个环节。深入探究价值链中各环节的价值增加方式，包括成本构成、价值创造机制、供应商及客户关系等。

（3）识别竞争优势。通过比较本企业与竞争对手在价值链中各环节的运营效率和成效，发现潜在的竞争优势和劣势。

（4）分析外部环境和趋势。考察经济、社会、政治等外部因素对行业价值链的影响，识别潜在的机遇与挑战。

（5）建立合作和联盟。调研与供应链上下游的合作空间，探索价值链中潜在的合作伙伴和联盟机会。

（6）优化运营。提出改善建议，旨在优化价值链中的各环节，提高整体运营效率和市场竞争力。

2）行业价值链分析的洞察

通过行业价值链分析，管理者可以帮助企业形成如下5个方面的洞察。

（1）解析市场推动力。识别并理解行业发展背后的核心驱动因素，这些因素是行业持续升级与转型的动力。例如，在金融行业，技术创新被广泛认为是一个持续推动行业进步的关键因素。

（2）把握价值链的驱动源。确定并掌握行业价值链中的关键环节，如计算机行业的芯片技术。在可能的情况下，企业应将经营重点放在这些战略控制点上，或者通过战略联盟强化自身在行业中的优势地位。

（3）识别价值转移。分析价值链中核心价值点的未来转移趋势，识别潜在的高利润区域及其变化。

（4）洞察行业痛点。分析行业发展的现状、痛点及变革趋势，并预测未来可能出现的重大变化。

（5）构建竞争优势。通过对价值链的全面分析，发现企业的竞争优势，并探索与竞争对手不同的价值提供方式，从而将价值链延伸至高利润区域，提高盈利能力。

行业价值链分析是一种识别企业内部活动和外部活动中关键环节的方法，旨在通过优化这些环节提高企业竞争力。该分析覆盖整个生产过程，从原材料采购到最终产品交付及售后服务。以星巴克为例，该公司在原材料采购、咖啡烘焙、营销与销售、顾客服务、技术开发等核心价值链环节进行了具有特色的设计和创新。例如，星巴克直接向全球咖啡种植者采购高质量咖啡豆，以确保原材料的品质和供应的稳定性；在全球范围内设立多个烘焙工厂，精确控制咖啡烘焙过程。此外，该公司还通过对员工进行专业培训，确保每位咖啡师都能制作出符合标准的饮品，从而确保产品质量的一致性。

2. 行业生命周期分析

1）行业生命周期分析的内容

行业生命周期分析是一种研究行业在不同发展阶段的特征和趋势的方法。该分析基于行业也像产品一样有生命周期的观点，将行业生命周期划分为引入期、成长期、成熟期和衰退期。该分析有助于企业理解行业动态，并根据行业的不同阶段制定相应的战略。

（1）引入期。这一阶段标志着行业初现，产品和技术新颖，市场需求初步显现。这一阶段的主要特征是市场规模较小，成长速度缓慢，竞争相对不激烈，需要较大的初期投资，盈利前景尚不明朗，进入企业面临的风险较大。

在这一阶段，企业应精准把握市场进入时机，战略重点在于强化产品创新与差异化，努力对市场进行教育和宣传，争取充足的投资以确保抢占市场先机，持续深入分析市场与消费者需求。

（2）成长期。这一阶段是新兴行业向成熟期转变的过渡时期。在这一阶段，产品逐步获得市场认可，市场需求迅猛增长，新竞争者大量涌入。这一阶段的特征主要表现为市场规模快速扩大，市场竞争加剧，技术迅速发展，盈利潜力明显提高，消费者数量持续快速增长。

在这一阶段，企业应聚焦的战略重点包括迅速扩大市场份额，不断推进产品改良与创新，加强品牌建设与推广，并确保供应链管理的有效性。

（3）成熟期。经过一段时间的快速发展，行业进入成熟期，此时市场增长率回落至平稳状态，竞争加剧，市场逐渐接近饱和；竞争优势较弱的企业逐渐退出市场，最终少数企业成为行业主导者，行业集中度不断提高。

这一阶段的特征表现为市场增长放缓，竞争激烈，可能爆发价格战。对行业企业而言，利润可能减少，客户需求稳定，产品逐步标准化和同质化。

在这一阶段，企业应聚焦的战略重点包括加强成本控制和提高运营效率，增强客户忠诚度及客户关系，同时考虑纵向整合或横向拓展，扩展产品线，进行多样化经营，精准定位企业的市场细分。

（4）衰退期。所有行业最终都可能进入衰退期，此时市场需求下降，产品过剩，利润减少，企业逐步退出市场。

这一阶段的特征主要包括产能过剩，市场规模缩小，竞争企业减少，市场价格持续下跌，企业利润不断降低，行业技术和产品逐渐过时。

在这一阶段，企业应聚焦的战略重点包括运营精简与优化，资源重组，战略收缩，加快探索新的增长点和多元化策略，策略性退出部分市场或业务领域。

2）行业生命周期分析的步骤

企业在进行行业生命周期分析时，通常应遵循以下几个关键步骤。

（1）确定行业阶段。分析行业当前所处的阶段，如是否为新兴行业、是否正在快速增长、是趋于稳定还是进入衰退期等。

（2）分析各阶段特征。分析每个阶段的市场规模、增长速度、竞争状况、利润水平、消费者需求、技术发展等特征。

（3）识别关键成功因素。在每个阶段确定关键成功因素。例如，在成长期，关键成功因素可能是创新和市场扩张；在成熟期，关键成功因素可能是成本控制和品牌忠诚度。

（4）分析竞争策略。根据行业阶段和竞争环境，分析企业如何调整竞争策略以适应市场变化。

（5）预测未来趋势。

3）行业生命周期分析的洞察

管理者通过对行业生命周期的分析，可以帮助企业获得以下4个方面的洞察。

（1）衡量行业规模与潜力。分析行业的总体规模及其增长潜力，观察行业细分结构的变化趋势。

（2）预判行业拐点。企业所处的行业展现了哪些特征？它处于行业增长曲线上的哪个位置？评估未来3~5年内行业是否可能出现重大拐点，并预测这些拐点可能带来的结构性变革。理解行业的潜在转折点和风险，如成熟期的竞争加剧或衰退期的市场萎缩，有助于企业提前进行风险管理，制定应对策略。

（3）促进资源分配。企业可以通过了解不同阶段的关键成功因素更合理地分配资源，如在成长期加大对市场拓展和产品创新的资源投入力度。

（4）提高竞争力。深刻理解行业生命周期有助于企业分析竞争对手的行为和策略，预测未来的竞争趋势，以便更有效地竞争并占据市场份额。

奈飞公司是一个经典案例，展示了行业生命周期如何影响企业决策和战略。在21世纪初，奈飞公司主要通过邮寄DVD的方式进行视频租赁。随着互联网技术的迅猛发展和宽带接入的广泛普及，奈飞公司领导层预判传统DVD租赁行业即将进入衰退期，并开始探索数字化转型。因此，奈飞公司决定从物理DVD租赁业务转向在线流媒体服务，这一转变需要大量资金用于内容获取、平台开发和市场营销，同时涉及人力资源和技术研发的重组。在线流媒体服务的快速增长使奈飞公司逐步淘汰了传统的DVD租赁业务，并通过投资原创内容制作，如《纸牌屋》和《怪奇物语》，巩固了其市场地位。此外，奈飞公司持续优化算法和用户体验，提高了个性化推荐系统的精确度。

3. 行业跨界融合分析

跨界融合在当前时代背景下成为行业研究的一个新视角，本质上源于颠覆性技术创新，并成为推动未来趋势与行业分化的主要动力。行业跨界融合分析涉及通过研究和分析不同行业之间的交叉与整合，识别商业新机会与增长新动力。在当前复杂多变的商业环境中，技术进步和消费者需求的多样化驱动着不同行业的交叉与融合，如金融科技和医疗科技的融合。

优步（Uber）对传统出租车行业的影响是跨界融合对现有行业参与者造成冲击的典型案例。该公司的手机应用程序通过连接乘客和私人司机提供出行服务。自2009年成立以来，该公司的业务迅速扩展到全球多个国家和城市，改变了人们的出行习惯。优步的迅猛发展对众多城市的传统出租车行业造成了极大的冲击。例如，在美国纽约市，出租车牌照的价值从2013年的约100万美元下跌到2017年的不足20万美元。得益于技术创新和商业模式的革新，优步不仅迎合了市场新需求，也重塑了整个行业的竞争格局和运营模式。

优步的案例充分展示了跨界竞争如何挑战并改变传统行业。传统行业的领军企业面对跨界竞争的严峻挑战，必须及时进行响应和创新，以保持竞争力。

腾讯推出的金融科技产品也是一个积极进行跨界融合的典范。作为中国互联网科技企业巨头，腾讯通过微信支付等金融科技产品与众多传统银行和金融机构合作，推动了金融与科技的融合。其融合产品涵盖以下几个方面：利用其在大数据和人工智能方面的优势，推出了创新金融服务，如自动化信贷审批和智能投资建议；微信支付等便捷的金融产品吸引了许多原本未使用传统银行服务的用户，从而扩大了金融服务的受众范围。同时，这也促进了金融普惠，使金融服务更便捷，覆盖范围更广泛，尤其是在农村和偏远地区，显著降低了金融服务的门槛。

1）行业跨界融合分析的步骤

在进行行业跨界融合分析时，通常遵循以下几个关键步骤。

（1）识别跨界融合机会。分析不同行业之间的相关性和互补性，识别可能的融合点和商业机会。

（2）分析行业动态和趋势。了解跨界融合涉及的各个行业的发展趋势、核心技术、政策法规等。

（3）消费者需求分析。深入了解消费者对跨界产品或服务的需求和期望，找到市场定位。

（4）竞争态势分析。评估跨界融合带来的竞争格局变化，分析新进入者和现有竞争对手的战略。

（5）风险评估和管理。对跨界融合可能带来的法规、市场、技术等风险进行评估，并制定应对措施。

（6）搭建合作伙伴关系。寻找合适的合作伙伴，共同开发跨界市场，实现资源共享和协同创新。

（7）制定和实施战略。基于分析结果，制定跨界融合战略并付诸实施。

2）行业跨界融合分析的洞察

行业跨界融合分析可以帮助企业管理者形成如下4个方面的洞察。

（1）拓展新的增长领域。行业跨界融合可以打破传统行业界限，开辟新的商业空间和增长机会。通过与其他行业融合，企业可以将自身的优势与其他行业的优势相结合，形成独特的竞争力。

（2）洞察行业的可扩展边界。探讨本行业边界的扩展潜力，分析与其他行业的融合趋势，以及科技进步对本行业的影响。例如，新零售的兴起将传统线下零售、在线商城和线上线下融合模式相结合，体现了行业边界的扩展。

（3）分析跨界产品的替代威胁。预判未来3~5年内可能出现的新产品或新服务对本行业的替代威胁，并探索应对策略，如垂直整合、水平扩张或强强联合。

（4）提高风险抵御能力。行业跨界融合有助于企业分散风险，通过提供更加全面、个性化的产品和服务，实现多元化经营，减少对单一市场或技术的依赖。

行业跨界融合分析涉及多个领域，需要综合各方面的分析和评估。其目的在于通过融合找到新的增长点，满足市场和消费者需求，增强竞争优势，推动创新，并有效管理风险。在如今的商业环境中，越来越多的企业开始重视行业跨界融合分析，试图通过打破传统行业界限，寻找新的商业模式和增长动力。

三、微观研客户

卓越的管理者始终将客户放置在至关重要的地位，持续深入地分析客户并与之紧密相伴，应成为管理工作中的首要任务之一。客户分析应涵盖客户价值、客户需求、购买行为和习惯、决策过程及其影响因素，以及客户获取渠道等各个方面。客户分析的核心任务是对客户群体进行细致的划分，以精准地定位企业的目标细分市场。

1. 客户"特征-价值"分层

1) 客户分层矩阵

客户"特征-价值"分层是一种常用的客户分析方法，其核心原理是根据客户的特征及价值水平对其进行分类，以便制定更加精准的营销策略。

在进行客户"特征-价值"分层的过程中，管理者可以使用"价值等级-特征属性"分层矩阵，如图2-5所示。在该矩阵中，横轴代表客户的特征属性，即客户固有的各项特征。对于C端客户，特征属性包括年龄、性别、职业、受教育水平、收入水平、财富来源和地域等；对于B端客户，特征属性包括公司性质、行业特性、发展阶段等。这些特征属性往往与客户的需求、购买行为和品牌偏好密切相关。纵轴表示客户的价值等级，即客户可能为企业创造的价值水平。客户价值主要指客户给企业带来的经济效益，如购买频次、购买金额和生命周期价值等。高价值客户对企业的贡献更加显著，应给予更多的关注。

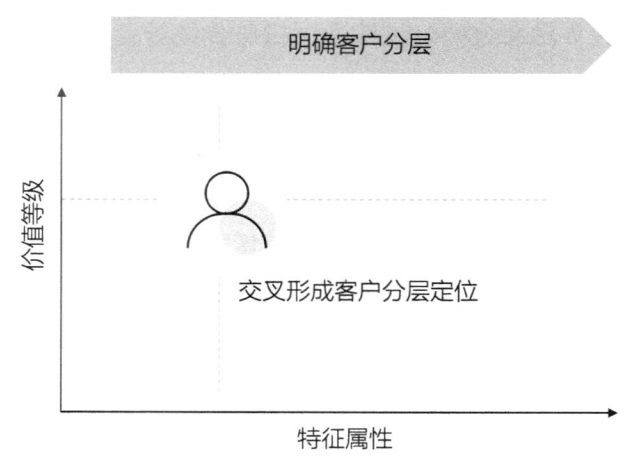

图2-5　"价值等级–特征属性"分层矩阵

2）客户"特征–价值"分层的步骤

客户"特征–价值"分层一般分为3个核心步骤。

（1）客户特征细分。客户的需求往往由其社会经济背景决定。因此，客户特征的细分是对客户的社会经济背景相关因素的细致划分。这些因素涉及地理位置（如居住地、行政区划、区域规模等）、社会属性（如年龄段、性别、经济收入、职业类别、职务级别、受教育水平、宗教信仰、家庭成员人数等）、心理特点（如个性特征、生活方式等）及消费行为（如购房状况、购买动机、品牌忠诚度、对产品的看法等）。

（2）客户价值区间划分。不同客户为企业创造的价值存在差异。有的客户能够持续为企业带来价值和利润，因此企业需对客户进行价值区间的划分。在完成基本特征细分后，应进一步将客户从高价值到低价值进行分类（如大客户、重要客户、普通客户、小客户等），依据"20%的客户贡献了80%的利润"的原则，重点关注高价值客户。客户价值区间的指标包括客户响应度、销售收入、利润贡献、忠诚度、推荐转化率等。

（3）交叉形成客户分层定位。在客户特征细分和客户价值区间划分的基础上，进行交叉分析以形成分层的客户定位体系。

3）客户层次

根据客户特征和价值的不同组合，可以将客户分为4个不同的层次。

（1）高价值客户。这类客户通常具备高价值特性，如收入水平高、受教育水平高、忠诚度高，是企业特别关注的对象。针对这类客户，企业需要制定精细的营销策略，旨在提高其满意度和忠诚度。

（2）潜力客户。这类客户虽然具备一定的特征优势，但对企业的价值贡献尚未达到高价值客户层级。针对这类客户，企业应通过有效的营销活动和优质的服务，激发其潜在消费能力，提高其价值水平。

（3）一般客户。这类客户在特征方面和价值方面都处于中等水平，对企业的贡献虽然有限，但数量众多。针对这类客户，企业应实施有效的营销策略，提高其满意度和忠诚度，以促使其向高价值客户转变。

（4）低价值客户。这类客户无论是在特征方面还是价值方面都处于较低水平，对企业的贡献甚微。针对这类客户，企业可以采取简化服务和降低成本的措施，以降低服务成本和经营风险。

2. C端客户 vs B端客户

1）C端客户

企业根据用户群体的C、B端属性，将采取截然不同的侧重点和切入策略。面向C端客户，管理者通常需要重点考虑以下3个方面。

（1）消费趋势。在企业的业务领域，消费者的消费动机、消费模式、品牌忠诚度、收入来源及可支配收入等方面可能出现哪些显著的变化趋势？是什么核心因素驱动了这些变化？

（2）用户触达。触达用户的渠道或场景可能出现哪些显著的变化趋势？例如，互联网和科技的发展，如短视频平台的兴起，将如何给原有的用户触达方式带来新的机遇和变化？

（3）用户体验。C端用户对用户体验的重视程度越来越高，随着时代的发展和科技的进步，用户体验也在不断演变。当前，用户的核心需求有哪些升级和转变？用户体验的主要诉求呈现出哪些特点？

2）B端客户

面对B端客户，管理者通常需要重点考虑以下3个方面。

（1）客户特征。企业所处行业的主要客户群体有哪些？他们具有哪些基本特征？具体包括企业的规模、地理位置、发展阶段、企业文化、业务信息（如业务概览、经营模式、支付能力、使用目标）、组织结构和关键岗位等。未来是否会有新的潜在客户出现？

（2）客户需求。客户如何通过企业的产品满足其需求？近年来，客户需求有无变化？还有哪些重要而未被有效满足的需求或潜在需求？

（3）购买渠道。客户通常通过哪些主要渠道购买相关产品或服务？在选择产品或服务时，他们最看重哪些因素？是什么原因让他们选择你的企业产品或服务？

3. 细分市场定位分析

客户市场细分是指将一个异质的市场拆分为若干具有相似需求、偏好或购买行为的较小且更均一的客户群体。企业通过市场细分，可以更精准地定位目标客户，针对不同细分群体提供更贴合其需求和期望的产品与服务。

在进行客户市场细分定位时，企业首先要识别潜在的市场细分，这通常是基于消费者的需求、特征和行为进行的。例如，可以应用前文提到的"价值等级-特征属性"分层矩阵来进行定位。

接下来，企业应当针对每个客户细分市场，从市场吸引力和竞争地位这两个维度进行定位选择。将这两个维度分别作为纵轴和横轴放置于矩阵中，就构成了著名的细分市场定位分析（Strategy Positioning Analysis，SPAN）矩阵，如图2-6所示。

图2-6 细分市场定位分析矩阵

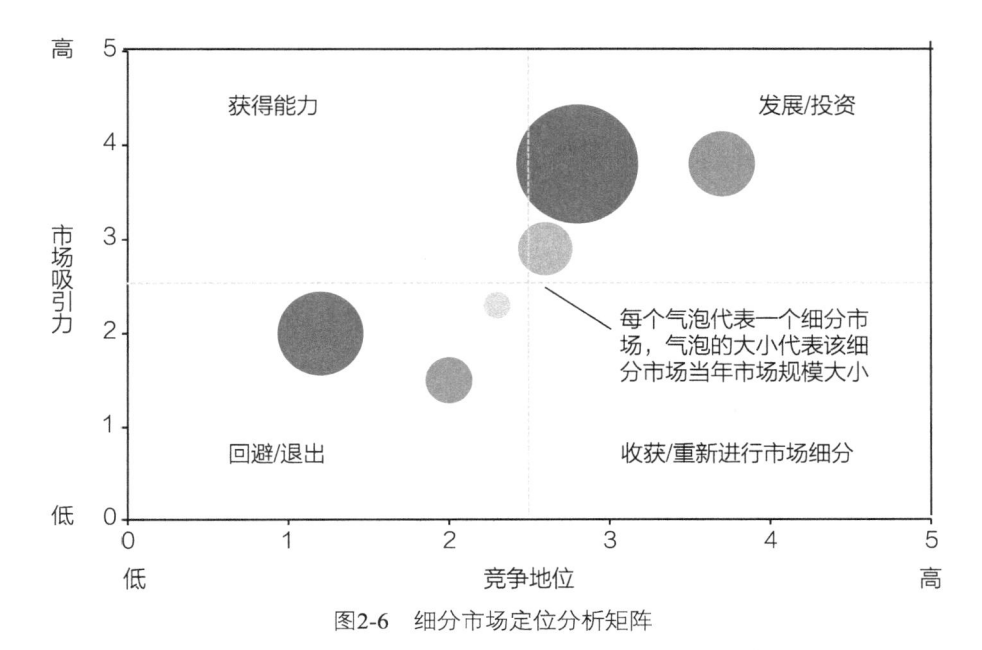

"市场吸引力"作为纵轴，主要通过市场规模、竞争程度、市场增长率、市场收益率和战略价值等方面进行评估。评估的目标是确定细分市场是否具有盈利潜力，以及企业是否能够从中获利。纵轴上方位置的高度代表市场吸引力的大小，位置越高，市场吸引力越大；位置越低，市场吸引力越小。

"竞争地位"作为横轴，主要根据市场份额、产品优势、品牌优势和渠道能力等方面进行评估。横轴向右延伸代表企业竞争力的提高。

细分市场定位分析的目的在于确定将哪些客户细分市场作为企业重点发展的对象。由于企业资源有限，不可能涉足所有客户细分市场，因此企业应侧重自身擅长的领域，如特定产品的开发、特定细分市场的营销能力和渠道竞争力。如果企业的优势与市场价值较高的客户细分市场相匹配，那将是理想的情况。然而，如果企业擅长的领域市场价值不大，或者高价值的市场并非企业的强项，就需要进行细分市场定位分析，以确定如何配置资源和努力方向。

细分市场定位分析可以分3步进行。

1）评估市场吸引力

所谓市场吸引力，指的是产品或服务引导消费者购买和使用的动力，它能激发消费者参与商业活动。市场吸引力的评估主要涉及4个指标：市场规模、市场增长率、利润潜力和细分市场的战略价值。

（1）市场规模。该指标反映了细分市场的潜在收入机会与规模。如有历史数据，可参考上一年度的统计数据；若为新兴市场，则需要进行预测分析。

（2）市场增长率。该指标可用来预测细分市场未来3年内销售额或销售量的年增长率。

（3）利润潜力。该指标主要受细分市场竞争程度的影响。

（4）细分市场的战略价值。该指标表明了某个细分市场对企业战略发展的价值或重要性。

针对上述各评价指标，企业首先需要按照一定的规则进行量化评估（各企业可依据行业特征制定相应的评估规则）。然后确定每个指标的权重。将量化评估结果与权重相乘，即可得出各细分市场的市场吸引力得分。

2）评估竞争地位

竞争地位指的是企业在目标市场中的相对位置，这一位置是企业制定竞争战略的关键依据。企业在细分市场中的竞争地位通常取决于企业的产品差异化能力、成本控制、资本实力等因素。在某些行业，还可能取决于垄断性权利等特殊因素。

通常，可以通过客户关键成功要素（Customer Critical Success Factors，CSF）衡量企业在每个细分市场中的竞争地位。评估过程建议分为以下7个步骤。

（1）分析企业在该细分市场中的产品组合（如果已有产品），并与行业内的顶尖竞争产品进行比较，确定CSF，如产品的用户体验、市场触及范围等。

（2）对每个CSF赋予权重。

（3）针对每个CSF，对企业产品和行业最佳产品进行评分。例如，采用1~10分的评分标准，10分为最优，1分为最差。

（4）将CSF的权重与企业产品的评分相乘，得出企业产品在每个CSF上的得分。

（5）将CSF的权重与行业最佳产品的评分相乘，得出行业最佳产品在每个CSF上的得分。

（6）计算企业产品和行业最佳产品的总得分。

（7）计算企业产品总得分与行业最佳产品总得分的比值，以确定竞争地位比率。

3）根据评估结果制定相应的策略

市场吸引力和竞争地位这两个维度的组合可以构成4个象限，不同的象限组合对应不同的战略选择。使用图2-6中的气泡来表示不同细分市场在当年的市场规模，可以帮助管理者直观地评估各个细分市场对企业的重要性。

（1）第一象限：市场吸引力强、竞争地位高。位于这一象限的产品既拥有较强的市场吸引力，也占据较高的竞争地位，它们通常是企业的主要盈利来源，对企业的发展起到关键支持作用。因此，企业应将重点资源向这类产品倾斜。

针对这一象限的企业策略应是维护已有的竞争优势，并通过增加投入巩固企业的市场领导者地位，以保持较高的增长水平。这包括在研发方面加大投入力度，以及在渠道扩展和生产能力提高方面增加资源配置。

苹果公司在高端智能手机市场位于该象限。高端智能手机市场具有高利润率和忠实的消费者基础，苹果公司凭借其iPhone系列在该细分市场拥有很高的品牌忠诚度和市场份额。它利用差异化策略和创新技术来维持其领导地位。

（2）第二象限：市场吸引力强、竞争地位低。位于这一象限的产品尽管市场吸引力较强，但在竞争中的优势不明显，这类产品通常尚未实现盈利或盈利水平较低。对于这类产品，企业应采取的策略是增强自身的竞争力。企业需要识别并聚焦于那些决定其竞争地位的关键因素，结合企业的战略定位和可用资源，有计划且分步骤地改善这些关键因素的表现，以逐步提高自身的竞争地位，并确保在市场中的稳定参与。

同样在高端智能手机市场，一加手机品牌位于第二象限。一加以高性能的智能手机进军高端市场，这一市场对创新和高质量产品的需求极强。尽管一加推出了具有竞争力的产品，在高端智能手机市场中赢得了一定的用户群，但在全球品牌影响力、市场份额和销售渠道方面，相比苹果、华为和三星等市场领导品牌，仍显得相对较弱。

（3）第三象限：市场吸引力弱、竞争地位低。位于这一象限的产品缺乏市场吸引力且竞争力不足，它们利润微薄甚至面临亏损。针对这类产品，企业应当采取的策略是减少投入，并果断放弃。企业应逐步降低对这些细分市场的销售投入，积极削减固定成本和变动成本，同时将资源重新分配到其他有潜力的细分市场。这种情况通常出现在某个行业进入衰退期，市场需求逐渐减少，产品存量相应缩减，最终可能随着整个行业的衰退而退出市场。

酷派在中低端手机市场的位置位于第三象限。由于智能手机的普及、市场高端化趋势的发展和价格竞争的加剧，这一市场细分的吸引力相对减弱。酷派所面临的竞争尤为激烈，尤其是面临来自小米、**OPPO**和**vivo**等中国品牌的挑战。这些品牌提供性价比高的手机，其市场份额、品牌知名度和创新能力通常超过酷派，导致酷派在市场上的竞争地位不高。

（4）第四象限：市场吸引力弱、竞争地位高。位于这一象限的企业虽然面对的是吸引力不高的市场，却拥有明显的竞争优势。这一象限往往代表了企业当前的主要利润来源，尽管相关细分市场的增长潜力有限。

针对这类市场，企业应专注于提高运营效率，最大化产能利用和成本控制。同时，企业应适度限制大规模营销活动，以巩固自己在细分市场的领先地位，保持利润，并防止新的竞争对手进入。这种现象常见于市场规模较小的细分行业中的隐形冠军。由于整体行业规模有限，不易吸引大型竞争者进场，因此该细分行业内的市场领头羊能够保持较高的利润率。

诺基亚在功能手机市场的定位位于第四象限。随着智能手机的日益普及，功能手机的市场份额逐渐缩减，市场整体的吸引力也逐渐下降。尽管面临市场萎缩，但诺基亚凭借其在功能手机领域的强大品牌认知度和稳固的客户基础，在这一细分市场中依然保持着竞争优势。

通过对客户细分市场的分析，管理者能够综合这些细分市场的吸引力和企业在各细分市场中的竞争地位，从而对不同的细分市场进行全面评估，为后续输出战略机会点提供依据。

四、竞争研彼此

1. 对手研究

竞争分析是系统性地思考和分析竞争对手的过程。管理者进行这一分析的主要目的在于预估竞争对手可能采取的针对本企业的竞争性战略和反应，进而制定有效的战略方向和战略措施。

在进行竞争对手分析时，管理者需要认真分析那些当前或将来可能对市场造成重大影响的主要竞争对手，不仅包括现有的竞争对手，还包括潜在的未来竞争者。在很多情况下，企业之所以出现盲点，正是因为未能准确识别未来可能出现的竞争对手。

竞争分析中最著名的模型是哈佛商学院教授迈克尔·波特创建的五力模型，如图2-7所示。这一模型是波特深入研究竞争环境结构后提出的，用以确定一个行业的竞争程度。波特认为,行业吸引力取决于5种竞争力量:新进入者的竞争能力、替代品的替代能力、现有竞争对手的竞争能力、购买者的议价能力和供应商的议价能力。

通过运用五力模型,管理者能够全面审视一个行业的基本竞争格局,并有效评估该行业内各企业的平均盈利潜力。这为企业制定竞争战略提供了坚实的依据。

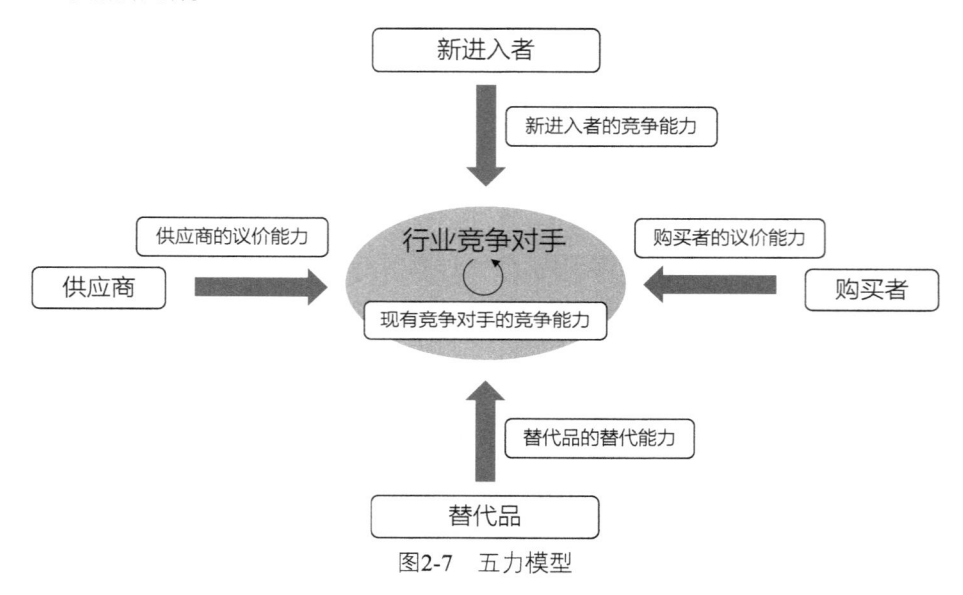

图2-7 五力模型

1)新进入者的竞争能力

新进入者的竞争能力是指潜在竞争者进入市场的可能性及其进入的难易程度。新进入者可能会带来新的产能、资源和竞争格局,从而改变市场现有的结构。新进入者的竞争能力反映了市场准入的难度。若进入壁垒较低,新竞争者将更容易进入市场,这可能导致竞争者数量增加、供需关系变化、新业务模式和技术的引入,对现有企业构成重大威胁。新竞争者的加入还可能会加剧市场竞争、压低价格、分散市场份额、提高企业成本,从而挤压现有企业的利润空间。

在新时代的跨界融合趋势之下,对新进入者的竞争能力进行评估时需要特别注意：哪些跨界新进入者已经出现在行业内？这些新进入者有何特征？哪些新进入者具备强大的成长潜力，可能成为未来的重要竞争对手？行业内是否存在潜在的颠覆性力量？这些力量是否有可能颠覆行业的核心要素？

2）替代品的替代能力

替代品的替代能力是指现有产品或服务被其他能够满足相同或类似需求的产品或服务替代的可能性。这些替代品可能来自不同行业或领域，却能满足相似的需求。替代品带来的影响包括限制现有企业的定价空间、提高消费者选择的灵活性、提升需求的弹性、侵蚀现有产品的市场份额、提高市场竞争的复杂度等。替代品的替代能力对企业的定价策略、市场份额和盈利能力均可能产生深刻的影响。

在新时代的跨界融合趋势中，需要特别审视替代品的替代能力：未来的竞争格局将展现出何种特征？哪些关键的技术创新或商业模式创新可能显著地改变竞争格局？最终的竞争格局将如何形成？

3）现有竞争对手的竞争能力

现有竞争对手的竞争能力是指同一行业或市场内现有竞争者之间的竞争程度。现有竞争对手之间的竞争也称同业竞争，它通常被视为影响企业盈利能力的一个直接且重要的因素。这种竞争可能包含价格、产品特性、营销策略、服务和技术创新等多个方面的竞争。激烈的同业竞争可能导致价格下降、成本上升和战略灵活性受限，进而削弱企业盈利能力。深入理解和分析同业竞争程度，对于企业制定有效的竞争策略至关重要，如通过产品差异化、市场定位、成本控制等手段获得竞争优势，提高盈利水平。

4）购买者的议价能力

购买者的议价能力是指购买者在与企业的交易谈判中所具有的影响力。购买者的议价能力可能表现在多个方面：他们可能会促成价格下降、争取更优质的产品和服务、争取更有利的交易条件等，这些都可能对行业内现有企业的盈利能力产生影响。较高的购买者议价能力可能会削弱企业的定价权，导致成本增加，销售流程变得复杂，进而挤压企业的利润空间。

5）供应商的议价能力

供应商的议价能力是指在与企业的谈判中供应商所具有的影响力。当供应商有较强的议价能力时，他们有可能通过提高价格、控制供应量、调整质量和服务水平、设定具体的交易条件，影响行业内现有企业的盈利能力和产品的市场竞争力。因此，供应商的议价能力直接关系到企业的成本结构、供应链管理、产品质量和战略的灵活性。

2. 对手研究案例：华为智能手机业务

华为的智能手机业务在全球范围内面临激烈的竞争，尤其是面临与苹果、三星等其他大型手机制造商的竞争。可以借助波特的五力模型来分析华为智能手机业务的竞争态势。

1）新进入者的竞争能力

（1）高进入壁垒。智能手机行业的进入壁垒较高，需要大量的资本投资、技术专长、品牌建设和分销网络。

（2）地域市场差异。在某些区域市场，本土品牌可能构成竞争。

2）替代品的替代能力

（1）其他智能设备。例如，平板、智能手表等可能替代智能手机的部分功能。

（2）技术转变。新的通信或计算平台的出现可能对现有的智能手机市场形成威胁。

3）现有竞争对手的竞争能力

（1）竞争者众多。华为智能手机在全球市场与苹果、三星、小米等许多顶级品牌竞争。

（2）产品差异化。虽然智能手机市场的产品普遍具有相似的特性，但华为通过技术创新和设计努力区分其产品。

（3）价格竞争。与其他中端和低端品牌的激烈竞争可能引发价格战。

4）购买者的议价能力

（1）消费者选择众多。消费者可以选择众多品牌和型号，这提高了他们的议价能力。

（2）运营商合作。华为与全球多家运营商合作，其中一些大型运营商具有较强的议价能力。

5）供应商的议价能力

（1）组件供应商。华为依赖芯片、显示屏、相机等多个组件的供应商，其中一些关键组件的供应商具有较强的议价能力。

（2）地缘政治因素。例如，美国对华为的制裁限制了其获取某些关键技术和组件的能力。

对华为智能手机业务来说，竞争对手的竞争能力和供应商的议价能力是最关键的竞争因素。激烈的同业竞争不仅包括顶级品牌的竞争，还包括中低端品牌的竞争。在供应商的议价能力方面，特别是在政治和贸易关系紧张的背景下，关键组件的获取可能受限。理解这些竞争力量有助于华为制定针对性的战略，如持续投资技术创新和产品差异化、寻找替代供应源、建立与运营商和零售商的强大合作关系等，以提升其在全球智能手机市场中的竞争地位。

3. 自身研究

管理者在研究竞争对手和市场格局后，接下来需要审视自己企业的优势和劣势。这一审视应基于对宏观环境、行业状况及竞争对手的深入分析。需要反思的领域包括资源（如人力资源、财务资源、物质资源等）、能力（如运营能力、市场能力、创新能力）及内部流程和组织文化等方面。需要思考的问题通常包括以下几项。

1）自身现有优劣势

（1）相比竞争对手，本企业在哪些方面具有竞争优势？这些优势如何成为业务领先的关键？这些优势被模仿或被超越的可能性有多大？本企业如何维护和增强这些优势？

（2）相比竞争对手，本企业在哪些方面处于劣势？哪些劣势是影响业务发展的关键？本企业有哪些措施来改善或避免这些劣势？效果如何？

2）未来潜在优势

鉴于行业基本要素和价值链的变动，本企业可以构建哪些未来的竞争优势？

3）生态链整合优势

从整合上下游生态链的角度出发，本企业在供应链、技术创新等方面有哪些优势资源？现状如何？未来有哪些资源可以成为本企业发展的助力？本企业需要克服哪些障碍？

通过对自己企业的深入分析，管理者能够帮助企业更深入地知己知彼，做出更明智的商业决策，并在不断变化的市场环境中维持竞争力。

第五节
熔于一炉的战略洞察矩阵

通过市场洞察"四研"分析，管理者可以将结果整合到一张以机会差距为核心、依照SWOT逻辑进行分析的战略洞察矩阵中，以厘清思路，为接下来的战略选择和策略制定提供深刻的洞察依据。战略洞察矩阵如图2-8所示。

SWOT分析包括优势（Strengths，S）、劣势（Weaknesses，W）、机会（Opportunities，O）和威胁（Threats，T）4个维度。机会（O）和威胁（T）位于纵轴，它们是通过宏观分析、行业分析和客户分析找到的企业外部环境中的吸引力区分因素。其中，吸引力提升的趋势代表机会，如市场的扩大、新的合作机会和技术的进步；吸引力减弱的趋势则构成威胁，包括经济因素、供应链风险和消费者行为的变化等。优势（S）和劣势（W）位于横轴，它们是通过竞争对手分析和自我审视找到的企业内部的关键成功因素。其中，相较于竞争对手的优势包括品牌声誉、专利技术、员工技能等；劣势则可能体现在财务状况、组织结构和运营效率等方面。

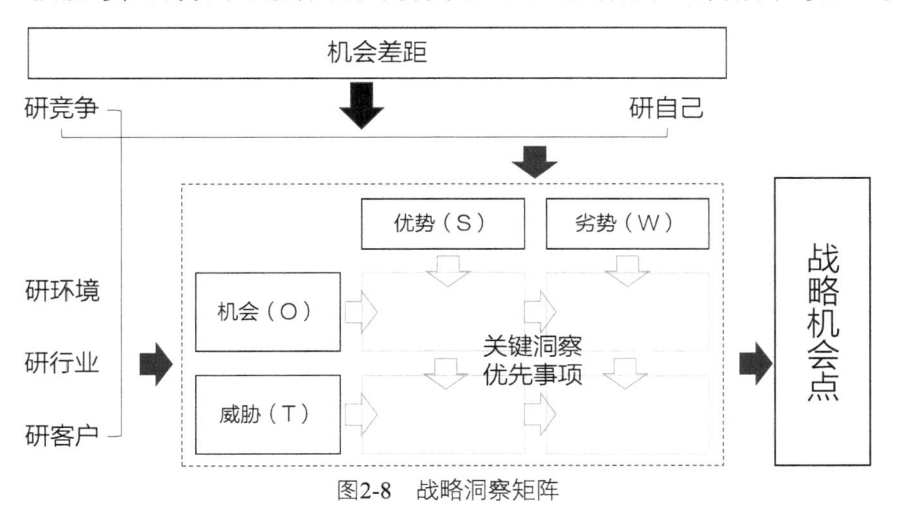

图2-8 战略洞察矩阵

在进行SWOT分析时，需要将之前的宏观分析、行业分析、客户分析与竞争分析的结果从企业自身的视角进行分类：这些分析结果对企业有何意义？哪些因素是企业面临的机会？哪些构成威胁？在满足客户需求和产业价值链中，哪些关键成功因素是企业的优势？哪些是企业的劣势？

在将分析结果纳入矩阵时，必须特别注意这些信息应当针对企业本身，并与机会差距相关。这样做既可以避免将大量无关的市场信息纳入矩阵，也可以防止对机会与威胁的误解。例如，行业分析可能显示新技术的发展将快速推进行业迭代，但如果企业本身不具备技术引领能力，那么这一趋势对企业来说可能不是机会，而是威胁。我们强调，SWOT分析中识别的机会和威胁应当与企业识别出来的机会差距息息相关。这些机会差距既是"四研"分析的成果，也是整个战略规划的出发点。

在对SWOT进行明确界定之后，将市场分为4个象限。第一象限称为

SO区间，位于矩阵中的左上角，表示机会与企业的优势相结合的情况；第二象限称为WO区间，位于矩阵中的右上角，表示机会与企业的劣势相结合的情况；第三象限称为WT区间，位于矩阵中的右下角，表示企业的劣势与外部威胁相遇的情况；第四象限称为ST区间，位于矩阵中的左下角，表示企业的优势受到外部威胁的情况。

通常，针对这4个区间，应采取的策略分别如下。

- SO区间：机会落在自己的优势领域，建议全面进攻，充分发挥自己的优势，扩大市场份额。
- WO区间：机会落在自己的劣势领域，需要谨慎选择，找到合适的切入点或等待合适的时机实现弯道超车。
- WT区间：面对同时触及劣势和外部威胁的情况，应适时退出市场，减少损失，并寻求其他发展机会。
- ST区间：当优势领域面临威胁时，应及时巩固既有成果，同时密切关注市场动态，随时准备应对变化。

通过对这4个区间进行分析，在前期识别的机会差距的统领下，将相关信息置于矩阵中，可以迅速明确关键洞察和优先事项，从而清楚地确定4种应对策略。这为本阶段输出核心成果——战略机会点——奠定了基础。

所谓战略机会点，是指企业在战略洞察过程中，根据市场环境、技术进展、消费者需求和竞争对手策略的变动所识别出的有利情境和突破机会。在特定的市场环境中，这些战略机会点代表了企业发现的潜在机遇或可实现的突破。在后续的战略布局中，企业将研究如何利用这些战略机会点来提升市场地位、实现盈利增长或推动企业战略转型。

在此阶段，企业可能会识别出多个战略机会点，它们可能源自SO区间，也可能源自ST区间。即使在同一区间，也可能识别出不止一个战略机会点。这些战略机会点的共同特征在于，它们能够最大限度地扩大企业优势、利用机遇，以实现最佳的战略定位。

第六节
案例解析：元气森林

元气森林成立于2016年，是一家自主研发、自主设计的创新型饮品公司。这个曾经鲜为人知的新兴品牌，在2019—2020年迎来了爆炸式的增长，如今已经跻身中国软饮料市场的主流品牌之列。

短短几年间，元气森林实现了从无到有、再到持续高速增长的跨越。该公司凭借其独特的品牌定位，专注于提供无添加剂、低糖和富含营养的饮品，成功捕捉了消费者对健康饮食的关注和需求，在中国软饮料市场中成为健康饮品领域的领跑者。

元气森林的创始人唐彬森原本在游戏业创业，被誉为"开心农场之父"。后来他改变了方向，投身饮料行业，使元气森林迅速崛起，成为饮料界的一匹"黑马"。据唐彬森回忆："有元气森林这个名字之前，我本想打造带有东方文化的品牌，如"草本生活""一草一木"之类的。其实全世界都缺少东方品牌，尤其是在快消品领域，目前的大品牌很难让世人联想到东方。"

下面将剖析元气森林在战略洞察上是如何一举成功的。

一、企业概况

元气森林自2016年成立以来，以其清新简约的标识、多样的饮品口味及"0糖、0脂、0卡路里"的健康属性，迅速吸引了大批粉丝，5年内估值飙升至150亿美元。该品牌的主打商品包括燃茶、苏打气泡水、乳茶、健美轻茶等。该品牌秉承无糖且健康的产品开发理念，强调"0糖、0脂肪、

0卡路里"。

二、宏观分析

在政治层面,中国政府加强了食品安全法规,对食品企业提出了更高的要求,并推出了多项相关政策和标准,这些措施为追求高标准的健康饮料企业创造了机遇。政府对健康产业的支持措施包括减税和补贴等,为企业的发展开拓了更大的空间。

在经济层面,随着中国经济的持续发展和人均收入的日益提高,特别是随着中等收入群体规模的扩大,消费者越来越注重生活质量和健康,并愿意为健康产品支付较高的价格。健康意识的深入人心为健康软饮料的细分市场带来了巨大的发展机遇。

在社会层面,公众的健康意识普遍提升,人们对糖、防腐剂等添加剂持有越来越多的顾虑,对天然、健康的饮品的需求日益增长。消费者对含高糖和人工添加剂的饮品的担忧与日俱增,更趋向于选择天然、有机和低糖的饮品,以追求健康和养生。

在技术层面,生产技术的不断创新可以让企业更有效地保留食品的营养成分。同时,电商、社交媒体等数字技术的发展为健康软饮品的市场推广和销售提供了新的渠道。

在环境层面,市场上日益流行的绿色、环保理念促使企业更加重视产品的可持续性,如对包装和原材料的环保要求越来越严格。企业需要思考如何实现可持续发展,如采用生物可降解的包装材料。

综上所述,从市场角度出发,消费者追求在享用美味饮品的同时获得健康与营养的双重益处。这种市场需求的增长为元气森林等健康饮料品牌提供了巨大的商机。

三、行业分析

随着国民经济的持续稳定增长、居民消费水平的不断提高及消费结构的不断升级，预计中国软饮料市场将保持5.9%的年复合增速，到2024年年末市场规模有望达到13230亿元。软饮料行业是一个实实在在的万亿级市场。

同时，软饮料行业竞争激烈，主要由大型跨国公司主导。2016年，健康饮料市场虽有竞争，但绝大部分是进口品牌或高端产品，缺乏面向大众市场的本土品牌。在健康软饮料细分市场，尚未出现大规模的竞争对手。这为元气森林提供了一个相对较为开放的市场空间，有助于其在细分市场中建立竞争优势。

在健康软饮料细分市场上，创新和产品多样性是企业成功的关键。消费者期待能够选择不同口味、低糖、拥有天然成分和功能性的饮品。同时，可持续发展和环保意识也成为他们关注的重要议题。元气森林洞察到这两个趋势，致力于开发符合消费者需求的创新产品，并通过提供健康、天然和可持续的软饮料，满足消费者的期望，并与消费者建立更紧密的联系。

从行业生命周期来看，2016年之前，尽管市场上存在一些健康饮料品牌，但整体市场规模较小，消费者的认知度和接受度还处于初级阶段。到了2016年，随着消费者健康意识的提高和中产阶级的崛起，健康饮料的需求显著增长。市场上涌现了更多健康饮料品牌，其中就包括元气森林，健康软饮料市场可能已经进入或正处于增长期。

对于处于行业增长期的2016年前后的市场，潜力巨大，但竞争也在加剧。元气森林选择在此时进入市场是明智的，因为这是捕捉市场增长机遇的好时机。但为了应对竞争，元气森林需要确保产品差异化、品牌建设和市场推广策略等方面具有优势。

四、客户分析

在软饮料市场，通过对不同细分客户群的关键要素进行分析，元气森林准确定位了应进入的细分市场。

1. 针对消费人群的人口统计特征分析

在年龄段上，元气森林主要锁定18~35岁的年轻消费者，包括年轻的职场人士和大学生。这一决策基于对这群边熬夜边"保温杯里泡枸杞"的年轻消费者痛点的洞察："肥宅快乐水"劲爽的口感和健康的诉求只能二选一，两者不能兼顾。

在性别上，该品牌定位为男女均适宜，但考虑到产品的低糖、低卡路里和健康属性，可能更吸引对健康有较高追求的女性消费者。

在收入水平上，该品牌的目标消费者为中等及以上收入水平的群体，这部分人愿意为高品质、健康的产品支付相对较高的价格。

2. 针对消费群体的地理位置分析

元气森林选择在大城市和经济较发达的地区推广产品，因为这些地区的消费者更注重生活品质和健康。

3. 针对消费者的心理特征分析

在生活方式和价值观上，元气森林的目标群体是注重健康、追求品质，喜欢尝试新鲜事物，同时强调个人健康，倾向于选择天然、无添加、环保产品的消费者。考虑到中国传统软饮料品牌康师傅、娃哈哈等在年轻人心目中多少都带点"时代感"，元气森林刻意迎合年轻消费者的心理，致力于打造一个专属于消费者的年轻品牌，与其他品牌有所区别。

4. 针对消费者的消费行为分析

在购买动机上，对于健康软饮料，消费者的购买主要出于对健康的关注，他们希望减少糖分和化学添加剂的摄入。在购买频率上，鉴于这类产品属于日常消费品，消费者的购买行为较为频繁。在购买渠道上，除了常规的零售店和超市，电商平台也成为消费者的重要选择之一。

5. 针对社会和文化特点的分析

元气森林的目标消费者是具有良好健康观念的人群，他们更加注重日常饮食的健康属性。在品牌忠诚度方面，虽然年轻消费者更愿意尝试新品牌和新产品，但如果某品牌或某产品能够满足他们的健康需求和品质标准，他们很可能成为该品牌或该产品的忠实支持者。

通过以上客户分析可以得知，元气森林的目标客户群体主要是年轻、健康意识强、愿意为高品质产品付费的消费者。这些消费者大多居住在大城市及经济发达地区，他们通过多样化的渠道进行购物，在忠诚于品牌的同时，也乐于尝试新事物。这一客户定位为元气森林指明了清晰的市场方向，并为其营销策略的制定提供了依据。

五、竞争分析

1. 对手分析

应用五力模型，可以审视2016年元气森林进入健康软饮料市场时的竞争环境。

1）新进入者的竞争能力

随着消费者对健康饮品的需求不断增长，新品牌和新产品对市场具有一定的吸引力。然而，该市场的进入门槛较高，包括品牌建设、生产设施建设、质量控制等方面的高额初期投资，所以新进入者的竞争能力处于中等水平。

2）替代品的替代能力

健康软饮料可能面临的替代品包括传统果汁、茶饮、水和其他非酒精饮料。但鉴于健康饮品的独特卖点和消费者对健康的高度重视，替代品的实际威胁相对较低。

3）竞争对手的竞争能力

在即饮茶市场，无论是传统的行业巨头康师傅、娃哈哈，还是新崛起的凉茶品牌加多宝、王老吉，抑或是近年来快速增长的维他，它们的核心产品大多主打高糖甜茶。在碳酸饮料领域，可口可乐和百事可乐等品牌被普遍认为不够健康。

2016年，尽管健康软饮料市场已经出现了一些品牌，但市场增长率依然很高。国内外品牌如农夫山泉、可口可乐的健康饮品线都在积极布局这一市场。

4）购买者的议价能力

虽然健康饮品的消费者对产品品质和口感有较高的要求，但市场的品牌多样性和丰富的选择，使消费者和分销商具备一定的议价能力。

5）供应商的议价能力

高品质的原材料是制作健康饮品的关键，如优质果汁和天然糖等。若供应商数量有限，其谈判能力便较强。但由于中国拥有广阔的农业资源，因此供应商的议价能力整体保持在中等水平。

通过综合分析可知，2016年元气森林面临的是一个竞争程度处于中高水平的市场，并且在供应链管理和品牌建设方面面临一定的挑战。尽管如此，考虑到市场的增长潜力，对那些具备明确策略和资源的品牌而言，该市场具有较大的吸引力。

2. 自身分析

1）优势

相对于竞争对手和竞争格局，元气森林作为饮料行业的后进者，具有明显的创新优势。

（1）品牌形象。元气森林塑造了一个年轻化和充满活力的品牌形象，与健康软饮料的市场定位高度契合。

（2）独特的产品配方。元气森林以健康、低糖、无添加剂为卖点，顺应了当前消费者的健康需求。

（3）创新的营销策略。元气森林采用社交媒体和网红推广等新兴营销方式，有效吸引了年轻消费者群体。

（4）快速响应市场变化的设计思维。元气森林能够根据市场动态和消费者反馈快速调整产品和营销策略。

（5）供应链管理。元气森林与供应商建立了稳固的合作关系，确保了原材料的高质量和供应的稳定性。

2）劣势

对元气森林团队来说，尽管在2016年进入健康软饮料市场时拥有一定的优势，但也面临一些明显的劣势。

（1）品牌知名度。元气森林在特定消费者群体中拥有一定的知名度，但与老牌饮料品牌相比，其整体知名度仍有差距。

（2）生产和分销规模。与行业内的巨头相比，元气森林的生产和分销规模较小，这可能限制了其市场扩张的步伐。

（3）经验和资源。作为新进入市场的品牌，元气森林与大型饮料公司相比，经验和资源有所缺乏，依赖特定的市场渠道。例如，对在线销售的过度依赖可能导致元气森林在传统销售渠道的布局和推广上存在短板。

（4）产品线的多样性。与市场上的其他老牌饮料品牌相比，元气森林2016年的产品线相对较为单一。

总体而言，元气森林在2016年进入健康软饮料市场时拥有一定的优势，特别是在品牌形象、产品配方和创新营销策略方面。同时，作为新入者，它也面临不少劣势，如相对较低的品牌知名度和较小的生产规模。不过，元气森林凭借自身独特的优势成功地获得了市场份额，并在后续的发展中持续增强自己的竞争力。

六、战略机会点

通过市场洞察的"四研"分析可以发现，在竞争激烈的饮料市场，战略机会点正在显现。以下是基于成功案例复盘的战略机会点推演过程。

（1）过去几十年，碳酸饮料市场主要满足消费者"解渴""好喝""补充能量"的诉求，而"健康"诉求在该市场被忽视，这是一个竞争相对较弱且需求明显增长的领域。

（2）在这个未被满足的客户细分市场，抓住年轻消费者群体，尤其是18~35岁的职场人士和大学生，特别是女性消费者，将撬动市场倍速增长。

（3）更准确地定位目标消费者群体为中等收入水平人群，尤其是一、二线城市的消费者，因为他们对健康有较高的要求，并愿意为健康的产品支付额外的费用。

（4）目标消费者群体对健康和口感的双重期望决定了新产品在糖分、热量和口味上的研发方向，如使用代糖和增加果味。

（5）品牌形象应贴近"90后""00后"的偏好，他们追求生活品质和个性表达，品牌定位要追求文化认同、高颜值、个性化，可以考虑融入国风、日韩风、二次元、动漫等元素。

（6）在定价策略上，考虑到目标人群并不追求量贩式的便宜货，不宜采用大包装，也应摒弃5元以下的低端价格策略。

（7）在营销和渠道布局方面，鉴于年轻消费者的购买习惯，电商平台是主要销售渠道，社交媒体是进行品牌推广和营销的首选。自2016年新零售兴起以来，元气森林把触角快速扩张到了线下便利店和自动售货机等渠道。

小结

　　战略洞察是管理者通过主动对差距进行感知、对市场进行分析，最终从本企业角度出发识别战略机会点的过程。战略洞察进行的是战略层面的突破性、非连续性、非线性的思考，管理者既要有广阔的视野，又要有深刻的思考。

第三章

高站位的管理格局：
战略规划

丽思·卡尔顿，关于战略引领的管理

丽思·卡尔顿作为全球知名的奢华酒店品牌，自19世纪创立以来，一直保持着经典的风格。其由于追求极致的奢华而被誉为"全世界的屋顶"。

霍斯特·舒尔茨在丽思·卡尔顿酒店的创业初期和扩张时期发挥了关键作用。他的领导力和创新思维为该酒店赢得了无数赞誉，并使其成为全球酒店业的标杆。在他的领导下，该酒店的员工离职率仅为20%，相较于行业120%的平均水平，可以说是一个奇迹。

丽思卡尔顿视员工为酒店最宝贵的资产，他们接受严格的培训以提供个性化和真诚的服务，追求每位客人的满意度。新员工在加入公司后的前两天会接受全面的培训，以确保他们完全理解公司的文化和期望。

舒尔茨鼓励员工为客人做出决策。每名员工都有一定的预算，用于解决客人的问题或提高客人满意度，且无须上级批准。"从总经理到新入职的服务员，每名员工都有权利使用最高2000美元的资金以确保客人满意。"酒店信任员工，员工也怀着对酒店的热爱，愿意为客人创造难忘的体验，由此形成了一个正向循环。舒尔茨相信，无论公司的表现有多么优秀，总有进步的空间。他鼓励员工提出建议，并不断寻找提高效率和客人满意度的方法。

这里有一个著名的例子。一位客人抱怨他的皮鞋在酒店的健身房被其他客人误取了。酒店员工了解到这双皮鞋对客人有特殊的意义，因为他即将参加一场重要的商业会议。于是酒店员工立即采取行动：他们前往附近的商店，并使用公司授权的预算替客人购置了一双新的高级皮鞋。

在整个过程中，员工没有花时间去询问上级的意见或寻求审批。他们知道公司授予了他们权力。这一举措不仅让客人满意，也进一步提高了酒店提供卓越服务的声誉。

舒尔茨的领导理念很符合瓴先领导力®倡导的战略引领的管理哲学：让企业的战略、使命、愿景深植于员工内心，使员工理解并认同，进而激发他们的热情。这样，员工便会充满激情、自觉自愿地跟随企业的发展方向前进。

第一节
愿景与目标：战略意图

管理者在对企业当前的经营做了充分的反思、差距识别，并系统地进行了从外到内的思考后，最终以集成的战略洞察矩阵明确了企业在外部环境影响下和竞争格局中的机会与威胁、优势与劣势，从而定位本企业的战略机会点。至此，管理者便完成了战略洞察。

随后进入战略规划阶段，这一阶段始于明确战略意图。C.K.普拉哈拉德和加里·哈默在《战略意图》论文中提及："一个雄心勃勃的宏伟梦想是企业的动力之源，它能够为企业带来情感和智能上的双重能量，借此企业才能走上未来的成功之旅。"企业的战略意图犹如大海中的灯塔，它不仅为企业指引方向，还预警潜在危险，确保企业能够安全地前行。

管理者在制定战略意图时必须了解，好的战略意图会赋予员工方向感、探索感和使命感。

方向感指企业明确的、长期的目标，它可以让整个组织保持同步前进，避免资源浪费和目标混淆。例如，"成为全球最大的电子商务公司"为企业设定了清晰的发展方向。

探索感鼓励企业持续创新，尝试新方法和新策略，勇于挑战现状，并不断寻求成长和进步的机会。在迅速变化的商业环境中，探索和创新是企业保持竞争力的关键。探索感促使企业不满足于现状，寻求超越。例如，谷歌的"永远日思夜想"文化激励员工不断探索和尝试新思维、新方法。

使命感强调企业对社会、客户或其他利益相关方的价值和贡献，超越对利润的追求，代表企业的核心目的和价值。它为企业提供了更高的目标，帮助员工理解自己的工作如何服务于更大的目的，从而增强归属感、承诺和满足感。例如，特斯拉的使命"加速世界向可持续能源的转变"强调了其对环境和社会的贡献。

管理者可以运用使命、愿景和目标这一战略框架来构建企业的战略意图。

一、使命和愿景

使命和愿景的英文分别是Mission与Vision，两者在某些方面可能相互重叠和融合，但各有侧重点。管理者应当善于运用使命和愿景，在阐述和宣导中为企业指引方向、激励员工、凝聚人心。

1. 使命

1）使命的内涵

使命是企业存在的根本理由，体现了企业对社会和自身发展的承诺。它不仅追求商业价值，更体现了企业对社会价值、客户价值和用户价值的贡献。

使命对企业的成败具有重大影响。正如亚马逊创始人杰夫·贝索斯所言："使命是企业的灵魂和动力，赋予了企业独特的存在意义和价值。"微软创始人比尔·盖茨也指出："使命代表了企业在商业领域的道德和责任，它超越了盈利和市场份额，激励团队为共同目标奋斗。"

一个好的企业使命不仅阐明了企业的业务内容，更揭示了企业为何而做，反映了企业对超越商业利益的更高价值的追求。同时，它赋予员工工作深层次的意义，激发员工的内在动力，并凝聚集体力量去实现个体难以单独实现的伟大成就。

一个好的企业使命至少应具备以下3个关键特征。

（1）明确性与简洁性。使命陈述应直接、简洁且易于理解，避免含糊和复杂的表述。它应迅速、清晰地传达企业的核心目标和宗旨。

（2）激励性。企业使命应当具有吸引力，可以激励和鼓舞员工、客户及其他利益相关方。它不仅描述企业活动，更传递远大的目标，阐明企业的重要性及其对社会或行业的积极贡献。

（3）区分性。使命陈述需要体现企业的独特性，区别于其他企业。它应展示企业的特点、价值观和文化，以及为客户和社会带来的独特价值。

2）使命的类型

（1）产品导向型使命。产品导向型使命强调提供优质产品或服务，满足客户需求。这样的使命通常强调创新、品质和客户体验，以确保产品或服务的卓越性。例如，苹果公司早期的使命是为每个家庭、办公室和桌面带来一台个人计算机。

典型案例如下。

- 亚马逊的使命：成为全球最以客户为中心的公司，让客户能够寻找并发现他们可能需要在线购买的任何商品，致力于为客户提供尽可能最低的价格。
- 沃尔玛的使命：帮助每个人省钱，让他们生活得更美好。
- 3M公司的使命：通过科学创新推动生活的进步，改善人们生活的每个方面。
- 华为的使命：把数字世界带入每个人、每个家庭、每个组织，构建万物互联的智能世界。

（2）社会责任型使命。社会责任型使命关注社会责任和环境责任，强调可持续发展和社会价值。它关注企业的社会影响，包括环境保护、社区参与和公益事业。

典型案例如下。

- 特斯拉的使命：加速世界向可持续能源的转变。
- 谷歌的使命：整合全球信息，使人人皆可访问并从中受益。

- 宜家的使命：为了创造更好的每一天，为人们提供可持续和负担得起的居家产品。
- 阿里巴巴的使命：让天下没有难做的生意。

（3）人本导向型使命。人本导向型使命强调对人类的关注，追求创新和科技应用，从而为人们创造更好的机会、体验和发展，促进个体的成长，提升个体的幸福感。这种类型的使命体现了企业对人类需求和幸福的关注，以及为个体和社会创造积极影响的努力。

典型案例如下。

- 微软的使命：予力全球每一人、每一组织，成功不凡。
- 星巴克的使命：激发和培养每个人的精神———一次、一杯、一个邻居。
- 脸书的使命：赋予人们创建社群的权力，让世界融合在一起。
- 腾讯的使命：用户为本，科技向善。

2. 愿景

彼得·德鲁克认为企业要思考3个问题：我们的企业是什么？我们的企业将成为什么？我们的企业应该是什么？这也是思考企业文化的3个出发点。这3个问题综合起来体现了企业的愿景。

企业愿景是一个明确且有吸引力的未来蓝图描述，它描绘了实现宏大目标后的美好景象，彰显了企业对自身的希望与要求，以及在未来想要塑造的身份和状态。

正如好的使命有其标准，好的愿景同样要遵循一定的准则，应该具备纲领意义、感情契约和面向未来3个核心特征。

（1）纲领意义。纲领意义体现为愿景应能培养人们共命运的意识，它代表着希望、梦想、追求和创造奇迹。愿景指引人们追求伟大的目标和利益，只有员工积极投身于共同愿景的实现，他们的利益才能实现。

（2）感情契约。愿景的描述必须富有感情，能够激励人心、引起共鸣，而非冷冰冰的数字。愿景往往通过画面感强烈的描述达到感情契约，这更符合人们对于一个可以想象的未来美好画面的心理预期，更容易引起共鸣和承诺。

（3）面向未来。愿景非经营目标或绩效指标，它不是当年就必须达成的数字，而应该是面向未来的、令人激动的美好图景。愿景激发人们的梦想和创造力，因此必须具有挑战性。

二、战略目标与经营目标

卓越的管理者不仅需要善于运用使命和愿景来引领组织与员工，还需要知晓如何有效地将它们融入企业日常经营之中，以实现阶段性目标和最终目标。根据达成的时限不同，可以将目标分为战略目标和经营目标两类。

1. 战略目标

战略目标旨在通过有效、合理、灵活的运营模式，抓住市场的增长机会，并快速适应市场变化。战略目标关注的是企业长期能力的培养和社会责任的承担，包括产品、服务、市场、客户和技术等方面。战略目标的时间跨度通常为3年或以上，一般为3~5年。

战略目标既包含财务维度，如营业收入、利润、成本，也包含非财务维度，如客户、市场、能力、社会。客户维度包括客户数量（如新增客户量、存量客户保留量）和客户质量（如客户满意度、客户忠诚度）；市场维度包括细分市场份额、渗透率、行业排名、规模、市场扩张速度和新市场进入情况；能力维度包括新兴技术布局、研发能力、技术服务比重和中后台协同能力；社会维度包括市值（股东）、上下游影响力（合作伙伴）、政府关系、税务贡献（政府）、社会公益、品牌认知度、美誉度及品牌市场价值等。

2. 经营目标

经营目标也称近期目标，是对战略目标的具体拆解，包括具体可衡量的业绩指标，如企业的利润、成长率、市场份额、客户满意度及新产品推出等。这些指标可以更加量化和具体地帮助企业步步为营，检验企业是否在向目标迈进。

使命与愿景、战略目标、经营目标三者从上至下、从远到近形成了企业宏观、中观、微观3个层面的目标，指引企业的战略意图和方向。好的战略意图应当是三者的有效融合和承接。如果只有经营目标，就如同只管埋头拉车、不抬头看路的老牛，一不小心就被市场和竞争对手淘汰了；如果只有宏伟美好的愿景，不对目标进行分解，就无法将目标落地执行。管理者在带领企业进行战略变革时之所以出问题，通常都是因为这三者缺乏有效的承接，每年的绩效目标不能对企业的长期目标进行有效的关联与承诺。

图3-1展示了使命与愿景、战略目标、经营目标三者之间的承接关系。使命与愿景在宏观层面回答企业存在的价值和方向；战略目标在中观层面阐述企业的长远定位和核心能力；经营目标则在微观层面设定和实现企业的市场成果。

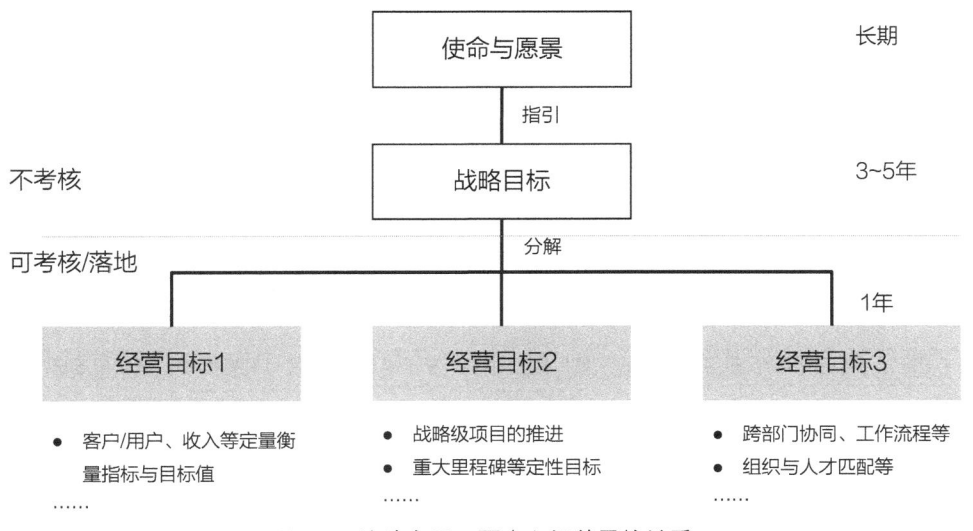

图3-1　战略意图三要素之间的承接关系

三、案例解析：微软的使命刷新

企业的使命和愿景通常反映了创始人最初的核心理念，但这些理念也可能随着企业的持续发展和战略转型而经历迭代与升级。微软自创立以来，经历了多次起伏，截至2023年3月底，在经历了一段时间的低谷后，微软逆势发展，市值再次超过苹果公司，重登全球市值第一的位置。

微软的转型历程也见证了其使命和愿景随着不同战略重点的演进而不断刷新。成立于1975年的微软在其近50年的发展过程中经历了3个时代：比尔·盖茨引领的个人计算机时代、史蒂夫·鲍尔默在任期内尝试适应的移动互联时代，以及萨提亚·纳德拉引领的云计算时代，如图3-2所示。

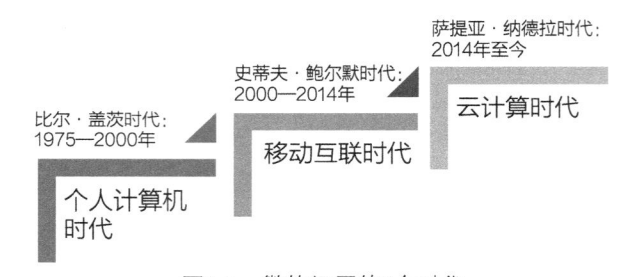

图3-2 微软经历的3个时代

1. 个人计算机时代（1975—2000年）

在比尔·盖茨担任微软CEO的时期，是个人计算机快速发展的时代，或者说是比尔·盖茨引领下的微软将个人计算机送进了千家万户。在个人计算机时代，微软是当之无愧的行业霸主。微软于20世纪80年代推出了Windows操作系统，初步确立了其在个人计算机操作系统市场的领导地位。随着Windows 3.0、Windows 3.1和Windows 95的成功，微软几乎垄断了整个桌面操作系统市场。到了20世纪90年代，除了操作系统，微软还进入了多个其他领域，包括办公软件（如Microsoft Office套件）、浏览器（Internet Explorer）、服务器软件（如Windows Server和SQL Server）等。当时的微软是计算领域的绝对领导者。

在这一时代，微软的使命是"让每个家庭和每张办公桌都配备一台个人计算机"。这一使命指引着微软推广个人计算机的普及，并通过其软件产品帮助每个家庭和办公室实现这一愿景。这个使命激励微软开发了一系列重要软件，最终在桌面操作系统和办公软件市场占据了主导地位。

2. 移动互联时代（2000—2014年）

史蒂夫·鲍尔默在哈佛大学时结识了比尔·盖茨，于1980年加入微软，成为微软的第一位商务经理，并于2000年1月接替比尔·盖茨成为微软CEO。在鲍尔默的领导下，微软的年营业收入和净利润都实现了显著增长。营业收入从2000年的约230亿美元增长至2014年的约860亿美元，净利润也从约90亿美元增长至约220亿美元。尽管Windows Vista受到批评，但Windows 7和Windows 8在市场上广受欢迎。在鲍尔默领导期间，Windows操作系统继续在市场上保持领先地位。

然而，在鲍尔默的领导下，微软未能抓住移动计算和云计算的关键发展时期，没有顺利引领公司进入新的转型阶段。在移动互联网时代，谷歌的Android系统异军突起，微软却一直没有突破。微软虽多次尝试推出自己的移动操作系统，并与诺基亚进行合作，但始终未能形成有效的竞争力，与iOS和Android系统相比处于劣势。

3. 云计算时代（2014年至今）

萨提亚·纳德拉自2014年2月被任命为微软CEO起，便开启了一场挑战重重的转型之旅，旨在"刷新"公司，赋予其新的商业理念和未来方向。

在纳德拉上任之初，微软在与竞争对手的较量中处于劣势，但纳德拉通过积极推动文化和业务的转型，巩固了微软作为全球领先平台与全球领先生产力公司的地位，实现了全面复兴。在全球经济和技术不断变化的背景下，纳德拉引领微软重新确立企业使命，开拓思维，改变战略合作伙伴关系，并不断加固业务基础，促使微软成功地转型为一家着眼于未来的科技企业巨头。2017年9月，纳德拉发表了著作《刷新：重新发现商业与未来》，分享了他的领导理念和微软的转型之路。

纳德拉在这部著作中说道，他在上任初期，试图回答两个核心问题：我们为什么会在这里？我们接下来要做什么？他通过开展一系列客户和合作伙伴拜访、与公司高层的沟通、战略会议等活动，重新挖掘微软的灵魂，重新定义微软的使命，并阐明其商业愿景。他探询微软的独特之处：是什么让我们与众不同？

纳德拉还重新定义了微软的使命："予力全球每一人、每一组织，成就不凡。"他强调，微软的目标不仅是赋能美国西海岸的初创企业和技术爱好者，更是赋能全球每个人和每个组织，"助力他们实现卓越是我们的愿景，它（使命）指导我们的决策并激发我们的热情，它让我们变得与众不同。我们做事是为了帮助其他人做事、做成事"。

正如纳德拉所强调的，重新定义微软的使命是他的优先考虑事项，制定正确的战略是重中之重。在这一激励人心的使命指引下，纳德拉带领微软成功实现了多方面的转型与突破。

在战略层面，纳德拉提出"移动为先、云为先"的战略，将微软的核心战略从"设备和服务"转变为"移动优先、云优先"，这标志着微软全面适应并拥抱云计算时代。他强化了Azure云服务的核心地位，并大力推广Office 365。同时，他推动微软采取更加开放和合作的全球策略，改变了公司以往对开源技术和其他平台的封闭态度。微软在Linux上发布了SQL Server，支持更多开源技术，并加入了Linux基金会。

在业务层面，在纳德拉的领导下，微软成功地进行了以下转型。首先，微软加大了对Azure能力的投资，使其成为业界第二大云服务提供商。其次，微软放弃了"Windows优先"的策略，转而推出了一系列跨平台的产品和服务，包括但不限于Office for iOS/Android和Visual Studio Code。再次，微软开始重视新的业务领域，如人工智能和混合现实技术，推出了人工智能平台Azure AI和混合现实眼镜HoloLens。最后，微软实施了一系列策略性收购行为，包括以260亿美元收购LinkedIn，这是微软历史上最大的一笔收购；以75亿美元收购代码托管平台GitHub，这进一步提升了其对开发者社区的影响力。

在文化层面，纳德拉推动微软从封闭文化走向开放文化，以重新激发企业创新活力。微软原本的企业文化较为固化和死板，员工普遍面临向他人证明自己无所不知的压力，他们更多地关注公司政策和内部政治，而对客户需求的关注度不够。长期担任微软高管的蒂姆·奥布莱恩曾将这种企业文化形容为"狗咬狗"。纳德拉给微软带来了文化变革。首先，他引入了Carol Dweck的"成长型思维"理念，鼓励员工将失败视为学习和成长的机会。其次，他强调以客户为中心的思维，要求员工倾听并满足客户需求，而不是单方面推销微软的解决方案。最后，他促进了公司内部团队之间的合作，提倡多样性和包容性，确保公司内对不同声音的尊重。

比尔·盖茨和萨提亚·纳德拉作为全球公认的卓越管理者，他们为微软带来的变革受到了全世界的瞩目。在他们领导的时期，微软的使命激励了人心，取得了卓越的成果。在历史的浪潮中回顾往昔，当年看似遥不可及的使命与愿景都得以实现，这些使命与愿景所体现的远大抱负至今仍能激发人们的热情和动力。

第二节
取舍与创新：战场布局

经过从外到内的战略洞察，管理者会识别出多个战略机会点，并进入战场布局阶段。战场布局是对战略机会点的汇总和分析，旨在明确行业发展趋势对业务设计的影响，并将企业的战略目标细化，落实到各个具体领域，形成清晰的战略布局图，以支撑目标的实现。

战场布局的过程涉及对战略机会点的筛选与决策，决定了企业应该做什么和不应该做什么。

一、3个案例

以下3个商业案例阐述管理者如何通过正确选择战略机会点引领企业变革与发展。

1. 保时捷的差异化布局

保时捷和法拉利均为高性能跑车领域的著名品牌。相比之下，法拉利专注于生产超级跑车和GT跑车，而保时捷提供更多种类的产品线，包括运动跑车、SUV和豪华轿车，以迎合不同消费者的需求。例如，保时捷推出了Macan、Cayenne两款SUV和Panamera豪华轿车。

在产品定位上，法拉利强调赛车特性和驾驶体验，并在F1比赛中展现了高超的赛车技术。与之相比，保时捷的车型设计更加注重日常使用的便利性和工程技术的创新。例如，保时捷911的车型被认为非常适合日常驾驶，而Macan和Cayenne更适合家庭使用。此外，保时捷不断推出新技术，如对悬挂和驱动系统进行改进、应用涡轮增压技术等。

在产品价格上，法拉利的车型通常价格更高，定位更加豪华和独特。而保时捷提供了更宽广的价格区间，从相对亲民的运动车型如Boxster和Cayman，到高端的911、Panamera和Taycan，让消费者的选择更丰富。

在品牌形象上，法拉利更强调豪华感、独特性和赛车传统，而保时捷以亲民、实用、高性能及广泛的吸引力为卖点。

在企业文化上，保时捷和法拉利所体现的价值观与各自所在国家的传统相吻合：保时捷代表了德国的严谨、勤奋和务实精神，法拉利则代表了意大利的热情、创造力和对细节的不拘一格。

综上所述，保时捷在多个方面实现了与法拉利的市场差异化，这反映了保时捷在战略布局上的精准选择。

2. 雷克萨斯品牌的年轻化转型

雷克萨斯作为丰田旗下的豪华车品牌，一直以优雅、舒适和高品质著称。近年来，雷克萨斯在追求年轻化和时尚化的过程中做了很多努力，在细分市场和战略机会点的选择上不断探索。从最初对标奔驰、宝马等竞争豪华市场，逐步转向运动和时尚定位的年轻市场。

近年来，雷克萨斯开始采用更激进、更具动感的外观设计，包括大胆的前脸、低矮的车身线条和锐利的角度。这些设计元素成功吸引了年轻消费者，并为品牌注入了更多活力。此外，雷克萨斯推出了F系列高性能车型，如RC F、GS F等，这些车型专为驾驶爱好者设计，搭载了强大的发动机和更紧凑的悬挂系统，雷克萨斯也因此在年轻消费者心目中的地位愈发稳固。雷克萨斯还加强了与年轻文化的关联，通过赞助音乐会、艺术和体育活动，提升了品牌的年轻化形象，并在社交媒体平台上与年轻消费者积极互动，吸引他们的关注。

在产品线上，雷克萨斯推出了多款混合动力和电动车型，满足年轻消费者对环保和先进技术的需求。这些车型不仅提供出色的驾驶性能，同时兼顾环保和燃油效率。雷克萨斯在售价和配置选项上也非常灵活，推出了适应不同预算和需求的年轻消费者的多样化车型与配置选项。例如，UX和NX等小型SUV车型为年轻消费者提供了更亲民的价格。

市场结果证明，雷克萨斯从豪华车定位到年轻时尚定位的转型，使品牌更加年轻化，有助于吸引更广泛的消费者群体，为品牌的长期发展奠定了坚实的基础。雷克萨斯这样的市场布局调整符合市场和客户需求。

3. 海底捞的"服务"为王

海底捞在竞争激烈的餐饮行业采取了以服务差异化为战略机会点的路径。海底捞的创新并非在于火锅本身，而在于服务，这构成了其最可靠的竞争优势。海底捞将顾客的需求和满意度放在首位，注重服务细节，提供高品质服务，如热情友好的员工、个性化定制服务和烹饪体验。店员会主动给顾客换纸巾、剪肉、调制酱料，并在顾客等待用餐时提供免费的小食、饮料、按摩和美甲服务。在顾客就餐期间，海底捞还提供娱乐活动（如剪纸、扮演卡通形象等），增加就餐的趣味性和互动性，营造愉快的用餐氛围。海底捞围绕客户餐前、餐中、餐后的全流程提供优质服务，以乐趣、社交和共享为核心价值观，并坚持不参与"餐饮行业常见的低价竞争"，这种以客户为中心的商业模式使海底捞获得了成功。

二、战略机会点取舍

在识别出基于战略洞察的战略机会点之后，管理者需要进一步结合市场规模、增长潜力及商业模式的可行性来评估战略机会点的取舍。最有效的评估方法之一是使用安索夫矩阵。

1. 安索夫矩阵

安索夫矩阵也称产品市场扩张图，是由策略管理领域的权威人物伊戈尔安索夫博士在1957年提出的。该矩阵以产品和市场作为两个基本维度，通过一个2×2的矩阵展示了企业获取收入增长或业务发展的4种策略选择：市场渗透、产品开发、市场开发和多元化经营。这些策略提供了不同的成长路径，以帮助企业实现收入增长的目标。安索夫矩阵如图3-3所示。

	现有产品	新产品
新市场	市场开发	多元化经营
现有市场	市场渗透	产品开发

图3-3 安索夫矩阵

1）现有产品+现有市场：市场渗透

在这一象限，企业致力于在现有市场中销售现有产品，并通过提高市场份额实现增长。提高市场份额的策略重点在于增加现有产品的销售量及吸引并留住现有客户。

在这一象限，管理者可以采取的措施包含执行价格优惠、举办促销活动、加大广告宣传力度和改善客户服务等，以提高市场份额。同时，提供增值服务和改进产品质量或功能同样有助于吸引与维系客户。

2）现有产品+新市场：市场开发

在这一象限，企业通过将现有产品引入新市场实现增长，可能包括地理扩张、开发新的客户群体或新的销售渠道。

在这一象限，管理者可以先进行市场调研以了解新市场的需求和趋势，然后根据调研信息调整营销策略、产品定位和定价策略，以适应新市场。另外，建立合作伙伴关系或执行并购策略可以有效促进企业进入新市场。

3）新产品+现有市场：产品开发

在这一象限，企业通过推出新产品或改进现有产品满足现有市场不断变化的需求。这可能涉及开发产品的新功能，或者在产品的质量、性能等方面进行大幅改进。

在这一象限，管理者可以采取的策略包括带领企业进行研发和创新，开发新产品或改进现有产品，以满足消费者需求。此外，企业加强市场营销活动和客户反馈的收集分析也是关键。

4）新产品+新市场：多元化经营

在这一象限，企业通过推出新产品并进军新市场实现多元化发展。多元化的核心在于寻找新的业务领域和市场机遇。

在这一象限，管理者应考虑通过收购、合作或创业孵化等途径引领企业进入新领域，同时开发新产品或新服务，以促进多元化发展。这一战略往往伴随着较高的风险，通常需要进行深入的市场调研、产品研发和品牌建设等工作。企业可以选择与现有业务相关的多元化策略，如水平多元化、垂直多元化，或者选择与现有业务无关的混合多元化策略。

2. 可口可乐公司的案例

管理者应如何利用安索夫矩阵对识别的战略机会点进行分类呢？下面以可口可乐公司的产品策略为例进行说明。

可口可乐公司成立于1892年，总部位于美国佐治亚州亚特兰大市，是全球最大的饮料公司之一，拥有全球48%的市场占有率。

最初，可口可乐公司的产品定位专注于可乐本身，并致力于打造一款全球销量第一的碳酸饮料。随着业务的不断拓展，可口可乐公司的产品线逐渐覆盖多种饮用产品，成为全球闻名的软饮料品牌。

下面以市场上可口可乐公司的部分产品为例，将其对应到安索夫矩阵中进行分析，以理解企业4个维度的产品战略。

1）"现有产品+现有市场"领域的产品战略

作为奥运会的全球赞助商之一，可口可乐公司与国际奥委会建立了长期合作关系。这为可口可乐公司提供了在奥运会期间进行品牌推广的机会，帮助其通过广告、品牌展示和赞助活动提升全球范围内的品牌知名度和认可度。可口可乐公司利用奥运会的影响力，结合大规模的品牌宣传活动，将其产品价值与奥运精神相连接。公司借助电视广告、户外广告、社交媒体和营销活动，向消费者展示积极的品牌形象。在奥运会期间，可口可乐公司还推出了特别设计的产品包装和限定版系列，吸引了消费者的注意，并激发了消费者的购买兴趣。这些与奥运主题相结合的特殊包装和系列产品具有更大的吸引力和独特性。作为赞助商，可口可乐公司在奥运会的赛事场馆和相关活动中提供饮料，如在场馆设立销售点和展示区，直接接触观众和运动员，从而提高了产品的曝光率和市场渗透率。

2）"现有产品+新市场"领域的产品战略

无糖可乐（零度可乐）是可口可乐公司的成功案例。健怡可乐作为一款无糖软饮料，不含糖分，并以阿斯巴甜作为甜味剂。长期以来，它的目标消费者群体是注重身材和健康的人，产品定位相对温和保守。为了拓展市场，可口可乐公司推出了时尚的零度可乐，吸引了更多注重口感的男性和年轻消费者。零度可乐在口感上力求接近经典可口可乐，并通过黑色的酷炫外包装强调大胆、前卫的个性和时尚。"零度"一词准确地传达了"无糖"的产品特性，符合年轻一代和男性消费者的兴趣与需求。

3）"新产品+现有市场"领域的产品战略

可口可乐公司在新产品开发上不断探索与创新。2022年10月，公司携手日本热门动漫《境·界》推出了限量版"乐创无界"可口可乐。这款新产品的包装上印有动漫中的主角黑崎一护，并结合支付宝扫码或微信扫码激活增强现实特效，为消费者提供沉浸式冒险体验。这款产品不仅吸引了动漫迷群体，还通过其独特的热血和炫酷设计，让年轻消费者拥有超越次元的畅快感受。

4）"新产品+新市场"领域的产品战略

相较于百事可乐公司全面多元化的策略，可口可乐公司专注于特定的产品线。然而，近年来该公司也在不断突破其"碳酸饮料巨头"的限定，向乳制品、功能饮料和即饮咖啡等全新领域扩展。这些创新展示了以消费者需求为核心的、灵活多变的产品开发策略。例如，2020年，可口可乐公司推出了首款能量饮料，这款饮料在口感上更加刺激，满足了消费者提神醒脑的需求，并在市场上收到了积极反响。

自从2018年收购Costa以来，可口可乐公司将目光投向了咖啡市场，并于2023年1月25日在美国市场推出了"可乐咖啡"饮料。此款产品结合巴西咖啡豆与经典可口可乐的味道，推出了3种口味，定位于同时喜爱可乐和咖啡的消费者。该产品拥有"可乐般的入口，咖啡般的回味"特点，对品牌形象和口感均有新的演绎。

通过将针对不同市场的4种产品战略置入安索夫矩阵，可以得到如

图3-4所示的战略机会点布局。矩阵中的气泡代表战略机会点，气泡的大小反映了对应细分市场的规模评估。安索夫矩阵可以帮助企业将战略机会点分类到合适的位置。这种分类向管理者直观地展示了选择特定战略机会点的含义：是开发新产品、拓展新市场，还是两者兼顾？基于对这些战略机会点的市场规模评估，结合企业的优劣势和竞争状况，管理者可以决定优先考虑哪些战略机会点，可能需要放弃哪些战略机会点。例如，图3-4表明零度可乐的市场开发策略对应的市场规模较大，而且所需的产品技术处于可口可乐公司的优势范围之内；相比而言，"可乐咖啡"饮料对应的市场规模较小，并且需要进一步的市场探索和潜在客户培养。

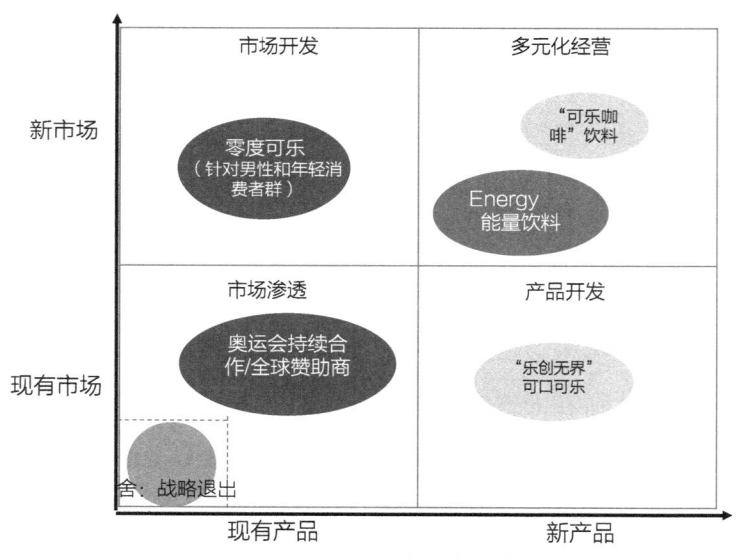

图3-4 可口可乐公司产品安索夫矩阵

三、创新跨越

促进企业成长的方式通常有3种。

第一种是企业在各个方面的持续改善，这是企业成长的必要途径。但这种方式的效益并不总是很明显，并且不一定能带来财务收益。同时，通过这种方式获得的成功容易被竞争对手复制，并且只能带来短期效益。

第二种是企业的扩张并购。这种方式可以为企业带来巨大的财务收益，但要求企业具有非常强大的投资能力和并购重组能力，同时具有很大的风险。从整个行业来说，这种方式没有引入新的要素。

第三种是企业的创新跨越。通过这种方式可以引领企业变革转型，显著促进企业成长。这种方式具备更好和更具持续性的财务效益，可以为企业创造持续性的竞争优势，包括产品或服务的差异化及价格优势，同时可以带动整个行业产业的发展。

在这3种方式中，创新跨越是推动现代企业和产业发展的基本模式。因此，管理者在进行战略布局时，除了通过战略机会点和安索夫矩阵进行选择，还需要带领团队进行充分的创新思考和设计。

创新代表对过去成功模式的颠覆，以及从关注成本到关注成长的转变。本书总结了运营创新、业务模式创新、产品与服务创新，以及互联网时代带来的新范式——平台创新与指数型创新。

1. 运营创新：更关注成本和企业自身

运营创新旨在改善核心职能领域的效率，其结果是不断优化成本结构、降低企业成本，主要手段包括优化流程以提高生产力和效率。运营创新并不会根本性地改变企业的产品和服务，因此这类创新相对保守且风险较低。

1）沃尔玛的运营创新

在运营创新方面最成功的企业之一是沃尔玛。沃尔玛的战略定位就是通过将运营做到极致达到最佳成本结构。

（1）物流和供应链创新。沃尔玛通过引入先进的物流和供应链管理技术，实现了高效的供应链运作。它建立了一个高度集成的物流网络，使产品能够以更快的速度从供应商到达门店，从而减少库存和运输成本。沃尔玛采用"总仓"的概念，将所有的门店视为一个大仓库。当某个门店某商品缺货时，沃尔玛可以迅速从其他门店调拨商品，满足顾客的需求，由此提高了库存利用率，降低了运输成本和库存成本。同时，沃尔玛利用先进的信息系统和数据分析系统来优化供应链，通过使用条形码和射频识别技术实时跟踪库存、需求和销售数据，实现准确的订单处理和库存管理。这种物流和供应链创新帮助沃尔玛实现了更高效的服务，减少了运营成本，并为消费者提供了更好的购物体验。此外，沃尔玛还与供应商建立了紧密的合作关系，实现了信息共享、库存共享和需求共享，提高了供应链的响应速度和灵活性。

（2）自动化和创新技术应用。沃尔玛积极采用自动化技术和创新技术解决方案来改进运营效率。例如，沃尔玛在一些门店引入了自动化货架补货系统和自动结账系统，以减少人工操作，提高服务速度。沃尔玛还利用大数据分析和人工智能技术预测需求、优化库存、进行个性化推荐和改进采购决策。这些技术创新不仅提高了工作效率，减少了人力成本，还为沃尔玛提供了更精确的业务洞察。

（3）线上线下的融合创新。沃尔玛通过线上线下融合的创新策略，实现了多渠道的销售和服务模式。沃尔玛建立了一个完整的电子商务平台，并提供灵活的取货和配送选项，使消费者能够在线上购买产品。同时，沃尔玛将线上和线下的数据与资源进行整合，改善了库存管理、销售预测和营销策略。这种线上线下的融合创新使沃尔玛能够更好地满足消费者的需求，为消费者提供无缝的购物体验，并在竞争激烈的零售市场中保持竞争优势。

这些运营创新实践使沃尔玛能够不断提高运营效率、降低成本、提供更好的服务，同时在全球范围内建立强大的品牌地位。通过持续的运营创新，沃尔玛能够适应不断变化的市场需求，保持竞争优势，并为消费者提供更好的价值。

2）亚马逊的运营创新

运营创新的另一个成功商业案例是亚马逊。亚马逊最出色的就是其

第三章
高站位的管理格局：战略规划

"以用户为中心"的运营能力。基于对用户需求的长期关注和深刻理解，亚马逊提出了运营中的用户体验三大原则：快速配送、最低价格和以客户为中心。这三大原则组成了亚马逊的核心运营能力，杰夫·贝索斯称之为"飞轮效应"。

为实现快速配送，亚马逊在物流和配送方面进行了重大创新，以提供更快、更便捷的交付服务。亚马逊建立了一个庞大的仓储和物流网络，包括仓库、物流中心和配送站点，以确保将商品尽快送达客户手中。亚马逊还引入了创新的配送模式，如同日送达或次日送达服务，积极探索使用无人机和自动驾驶车辆进行配送的可能性。这些物流和配送创新使亚马逊能够提供更快速、更可靠的交付，从而提升客户的购物体验。

为实现最低价格，贝索斯在推进亚马逊电子书业务时，与美国六大出版商达成"批发零售"的合作模式，并一直采用"贴地飞行"的策略，不留给竞争对手任何空间。一本新书即将出版时，六大出版商以折扣价卖给亚马逊，亚马逊以折扣价采购后，不论采购成本，统一标价9.99美元出售。基于这种客户至上的经营理念，亚马逊受到广大电子书用户的拥护，一度占据美国电子书市场将近90%的份额。

为实现以客户为中心，亚马逊在数据驱动的决策和个性化推荐方面取得了许多突破。亚马逊利用大数据技术与人工智能技术分析和理解消费者的购物行为及偏好，从而进行个性化推荐和精准营销。亚马逊收集和分析消费者的大量购物数据，包括浏览历史、购买记录、评价和评论等，以预测和满足消费者的需求。亚马逊的个性化推荐系统能够向每位消费者展示相关性更高的产品，为消费者提供个性化购物体验。同时，亚马逊注重提供卓越的客户服务体验，不断引入创新的服务方法。例如，亚马逊推出了Prime会员计划，为会员提供快速免费配送、独家折扣和流媒体服务等特权。亚马逊还引入了24小时全天候在线客服、简化的退货流程及丰富的产品评论和问答社区，以提供更好的客户支持和满意度。

在平台生态系统建设方面，亚马逊也表现得非常出色。亚马逊通过建立一个全面的平台生态系统，吸引了大量第三方卖家和合作伙伴的加入。亚马逊提供了一个开放的市场平台，让卖家可以轻松地销售商品，并提供了一系列服务和工具，如物流支持、支付解决方案和市场推广。亚马逊的平台生态系统丰富了产品种类和品牌，为消费者提供了更多的选择，同时为卖家提供了一个广阔的销售渠道。平台生态系统的建设提高了亚马逊的市场份额和竞争力。

沃尔玛和亚马逊在运营上的不断创新与精益求精，使它们实现了高效的成本管控，从而为消费者提供价格优势，以支持它们的战场布局。

2. 业务模式创新：介于关注成长和关注成本之间

业务模式创新是指企业通过重新设计和组织其核心业务活动、价值链、收益模式，创造新的市场机会，提供独特的价值主张，并获得持续的竞争优势。它关注的是如何重构企业的商业模式，以适应市场变化、满足客户需求，并创造新的商业价值。

1）小米公司的业务模式创新

小米公司是业务模式创新的典型案例。通过建立用户社群、直接参与设计，小米公司建立了一种新型的用户伙伴关系，以快速地响应市场，提高业务的灵活性。小米公司秉持互联网思维，注重与用户的互动和共创。小米公司通过举办线上与线下产品发布会、用户体验活动和意见反馈，与用户保持紧密的联系。小米公司不仅将产品出售给用户，更将用户视为合作伙伴，积极倾听他们的意见和需求，并将他们的反馈融入产品的开发和改进过程中。这种用户参与的做法使小米公司能够更好地理解市场需求，提供符合用户期望的产品和服务，从而树立良好的用户口碑和忠诚度。

小米公司通过建立生态链合作伙伴关系，扩大了产品和服务的覆盖范围。小米公司与一系列合作伙伴共同开发和生产各类智能硬件产品，如智能家居设备、智能手环等。这种开放合作的模式使小米公司能够快速引入新产品，提供更全面的解决方案，满足用户对智能生活的需求。

2）元气森林的业务模式创新

元气森林在产品研发过程中也充分运用了互联网思维和设计思维。

从行业的传统观念来看，饮料创新很难，其最大的痛点在于新产品的市场测试不易实施。过去，快消品公司的每款新产品都需要投放到线下以验证市场可行性，不仅成本高，周期也长，这拉长了传统公司的创新周期。元气森林的核心产品研发思路是在高标准下进行快速测试和快速迭代，这被外界视为将互联网思维引入食品饮料行业的重要表现。元气森林的产品主要通过线上渠道进行测试，每款新饮料都要在公司内部经过近千次口味测试，围绕用户需求，以用户体验与反馈为衡量标准。这不仅使公司更加精准地触达用户，反馈的周期也被缩短。相比传统公司1~2年的研发周期，元气森林将研发周期压缩至3~6个月，从而在同样的时间内以更低的成本验证产品的可行性。

小米公司的用户参与设计、元气森林的设计思维和快速迭代等做法，都是在兼顾企业的运营成本基础上，立足于企业已有的能力，最大化地拓展业务。这种兼顾成本和成长的做法为管理者在进行业务模式创新时提供了借鉴。

3. 产品与服务创新：更关注客户需求和企业成长

产品与服务创新专注于客户和市场，通过开发新产品、改进现有产品或提供新服务，满足市场需求，提供独特的价值，并获得竞争优势。它关注如何创造创新的产品和服务，以满足客户的需求并引领市场变革。

1）苹果公司的产品与服务创新

产品创新的典型案例之一是苹果公司。其创始人史蒂夫·乔布斯对产品有着极度的执着和热爱。苹果公司从成为个人计算机市场的霸主到占据手机市场的半壁江山，其间实施了从个人计算机到专注于音乐的极简产品iPod的产品创新，并开发了引领用户需求的iPhone。iPhone作为一款手机产品，重新定义了手机的功能，其通过iOS系统与硬件的完美结合，把手机从一种通话工具变成了一台移动智能终端以实现社交功能。苹果公司不仅满足了用户需求，更引领了用户需求。

2）特斯拉的产品与服务创新

另一个产品创新的典型案例是特斯拉。特斯拉的产品和服务创新使其在新能源汽车市场取得了巨大的成功。特斯拉通过创新的电动汽车产品、先进的自动驾驶技术和独特的客户服务，满足了消费者对可持续交通解决方案和智能出行的需求。特斯拉的创新不仅在汽车行业造成了变革性影响，也激发了其他汽车制造商加快对新能源汽车和自动驾驶技术的研发。

特斯拉推出了一系列创新新能源汽车，如Model S、Model 3、Model X和Model Y。它们采用先进的电动技术，拥有卓越的续航里程、高性能和零排放特性。特斯拉的电动汽车凭借较高的品质、创新的设计和卓越的性能吸引了消费者，促使其他传统汽车制造商加快新能源汽车的发展步伐。

特斯拉在自动驾驶技术方面进行了大量研发和创新。特斯拉引入了Autopilot系统，通过使用传感器、摄像头和先进的计算机视觉算法，使汽车能够在高速公路上实现自动驾驶功能。这种自动驾驶技术的创新不仅提高了驾驶的安全性和便利性，还推动了整个汽车行业对自动驾驶技术的研究和发展。

除了产品创新，特斯拉还为客户提供了创新的服务模式。特斯拉通过建立全球范围内的服务中心网络，提供异地维修和保养服务，让客户方便地获得专业的技术支持。此外，特斯拉通过无线网络远程升级汽车的软件和功能，提供新功能和功能改进，从而提升了车辆价值和用户体验。

3）优步的服务创新

在服务创新上，优步也是典型案例。优步利用平台建立出租车和私家车的伙伴关系，并重新设计利益分配，满足客户的用车需求，重新定义了"打车"。这是基于满足用户打车需求的创新，在共享经济领域取得了巨大的成功。

优步通过其移动应用程序和在线平台，为乘客提供了一种便捷的叫车服务。乘客可以通过移动应用程序轻松地呼叫附近的车辆，并实时跟踪司机位置和车辆到达时间。这种创新使乘客能够更方便地预订和管理自己的出行，提高了出行的便利性和效率。

优步通过引入弹性的供需匹配模式，将乘客和司机进行智能匹配。乘客可以根据需求选择不同的服务类型，如普通车、豪华车或拼车。而司机可以根据时间和地点灵活选择是否接单。这种供需匹配模式使乘客和司机之间的匹配更加高效，为双方提供了更多的选择和更大的灵活性。

同时，优步引入了用户评价和双向评价系统，使乘客和司机能够相互评价并提供反馈。乘客可以对司机的服务进行评价，司机也可以对乘客的行为进行评价。这种双向评价系统促使乘客和司机分别做出更好的行为、提供更好的服务，从而建立双向的信任和质量保证机制，提高整体服务质量。

优步还引入了创新的支付方式，包括无现金支付和自动付款功能，提供更便捷和更安全的支付体验。此外，优步还通过动态定价策略（如高峰时段调整价格）调节供需平衡，并提供优惠活动和奖励计划，从而增强了用户的黏性和忠诚度。

这些服务创新使优步能够满足用户对便捷、灵活和高质量出行的需求，并在全球范围内占领了广泛的用户基础和市场份额，在共享出行领域取得了巨大的成功。

由苹果公司、特斯拉、优步在产品与服务创新上的成功可以看到，它们的创新视角更多地关注对客户需求的理解、洞察和引领，相比关注企业内部运营，它们的思考更具外部导向，体现了突破现状的魄力。产品与服务创新将带给企业更大的成长和收益。对引领产品与服务创新的管理者来说，其应具有前瞻性的洞察和创意、全面的资源整合与落地能力，甚至某种程度上的天赋。

4. 平台创新：互联网时代的创新带领企业实现跨越式成长

平台创新是互联网时代下的一种产品与服务创新，它的核心是利用科技打造信息和互动作为企业的竞争优势与价值来源。据统计，在目前全球最大的100家企业中，有超过60%家的主要收入来自平台创新的商业模式。

平台创新的商业模式也称为平台战略，它可以连接两个或更多特定群体，为他们提供互动机制，满足所有群体的需求，从而盈利。

平台创新的核心在于构建和扩大平台的规模与影响力，以形成网络效应。网络效应是指随着平台参与者数量的增加，平台的价值和吸引力会呈指数级增长。更多用户和供应商的加入会吸引更多用户和供应商，从而形成良性循环，进一步提升平台的竞争力和市场地位。平台提供者控制和管理平台的规则、用户体验、资源分配，为各方参与者提供价值，从中获得收益。

仍以苹果公司的iPhone为例，它既实现了产品创新，又实现了平台创新。2007年，五大手机制造商（诺基亚、三星、摩托罗拉、索尼爱立信和LG）占全球利润的90%。到了2015年，仅iPhone一款产品就赚取了全球利润的92%。而之前的五大手机制造商，除一家仍能盈利外，其他四家几乎没有盈利。

iPhone的成功，除了凭借产品上的创新设计和卓越性能，更关键的是苹果公司的iOS系统采用了平台战略，从而在市场竞争中取得了优势。平台公司的核心竞争力和价值来源在于信息和互动。苹果公司深谙此道，不仅把iPhone及其操作系统作为产品和服务渠道，还把它们作为连接双边市场参与者的桥梁，为开发者和用户创造价值。苹果公司的App Store作为开放的平台，为开发者提供了发布和分发应用程序的渠道。通过App Store，开发者得以将创新应用推广给广大用户，苹果公司也因此获得了收益。这种平台生态系统的布局不断扩充iPhone的功能，吸引了众多开发者和用户的参与。随着参与者数量的增加，平台创造的价值不断提高，形成了所谓的"网络效应"。截至2021年年底，App Store提供的应用程序超过200万个，为全球开发人员带来的收入累计超过2600亿美元。

苹果公司通过整合不同的产品和服务，构建了一个生态系统。除了iPhone，苹果公司还推出了iPad、Mac、Apple Watch等，并提供云服务（如iCloud）和娱乐内容（如iTunes）。这些产品和服务相互补充，形成了一个闭环的平台生态系统。用户可以在不同的设备上无缝享受苹果公司的产品和服务，从而提高了用户的忠诚度和使用体验。

5. 指数型创新：改变游戏规则的颠覆性成长

诠释指数型创新，最经典的理论是摩尔定律。英特尔创始人之一戈登·摩尔观察到，在价格不变的情况下，集成电路上可容纳的元器件数量每18~24个月翻一番，性能也相应提高。这意味着集成电路的更新是一种指数级累积，类似数学中指数函数的增长曲线。例如，手机芯片每隔18个月左右性能提升一倍，面积缩小一半。

雷·库兹韦尔在其著作《奇点临近》中指出，当组织向一个以信息为基础的环境转变时，发展速度呈指数级上升，并且性价比每1~2年翻一番。库兹韦尔将摩尔定律进一步延伸，提出"加速回报定律"，该定律成为信息技术发展的新范式。在过去50多年，加速回报定律给社会带来了深远的变化，彻底改写了商业和现代生活的许多方面。

基于指数型思维的指数型创新，是指企业通过数字技术和互联网平台引领传统行业的数字化改造与升级，从而创造新的商业模式和增长方式，使企业的影响力或产出与同行相比实现极大的提升，通常达到至少10倍。

这种创新通常由突破性技术革新驱动，如云计算、人工智能、物联网等技术，为企业带来了前所未有的发展机会。

人们平常所说的线性增长是指完成x份工作需要y份资源，完成$2x$份工作则需要$2y$份资源，销量和营业收入的增加以此类推。而指数级增长的特点是，起初销量可能较低，但随后呈现出指数级增长趋势，增长速度极快。例如，在新媒体营销中，在App推广初期，用户可能较少，但通过设计具有奖励机制的邀请系统，用户可以迅速裂变，实现从个体到群体的快速扩散，用户数量因此呈指数级增长。

在当前的线上应用市场中，线上健身应用Keep是一个典型的例子。自2015年上线以来，Keep凭借其指数级的用户增长速度实现了其在健身领域的突破。Keep提供在线健身课程，让用户能够接受定制化健身计划、高质量课程和个性化指导。与传统健身房相比，Keep利用数字技术提供更加灵活和个性化的健身体验，允许用户随时随地进行健身，不受地点和时间的限制。

Keep利用其社交互动功能构建了一个健身社区。在这里，用户可以分享健身成果、参与挑战，并通过互动和打卡提高参与度与黏性。这种社交互动不仅促进了用户之间的交流，还为Keep带来了宝贵的用户内容和洞察，帮助Keep不断优化产品和服务。

Keep通过分析用户的运动数据提供个性化建议和推荐。Keep根据用户的运动习惯、偏好和目标，能够提供精准有效的健身计划。这种个性化服务不仅提高了用户满意度，也提高了用户忠诚度和使用频率。

Keep把"健身房"带入千家万户，实现了商业模式的指数级增长。与传统健身房相比，Keep无须不断扩张实体门店、招聘教练和铺设销售网络，从而大幅降低了成本和管理风险。Keep独特的商业设计使其成为中国线上健身领域的领先企业之一。

与那些从零开始采取指数型思维并创业成功的新企业相比，那些在传统模式下曾获得巨大成功的老牌企业往往难以放弃曾经给其带来了丰厚收益的商业模式和管理思维。这种现象正是克莱顿·克里斯坦森在其著作《创新者窘境》中强调的重要观点。诺基亚就是其中的典型。

线性发展的诺基亚vs指数级增长的谷歌

诺基亚在功能手机时代连续14年保持行业领先地位，全球平均每6人中就有1人使用诺基亚手机。然而，在智能手机市场，诺基亚迅速衰落。

2008年，诺基亚预测智能手机将成为未来发展趋势。为了在未来智能手机市场中抢占先机，诺基亚决定提前布局。诺基亚管理层认为，地图服务将是智能手机竞争的关键领域，因此斥资81亿美元收购了道路交通传感器行业的领导者NAVTEQ。诺基亚相信，通过控制传感器，能够主导地图服务，控制移动信息服务和在线本地信息服务，并以此作为对抗谷歌和苹果不断增长的市场占有率的工具。NAVTEQ采用了在街道两侧安装传感器来收集信息的传统策略，在被诺基亚收购时，其传感器已经覆盖13个国家、35座城市，总计40万千米的道路。

与此形成鲜明对比的是，谷歌在2013年仅以11亿美元收购了Waze。Waze没有重资产，却拥有5000万名用户，这相当于5000万个移动传感器。Waze的策略是利用用户智能手机中的GPS数据来收集交通信息，而这些用户的数量每年翻一番。通过这种方式，Waze直接跳过了实体传感器阶段，仅利用用户的智能手机就实现了信息收集。

NAVTEQ的策略是线性思考的典型，最终成效取决于实体硬件的安装速度。相反，Waze依靠的是用户数量的指数级增长，因此获得的信息量也呈指数级增长，这使Waze成为指数型思考的典型。

2013年9月，诺基亚在财务压力下，以72亿美元的价格将其手机业务出售给微软，这一金额比其当年收购NAVTEQ的价格低了10亿美元。《指数型组织》一书的作者萨利姆·伊斯梅尔引用了诺基亚的案例，并总结了

Waze成功的两个关键因素：一是利用非自有资源，如利用用户智能手机上已安装的GPS；二是将信息作为最重要的资产，因为信息具有持续倍增的潜力，关键在于从中提炼出有价值的内容。

总结上述企业的创新方式，可以看到，企业的发展不仅需要关注持续性创新，还要着眼于跨越性创新，这要求企业从重视自身发展转向关注客户需求、市场变化、行业动态和技术趋势。企业在发展过程中应不断创新，并且遵循S型曲线规则。这要求企业在当前的S型曲线接近尾声时，通过跨越性创新平稳过渡到下一个S型曲线，以实现自我更新和转型。

《创新者的窘境》一书的作者克莱顿·克里斯坦森的建议是，在成熟企业的创新过程中，应当将负责跨越式创新的任务分配给能够感知客户需求的部门，而不是保留在原有的核心业务部门。核心业务往往会扼杀新的创意，因为新的创意往往成本高昂且不能立即产生收益，从而引发人们的质疑。

6. IBM的跨越式创新与日常创新文化

面临当前激烈的竞争，创新是企业战略布局中的关键要素，如果缺乏创新，企业几乎无法获得成功。管理者该如何在企业中建立和推行鼓励持续创新的机制与文化？可以参考IBM的实践作为借鉴。

1）IBM PC项目的跨越式创新

IBM拥有庞大而严谨的流程体系，尽管有时被视为有官僚主义倾向，但对创新的重视始终是IBM的核心价值之一。

IBM历史上一个里程碑式的创新案例就是个人计算机（Personal Computer，PC）项目，该项目成功地突破了内部的官僚障碍。当时，PC市场的快速增长出乎许多大型企业的预料。IBM在个PC的竞争中曾考虑采取与原始设备制造商合作的方式，但当时的CEO弗兰克·凯里决定另辟蹊径：1980年，他让当时的IBM实验室总监威廉·克莱兰·洛伊负责一项特别任务，即在规定的流程外迅速开发一款可上市的PC。该任务被赋予了"象棋项目"这一代号，并设定了一年内完成产品开发的目标。

洛伊精心选择了12名杰出的工程师，并将他们派往位于美国佛罗里达州博卡科顿的IBM研发中心。这些工程师与小组负责人唐·埃斯特利奇组成了一个13人团队。在后来被誉为"IBM PC之父"的埃斯特利奇的领导下，该团队推动了项目的成功。

在工作风格上，埃斯特利奇以独立自主著称。他不常回应IBM其他部门高层的电话，也不频繁出席会议。他按照自己的想法行动，而不随波逐流。这种独立的工作态度恰好符合IBM PC项目的需要，因为该项目要求摆脱常规业务和官僚制度的束缚，追求创新。洛伊把项目交给了埃斯特利奇，这一决定后来被证明非常正确。

1981年8月12日，IBM推出了PC产品，型号为5150，售价为1565美元，包含主机和键盘，显示器和打印机则为可选配置。凭借卓越的设计和强调个性化的广告宣传，IBM PC5150取得了巨大的成功，迅速获得了市场的认可，并成为PC行业的标准。1982年，《时代》杂志将IBM PC5150评选为"年度风云人物"，这是该杂志首次将这一荣誉授予一款机器，足见这款产品的影响力之大。到了1984年，IBM PC系列已经占据了整个PC市场1/3的份额。

IBM一贯依靠整个公司的资源来进行产品开发。然而，在这个特殊项目上，IBM采纳了一种不同寻常的策略：建立了一个小规模团队。这支团队能够更加迅捷和灵活地运作，摆脱了公司内部繁复的官僚体系、流程和规章的限制。IBM的这一成功实践展示了小团队敏捷的开发模式和开放式创新如何挑战大企业的传统做法，并能够创造具有革命性的行业产品。

2）IBM Innovation Jam的创新文化

IBM在不断创新的过程中推出了一项重要的管理创新活动，称为Innovation Jam。该活动是一个大型在线协作事件，目的是集思广益，汇聚来自IBM全球员工、合作伙伴、客户乃至他们的家庭成员的创新想法。这一活动已在IBM内部推动了许多创新项目。

Innovation Jam每年在全球范围内在线举办一次，客户也被邀请参与，形成了所谓的"开放式创新"新模式。具体流程如下。①在准备阶段，公司确定活动主题，设计讨论的议题，邀请参与者，并进行必要的技术与逻辑准备工作。②在实施阶段，在规定的时间内（通常为数天），参与者将在线交流思想、分享观点及提出建议。他们可以在任何时间登录系统查看他人的贡献、发表意见或对不同的想法投票。③在分析阶段，Innovation Jam团队利用文本分析和数据挖掘技术对活动结果进行分析，筛选出最有价值和潜力的创意。最终，IBM根据这些分析结果，选择并投资那些最有前景的项目。

2006年的Innovation Jam是IBM迄今为止规模最大的一次。该活动吸引了来自104个国家的15万名参与者，产生了46000个想法。IBM对活动结果进行了详细分析，并最终确定投资一亿美元用于开发10个最有潜力的项目。这些项目涵盖智能供应链、先进水管理系统及新型商业模式等领域。其中，部分项目成为IBM的重要业务组成部分，如IBM的"智慧地球""智慧城市"等解决方案。

IBM的Innovation Jam活动有效地激发了群体智慧，鼓励了跨部门合作与跨界合作，推动了大规模创新。Innovation Jam的价值在于，它创建了一个自由表达意见的环境，并鼓励人们相信协作的力量和分享的快乐，使每个人都能参与创新和决策。

四、业务成长曲线

任何企业都有生命周期，从初创期、快速发展期到成熟期再到衰落期，形成了一个S型曲线。企业高层管理者承担着一个重要使命，即如何带领企业在一轮S型曲线结束前顺利过渡到下一个S型曲线，从而使企业在发展中不断变革与升级，避免自然衰亡。

1. 麦肯锡的三层面增长理论

麦肯锡提出的三层面增长理论提供了一个用于帮助企业思考和制定增长战略的框架。麦肯锡资深顾问梅尔达德·巴格海、斯蒂芬·科利与戴维·怀特在他们于1999年共同出版的《增长炼金术：持续增长之秘诀》一书中分析了30家高增长公司的案例，总结出了三层面增长理论。

三层面增长理论认为，健康的企业增长需要综合平衡管理企业3个层面的业务。

第一层面（H1）作为企业当前的主要利润和现金流来源，其业务通常能够为企业带来较高的利润。这一层面的业务还具有一定的增长潜力，主要关注现有的产品、市场和客户。核心业务的增长策略包括提高现有产品销售量、扩大市场份额、提高客户购买频率等。这一层面的增长策略通常风险较低，且对企业的短期绩效贡献明显。对于第一层面的业务，管理者应采取的策略是"延伸、捍卫、提高生产力与利润贡献"，总结为"保持游戏状态"。

第二层面作为企业正在崛起的成长业务，扮演着持续发展的驱动角色。这类业务的经营模式已逐渐成熟并展现出较高的成长性。在管理上，重点在于对现有业务的自然延伸和市场扩展，涉及将现有产品或技术推广至新市场或新客户群。例如，企业可能会考虑进入新地区、挖掘新客户群体或开发新产品线。这一层面的增长策略致力于"扩大已验证业务模式的规模、提高市场份额、把握市场机遇"，总结为"竞争以赢"。与第一层面的业务相比，第二层面的业务通常需要更多的投资，承担更大的风险。

第三层面的新兴业务代表企业未来的竞争力，是下一轮变革的方向。管理者在这一层面着眼于探索全新的增长机遇，通常包括开创全新的市场、研发创新产品或采纳前沿技术。增长策略聚焦于"验证新业务模式的可行性、评估其能力和价值、为未来成长播种"，总结为"改变游戏规则"。这一层面往往需要最大规模的投资，承受最高的风险，且有可能是一个长期过程。

以20世纪90年代郭士纳领导下的IBM为例，其当时的核心业务主要集中在硬件领域。IBM继续巩固其在大型计算机市场的领导地位，并持续提供计算机硬件及相关服务。然而，它在核心业务的增长上遇到了挑战。

在成长业务方面，IBM将视线转向了软件和网络技术等相关市场。公司开始积极发展软件业务，并于1995年收购了知名软件企业Lotus。同时，IBM步入了网络技术和互联网领域。在郭士纳的带领下，IBM的软件和网络业务实现了迅猛发展。

在新业务探索上，郭士纳最显著的成就是将IBM成功转型为一家综合性信息技术服务公司。他重视服务业务的发展，并于1994年推出了"全球服务"战略。此举使服务业务成为IBM的新兴业务。除此之外，郭士纳还积极拓展咨询业务，并于2002年收购了知名咨询企业普华永道。在他的领导下，IBM的服务和咨询业务迅速成为公司的主要收入来源与增长动力。

2. S型曲线与第二曲线

哈佛商学院教授、五度荣获"麦肯锡最佳论文奖"的当代极具影响力的商业思想家克莱顿·克里斯坦森在其著作《创新者的窘境》中提出了技术发展的S型曲线理论。该理论指出，在一定时期内，或者在一些工程技术的努力下，产品的性能改善幅度会随着技术的成熟而发生变化。S型曲线图中的横轴代表时间或工作量，纵轴代表产品性能。在第一条S型曲线上，随着时间的推移或工作量的增加，产品性能会持续提升，经历快速发展后将进入平缓期。当第一条曲线进入平缓期后，第二条S型曲线（第二种技术）便会逐步出现并开始取代第一条曲线。同理，第三条S型曲线（第三种技术）也会逐步出现并取代第二条曲线。

被誉为"管理哲学之父"的查尔斯·汉迪在其著作《第二曲线：跨越"S型曲线"的二次增长》中阐述了相关观点：必须在第一曲线达到顶峰

之前就开始培育第二曲线,这样才能保证有足够的资源(如资金、时间和精力)来度过第二曲线起初的投入期和应对可能出现的业绩下滑,企业才能从生命周期中的第三阶段(成熟期)顺利过渡到下一个S型曲线,如图3-5所示。

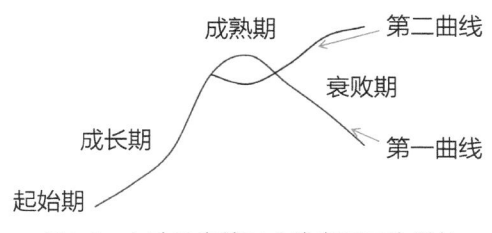

图3-5 主动开启第二曲线实现二次增长

柯达公司很早就研发出了数码摄影技术,但由于担心该技术影响现有的主营业务现金流,管理层采取了忽视和搁置的态度,最终错失了主动适应第二曲线的机遇。相反,同样以胶卷业务起家的富士胶片并没有走向衰亡,反而迎来了事业的第二春,转型成为年营业收入超过200亿美元的创新者,原因就在于富士胶片及时意识到胶片业务即将面临市场的新挑战,于是主动调整战略,成功转型进入医疗和影像领域。

3. 业务成长三曲线

将汉迪提出的第二曲线理论和麦肯锡提出的三层面增长理论结合起来,可以得到企业在战略规划时的战场布局图——业务成长三曲线,如图3-6所示。针对3条不同的曲线,战略重点和核心管理指标均有所区别。

在第一曲线上,企业处于成熟业务阶段,战略重点是降低成本和提高效率,核心管理指标包括收入、利润和生产效率等。

在第二曲线上,企业正处于成长业务阶段,战略重点是扩张市场,以占领更大的市场份额,核心管理指标是新客户获取数量、市场占有率等。

在第三曲线上,企业正在探索新兴业务,战略重点是验证业务模式的可行性,核心管理指标是商用成功率、关键里程碑及标杆客户数量等。

从战略到绩效的卓越管理

	第一曲线 （成熟业务）	第二曲线 （成长业务）	第三曲线 （新兴业务）
战略重点	降本增效	市场扩张	模式验证
核心管理指标	收入、利润、生产效率	新客户获取数量、市场占有率	商用成功率、关键里程碑、标杆客户数量

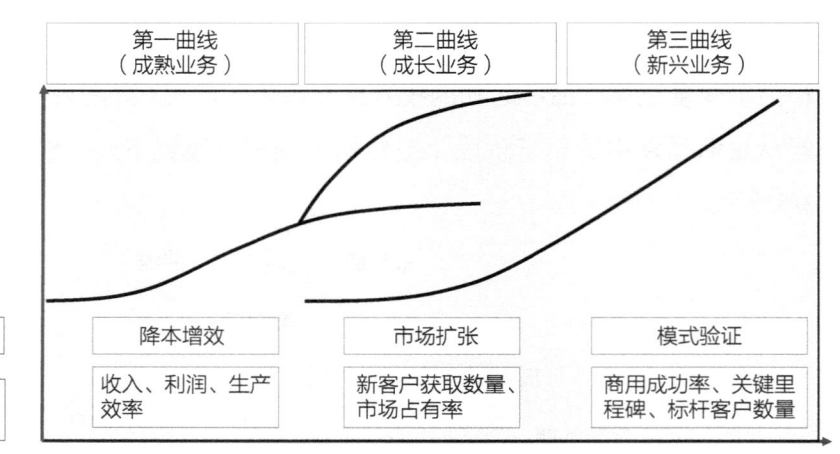

图3-6　业务成长三曲线

利用安索夫矩阵对战略机会点进行评估，并根据各类业务在企业当前阶段的作用及企业在相应业务领域的能力成熟度，可以将这些战略机会点定位到业务成长三曲线中，从而勾勒出企业未来10年的战场布局。

前文利用安索夫矩阵分析了可口可乐公司的各类产品。传统的可口可乐、雪碧、芬达等成熟产品占据了全球市场的领先地位，它们是可口可乐公司收入和利润的主要来源。通过不断的市场营销和广告宣传，以及与零售商和餐饮业的合作，可口可乐公司持续推动其核心业务的增长，这些属于成熟业务，位于第一曲线。

对于邻近市场的扩张，可口可乐公司推出了第二曲线的产品，如零糖、零热量的零度可乐，以满足消费者对健康、低糖饮品的需求；同时推出了橙味、柠檬味、香草味等多种口味的可口可乐，以迎合不同消费者对口味的需求。这些产品都是为了应对特定消费群体和年轻消费者的新需求，属于成长业务。这些产品正在一个细分市场中不断渗透，可口可乐公司也在逐步扩大这一曲线产品的市场份额。

可口可乐公司的新业务探索被定位于业务成长的第三曲线。公司通过收购果汁品牌Minute Maid、茶饮品牌Honest Tea、瓶装水品牌Dasani和咖啡品牌Costa等，进军非碳酸饮料、瓶装水和咖啡等多元市场。此外，可口可乐公司推出的能量饮料Energy、"可乐咖啡"饮料、茶和乳制品等新产品,标志着公司进入了更多新兴市场。

例如,可口可乐公司在美国局部市场试点推出的"可乐咖啡"饮料,体现了公司对咖啡市场巨大潜力的洞察。公司试图结合自身在碳酸饮料市场的产品优势和广泛的客户基础,与咖啡市场的客户需求和消费潜力相融合,预期这将成为可口可乐公司的下一个重点发展领域。然而,将咖啡与可乐相结合创造出的全新产品,其口味和市场效果是否能得到消费者的认可,仍需市场的检验。

再以深刻影响每个中国人日常生活的美团为例。回顾美团数十年的发展历程,可以看到其紧紧抓住了本地生活服务业的快速崛起这一风口。美团通过构建多个流量入口,实现了高频次消费与低频次消费的相互转换和互补。

在创业初期,借助互联网营销的兴起,美团的团购模式迅速崛起,尤其是餐饮团购业务,成为美团的核心业务,即第一曲线。为了推动这一核心业务的增长,美团不断优化服务流程,提升用户体验,加强与商户的合作,并拓展市场份额。例如,美团推出了多样化的促销活动,如优惠券、积分奖励、返现等,以吸引并留住更多用户使用其团购服务。

在2011—2014年的"千团大战"期间,美团从众多对手中脱颖而出,并成功与大众点评合并。到了2014年,美团已经占据了团购行业的半壁江山,其业务占有率超过53%。

然而,2014—2015年,整个团购行业遭遇了转折点,并迅速下滑。而美团创始人王兴早在2012年就开始在公司内部组建独立的创新小团队,探索新的业务机会,并最终将目标锁定在外卖服务这一领域,由此开启了美团的第二曲线。

美团在外卖市场上与其他公司展开了激烈的竞争,尤其是与当时的主要竞争对手饿了么在二、三线城市进行错位竞争,在一线城市进行正面交锋。美团通过不断精准把握用户需求，并及时改进交付服务，快速扩大了其在全国外卖市场的份额。例如，美团针对校园客户群体的特定需求实施补贴策略，并迅速响应白领客户群体对时效性的需求。到2016年，美团在外卖服务上实现了对饿了么的超越。截至2018年上半年，美团外卖已占据市场总份额的59%。

美团的用户基数不断扩大。借助团购业务积累的丰富内容和商家资源，美团的到店业务和酒旅业务也逐步实现了成熟运营。在酒旅市场，美团最初主攻低端酒店市场，通过分销模式满足本地人的住宿需求。在这个长尾市场中，美团把握了二、三线城市消费升级的契机。随后，美团将业务重点转向酒店预订，并持续向高端市场进军，实施了"酒店+X"战略，再次凸显了其"农村包围城市"市场策略的正确性。

外卖、到店、酒旅三项业务共同构成了美团的第二曲线。如今，第二曲线已经发展成为美团的核心业务。

在疫情期间，社区团购业务基于地理位置的优势逐渐扩展其影响力。生鲜商品作为高频且刚性的消费需求，在吸引用户和形成规模经济方面展现出了优势，这也加速了美团优选业务的增长。作为社区团购市场的关键参与者，美团优选依托"上游供应商—三级仓储—团长—消费者"的基本运营模式，自2020年7月推出以来，在公司强大的地推能力支持下快速扩张，并已覆盖全国26个省、市的多个社区和下沉市场。

2022年10月，美团优选进行了品牌升级，更名为"明日达超市"，并将品牌口号更新为"真的真的省""明天一定到"。这次品牌升级的背后是对提高服务的确定性和满足消费者日常需求的持续承诺。新的品牌定位更简洁，更贴近消费者的心声。

在美团优选完成品牌升级之后，美团进一步扩展其业务版图。2023年12月1日，"美团买菜"正式更名为"小象超市"，由专注于生鲜零售的平台升级为覆盖全品类商品的即时零售平台。即时零售作为"零售+科技"的新模式，通过线上交易和快速的线下配送，显著提高了本地供应链的效率。美团的高级副总裁王莆曾明确表示，即时零售并非应对紧急需求的零售形式，而是一种可靠且高效的生活方式。美团创始人王兴早在2021年就曾多次强调："我们坚信，零售行业的终局是'万物到家'。"据《2023年中国即时零售行业洞察报告》的预测，到2025年，即时零售市场的规模有望达到11936亿元，相比2023年的规模将有显著增长。

从"美团优选"更名为"明日达超市"，再到"美团买菜"转型为"小象超市"，美团不断加大其在即时零售领域的投入力度。即时零售被视为新的增长点，是美团实现其"吃、喝、玩、乐"超级平台战略的必赢之战。

美团的超级平台战略的目标是围绕"吃"服务构建全面的生活服务生态圈。它致力于通过提供最大的生活服务搜索功能和外卖平台为消费者带来方便快捷的服务体验，通过建立领先的即时物流网络保障快速的配送服务，通过赋能合作伙伴完善消费服务闭环，从而掌握C端用户流量分发的主导权。这一战略旨在对内降低获客成本，培育新的业务增长点，对外构建竞争壁垒，实现针对单一业务线公司的战略优势。

这一超级平台战略正是美团目前正在积极布局和探索的第三曲线。

可以利用业务成长三曲线总结美团的各个业务板块，如图3-7所示。

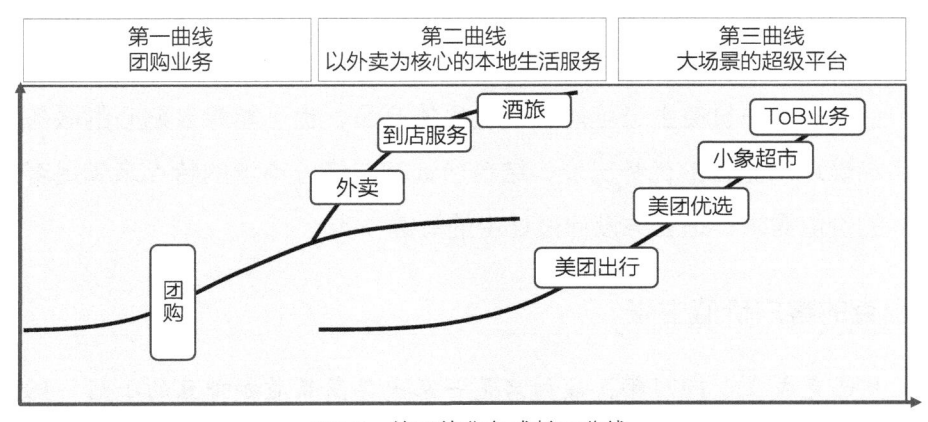

图3-7 美团的业务成长三曲线

第三节
价值与优势：业务设计

在明确了战场布局，即企业需要重点发力的细分市场之后，管理者需要进一步深入思考以下4个问题：我们选择了这个细分市场，客户为什么要选择我们？在服务客户的价值链环节中，哪些环节能为我们带来收益？我们打算参与价值链中的哪些环节？我们如何确保在这个细分市场中持续服务客户并阻止竞争对手的侵蚀？

为了回答这4个问题，本节将重点讨论业务设计的4个核心模块：客户价值主张、价值获得、业务范围和战略控制。

一、客户价值主张

客户价值主张指对客户来说什么是有意义的，即企业在深入理解客户的真实需求后，明确回答"客户为什么要选择我们"这一问题。客户之所以选择某家企业，通常是因为该企业的产品或服务在满足他们的特定需求方面比竞争对手做得更出色。

企业的客户价值主张可能源自优质的产品，也可能源自贴心的服务。如何准确地从企业的优势出发，结合所选客户细分市场的特点来满足客户群体的价值需求，是业务设计过程中的关键一步。

星巴克的客户价值主张

星巴克成立于1971年，最初只是一家出售高品质咖啡豆的小店。1992年，星巴克在纳斯达克成功上市，并跻身《财富》世界500强企业之列。

截至2022年，星巴克在全球84个国家拥有超过35700家门店。尽管对咖啡鉴赏者来说，星巴克的咖啡不一定是最佳选择，但从其在全球咖啡零售业的领先地位来看，星巴克的商业模式无疑是非常成功的。那么，星巴克究竟满足了客户的哪些需求？其核心的客户价值主张又是什么呢？

星巴克的客户价值主张体现在提供高品质的产品上。星巴克严格把控原料采购和加工过程，确保每杯咖啡都具有独特的风味和香气。除咖啡外，星巴克还提供多样的茶饮、冷饮、甜点和轻食，以满足不同客户的需求。星巴克注重咖啡品质、风味和创新，通过严苛的咖啡采购和烘焙流程，向客户提供独特的咖啡体验。

星巴克的客户价值主张还体现在为客户打造一个舒适、温暖的社交环境和第三空间上。咖啡是一种典型的体验式消费，人们渴望在办公室和家之外找到第三空间。星巴克认为，他们提供的不仅是咖啡，更是整个咖啡店的体验。这种体验涵盖了情感、美学、便捷等多个层面。星巴克的门店位于繁华街道的显眼位置，方便顾客第一时间发现。店铺内部装潢风格温馨、舒适，设有舒适的座椅、免费Wi-Fi等设施，客户可在此聚会、工作甚至开会。室内的音乐、家具、墙面色彩和阅读材料，每个细节都营造了"第三空间"的感觉。在这里，客户不仅能享受到美好的咖啡时光，还能体验到快捷、现代化的服务。

此外，星巴克高度重视社会和环境的可持续发展。他们采购以可持续方式种植的咖啡豆，并支持农民社区的发展。同时，星巴克积极推行环保实践，鼓励客户回收和再利用杯子，致力于降低对环境的影响。星巴克还通过捐赠和志愿服务等方式支持公益事业与社区发展。这种对社会责任的承诺是星巴克客户价值主张的另一体现。

总体来说，星巴克提供的客户价值主张并不局限于咖啡本身，更是一种休闲体验，并倡导实践社会责任。星巴克的咖啡店成为人们日常工作和生活之外的"第三空间"——一个社交场所。这种服务延伸了客户对物质产品的需求，触及客户的心理和精神层面，代表了21世纪更高级的价值追求。

与星巴克通过其独特的客户价值主张获得成功相似的案例还有很多。例如，劳力士卖的不仅是表，更是一种奢华感与自信；希尔顿提供的不仅是酒店住宿，更是舒适与安心；法拉利销售的不仅是跑车，更是一种近乎疯狂的驾驶快感和尊贵体验。

1. 价值主张的3个关键要素

在对客户价值主张进行提炼的过程中，企业首先需要准确识别客户的核心需求，然后围绕客户最看重的3个关键要素来展示自己产品或服务的独特性与影响力：核心需求、独特性、影响力。

1）核心需求

企业各层级的管理者需要深刻理解主要细分客户群体的核心需求。这些需求可能是显性的，也可能是隐性的，需要通过深入挖掘和引导才能发现。要真正理解客户，就要对客户进行细分，抓住他们的痛点和需求。下面这个故事生动地展示了销售员如何从显性层面到隐性层面一步步理解并发掘客户需求。

如何将梳子卖给寺庙的和尚

有4名销售员接到了同一项销售任务，那就是到当地最大的寺庙去卖梳子。

第一名销售员转遍了寺庙，询问了所有他遇到的和尚。显然，和尚们没有头发，不需要梳子。结果，这名销售员一把梳子也没卖出去，失望而归。

第二名销售员在去寺庙前仔细分析了梳子的销售数据。他发现，有些老人虽然头发稀疏，但依然坚持梳理头发，原因是他们认为这样可以活络经脉，有益于长寿。受此启发，他在寺庙里以"梳理头皮有益健康、头脑清醒更助悟道"为卖点，同时向和尚们展示了坚持梳理头皮的老人健康长寿的照片，成功卖出了十余把梳子。

第三名销售员选择在一个风雨交加的日子前往寺庙。由于天气原因，寺庙里的游客较少，他得以和一位老和尚深入交谈。他建议老和尚为香客提供梳子，以便他们在拜佛后整理仪容。老和尚认为这个建议不错，于是询问具体建议。销售员进一步提议在每个殿堂前放置梳子，便于香客使用。这样，香客会感受到寺庙的关怀，并可能将这份心意传达给更多人。这名销售员最后卖出了百余把梳子。

第四名销售员也去了寺庙，但他首次并未进行销售，而是默默观察了每个角落。第二次去时他捐了功德，得以见到方丈。他问方丈："您是否想让寺庙声名远播、香火更旺呢？"方丈回答："当然，不知施主有何高见？"销售员展示了两把特制的梳子：一把刻着"事业梳"，一把刻着"平安梳"。他建议说，世间凡人所求，不是功名，便是平安，因此凡是捐款超过20元的香客，可以根据自己的愿望选择相应的梳子，选"事业梳"寓意"事业一帆风顺、功成名就"，选"平安梳"寓意"一生平平安安、无病无灾"。这样一来，必能极大地促进香客的捐款，还会使寺庙美名远播，让其他寺庙的香客也慕名求梳而来，从而使寺庙的香火越来越旺。方丈听完觉得甚是有理，立即购买了1000把梳子，同时签订了长期供货协议。销售员针对第二年的货单，又提出了对香客进行分层管理，即对于不同金额的捐款，香客将获得不同质量的梳子。销售员还对香客的需求进行了进一步细分，开发了其他款式，如"智慧梳""姻缘梳"等，双方的合作就此全面打开。

在这个故事中，如果只停留在显性层面，4名销售员面临的境遇似乎并无二致：对梳子这一产品而言，目标客户几乎没有需求。然而，一旦深入理解客户的日常工作和运营流程，尤其是在挖掘出客户尚未意识到的潜在需求后，后3名销售员便分别找到了不同的切入点和突破口。在这个竞争激烈、到处都是红海的市场环境下，市场往往不是等着被发现的，而是需要被创造出来的。对同一产品，4名销售员构建的客户价值主张各不相同，这直接决定了他们面前的市场容量的大小。至于最后一名销售员，他可以说"凭空"创造了一个全新的客户需求，而这一需求对客户而言确实有价值，且价值不小。因此，洞察客户需求的更高境界，绝不仅是迎合，而应是引导和创新。

2）独特性

你的产品和服务是否拥有竞争对手所不具备的优势？企业必须精准识别并抓住目标客户最重视的关键要素，在这些要素上集中优势资源，凸显自己产品的独特性，从而构筑与竞争者的显著差异。例如，在上面的故事中，第4名销售员针对同质化严重的"梳子"产品，进行了创新性的差异化设计：在梳子上刻字，使其拥有了特殊的文化价值。对于特定的客户群体——香客，这种独特性恰好是他们最看重和最渴望获得的东西。

3）影响力

除了深入理解和准确洞察现有客户需求，企业还需要对客户价值取向的演变趋势进行准确判断，并对未来市场的竞争趋势进行科学的阶段性预测。这样做能够协助客户实现持续的增值和收益。在上面的故事中，第4名销售员在成功向方丈销售了1000把梳子之后，并没有因此自满或停滞不前。相反，他持续关注客户需求的演变并不断进行产品创新，力图在客户需求进一步升级之前迅速推出新一轮产品迭代。例如，他推出了针对不同财富水平的分层产品和满足不同细分市场需求的分类产品，以此不断捕捉并扩大目标客户群体。

2. 价值主张的3个典型类别

迈克尔·波特指出："战略的本质在于选择——相较于竞争对手，要么选择不同的方式来执行作业，要么选择执行不同的作业。"企业选择执行的不同作业反映了其旨在为客户提供何种产品或服务，满足客户哪一层面的价值需求,这也是客户选择企业的根本原因。波特提出的客户价值主张框架经迈克尔·特里西和弗雷德·威瑟姆的进一步完善,现已广泛应用于行业实践,其划分的3个典型的价值主张类别包括总成本最低、产品领先和客户解决方案。

1)总成本最低

总成本最低这一价值主张也称运营卓越战略。沃尔玛、麦当劳、西南航空、丰田汽车、戴尔、拼多多等企业都为客户提供了"总成本最低"的购物体验。选择总成本最低战略的企业不仅要保持价格优势,还要确保产品的质量,因此这类公司往往为客户提供有限但能够满足大多数目标客户需求的选项,以降低公司成本。例如,沃尔玛所提供的仓储式销售点数量远少于全服务型超市或百货公司;麦当劳主要销售某几款汉堡;西南航空选择在美国的小型城市运营,以规避高成本;拼多多通过合作众多未能通过天猫或京东筛选的小微商户,提供成本极低但品质相对一般的产品,迎合了一大批追求低价的消费者,迅速占领市场,并与行业领头羊展开竞争。

管理者在引领企业采纳此类价值主张时,需要清晰地认识到:企业在行业中扮演的往往是产品追随者的角色,而非领导者角色;企业在产品和服务创新上不会进行大额投资,而是对市场上领先者的新产品进行快速模仿。因此,管理者需要引导企业在运营流程上追求卓越,专注于降低成本和提高产品质量。

2)产品领先

产品领先这一价值主张致力于为客户提供在市场上具有明显优势的产品和服务,并持续优化客户的产品使用体验。这一价值主张的核心在于产品的质量和技术水平必须处于行业领先地位。苹果、奔驰、英特尔、爱马仕等均以产品创新和领先的客户价值定位著称。采用产品领先价值主张的企业通常拥有一批忠实的客户,这些客户愿意为产品的功能提升和体验改进支付额外的费用。为了实现这一价值主张，企业必须保持超越竞争对手的产品更新速度、更精细的设计及更完善的用户体验。

基于此类价值主张，管理者需要在企业建立一种能够将基础研究转化为商业化产品的科技创新能力，同时具备精准捕捉用户需求的敏锐度。企业内部的开发流程应能够快速推动产品上市，同时在运营流程上注重专利申请和品牌管理。这种运营流程应侧重在产品上市后，基于市场反馈进行快速响应和敏捷迭代。

3）客户解决方案

客户解决方案这一价值主张侧重与客户建立长期合作关系。在这方面，IBM是一个典型的成功案例。IBM在计算机行业的主导地位并非仅依靠其不断推出创新产品，而是依靠其向客户提供包括硬件、软件、系统集成、安装、运营、维护、培训、咨询及融资在内的一体化服务解决方案。IBM在其辉煌时期提出了"全面解决方案""随需而变"宣传口号，对员工和客户都具有极强的吸引力。多年来，IBM与客户的长期合作关系为其带来了丰厚的回报。直到云计算时代来临，由于对技术变革创新反应迟缓，IBM的市场领导地位逐渐降低。

对那些提供客户解决方案的企业而言，它们的目标与解决方案的全面性、附加服务和客户关系的质量紧密相关。选择此类价值主张的企业深知获得新客户远高于维护现有客户的成本，因此它们会围绕每位客户深入挖掘需求，并提供全方位的解决方案。这些企业奉行"我有的，我来提供，我没有的，我可以从第三方集成过来提供"的服务理念，让客户永远觉得"我有问题，只需找你"。正是这种洞悉客户需求、提供针对性解决方案的能力，为企业赢得了溢价的机会。

对任何一家企业而言，以上3种价值主张中至少有一种必须是其强项，即企业的产品要么非常出色，要么价格极具竞争力，要么能深刻理解客户需求。那么，是否存在一家企业在这3个方面都卓越呢？这种情况几乎是不存在的。但企业在确定将其中一种类型作为自己的核心价值主张的同时，也应当注意不要忽视其他两种类型，以保持一定的市场竞争力。

以苹果公司为例，它在新产品研发上投入巨大，以保持产品的领先地位。然而，苹果公司必须对成本进行一定的控制，避免新发布的iPhone定价过高。在中国市场，过高的价格将直接面临华为手机的竞争。华为手机在质量上同样表现良好，且价格相比iPhone更加亲民，苹果公司的战略需要确保忠实的"果粉"不会转向其他品牌。可以看到，苹果公司在定价策略上正在逐步缩小与其华为高端手机之间的差异。

企业管理者通过结合市场需求和自身能力，选择企业应该坚持的价值主张，从而确定了区别于竞争对手的差异化优势。这种差异化优势不仅可以满足客户的共性需求，还针对客户的个性化需求提供比竞争对手更优质、更具特色的产品或服务。

二、价值获得

价值获得是指企业在为客户创造价值的同时，如何实现自身的收益，这实质上是人们常说的盈利模式。价值主张回答了企业将为客户提供哪些价值，以及为什么客户会选择某企业的产品或服务；价值获得则阐明了企业在向客户提供产品或服务的过程中，将在哪些具体环节实现盈利。

1. 以客户为中心的设计

在《发现利润区》一书中，作者亚德里安·斯莱沃斯基等提出了企业的22种盈利模式。该书认为，传统企业以高市场占有率和高增长率为目标赢得利润的理念与做法已经过时，且可能事与愿违。该书建议，企业应依据发现利润的理论来设计和运营，确保经营活动始终处于有利可图的状态。商业模式的转变应以客户为中心，根据市场环境和客户需求的变化不断刷新企业设计，包括产品的更新、流程的重造及企业的分拆。

通常，企业通过销售产品或收取服务费获得价值，而这种以产品为中心的思想将企业局限在了传统的价值获取方式上。与此相对，当今的创新型企业采纳了比过去更加广泛的价值获取机制，通过高度创新的方法为客户创造价值，并由此获得相应的回报。因此，在企业业务设计中，管理者必须深刻理解所处行业的利润区域，这是至关重要的一环。

在确立了以客户为中心的思维后，管理者需要改变传统价值链的起始点。如图3-8所示，传统的价值链以企业自身的资产和核心能力为起点，经过研发、生产和销售环节，最终到达客户端。这一思维模式是从企业内部向外部延伸，以自身优势为核心的传统逻辑，即企业基于自身的能力决定能提供什么，再考虑如何为客户提供服务。

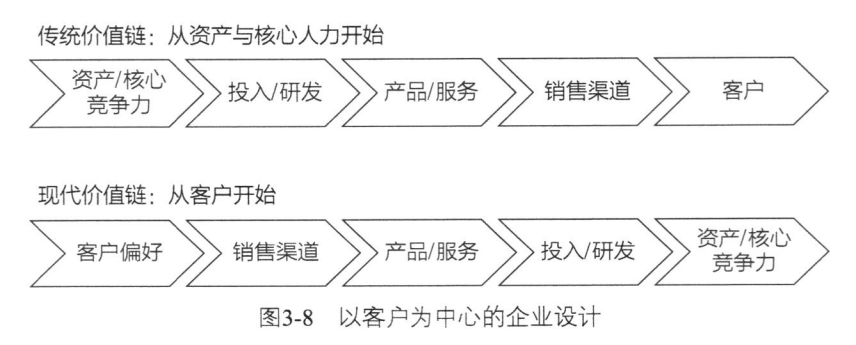

传统价值链：从资产与核心人力开始

资产/核心竞争力 → 投入/研发 → 产品/服务 → 销售渠道 → 客户

现代价值链：从客户开始

客户偏好 → 销售渠道 → 产品/服务 → 投入/研发 → 资产/核心竞争力

图3-8 以客户为中心的企业设计

现代价值链的出发点是客户，首先考虑的是客户需要什么，以及客户的偏好。这是企业研究的重点。其次从销售渠道入手，思考如何接触客户。再次进一步研究企业应该生产什么产品或提供什么服务以满足客户需求。最后企业基于这些需求，确定相应的生产和研发活动，确保这些活动与企业在资产、资源和人才方面的核心竞争力保持一致。这种思维模式是从外向内，以客户需求为中心的现代理念，即客户需要什么，企业就提供什么。

在以客户为中心的企业设计的现代价值链中，管理者应当考虑以下几个问题。

（1）客户的需要和偏好是什么？

（2）采用何种方式来满足这些需要和偏好？

（3）最适合实现这种方式的产品和服务是什么？

（4）提供这些产品和服务需要投入哪些要素与原材料？

（5）实现这些要素和原材料所需的关键资产与核心能力是什么？

客户偏好是指客户认为重要的要素，他们为此愿意支付额外的价格。任何产品或服务的价值都取决于其满足客户偏好的能力。影响客户偏好的因素众多，包括但不限于采购标准、客户意见、个人喜好、客户能力、决策流程、采购机会、消费者行为、功能性需求及经济体系等。企业识别并适应客户偏好的变化，并以此为依据进行创新，是现代企业设计应当遵循的重要准则。

2. 10种盈利模式

在绘制了以客户为中心的企业价值链后，管理者需要思考的下一个问题是：我们应在企业价值链的哪些环节收费？目前哪些环节是免费的，但未来有潜力实现收费？以喷墨打印机制造商为例，使用喷墨打印机的消费者普遍知道，不同打印机品牌的墨盒通常不兼容，主要原因是仅靠出售打印机本身，制造商往往无法实现盈利，尤其是在市场竞争日益激烈的背景下，制造商的利润空间已被压缩至极限。那为何这些制造商还要继续生产打印机呢？原因在于，消费者购买打印机后，需要定期购买墨盒，而墨盒作为必需品且频繁更换的易耗品，利润丰厚。因此，对喷墨打印机制造商来说，卖打印机可能只能实现成本覆盖，而售卖墨盒才是赚取利润的环节。为了保护这一利润来源，各大厂商制定了各自的墨盒标准。这便是喷墨打印机制造商获取价值的策略。

以迪士尼公司为例，其利润模式为"利润乘数模式"。该模式的特点是能够从同一产品、形象、商标或服务中多次获得利润。在20世纪80年代，迪士尼的营业收入和利润主要来自儿童动画片和大型电影，价值来源于电影票房和特许授权。迪士尼参与的业务环节主要包括电影制作和衍生消费品的特许授权。进入20世纪90年代，随着迪士尼品牌全球影响力的扩大，公司开始涉足电视、主题公园、酒店及各类衍生品（如录音带、音乐、出版物、玩具等）等多元化业务，实现了利润的多点增长。这时，迪士尼的价值来源不再仅限于电影票房和特许授权，还包括主题公园门票、酒店服务、零售业务等，从而形成了乘数效应。迪士尼的业务范围也扩展到了大型电影制作、品牌体系建设、主题公园开发、零售业务、电视节目制作和体育队伍合作等多个领域。

管理者要坚持双赢的价值取向，探究价值的获得方式。亚德里安·斯莱沃斯基在《发现利润区2》一书中总结了30种盈利模式，本书对其中常见的10种进行了分类和案例梳理，旨在帮助管理者更好地理解和掌握这些重要的业务模式。

1）客户解决方案模式

客户解决方案模式侧重深入了解客户需求，定制解决方案，进而建立稳固的客户关系。企业一开始可能面临净投入的情况，但长期来看，这种模式有潜力为企业带来丰厚的利润。IBM公司是运用这一模式的典型例子。其从硬件提供商转型为提供全方位解决方案的合作伙伴，向客户提供硬件、软件、集成、运维和咨询等"一揽子"服务。IBM收购了普华永道咨询公司，体现了其打开客户解决方案盈利模式的战略步骤。

虽然初期企业的投资可能超过收入，但经过数月的经营，收入有望远超支出。维护客户关系的成本相对较低，可能获得的合作成功率却非常高。选择合适的客户并对其进行前期投资是保持客户忠诚的策略，而客户的忠诚是盈利的关键。

2）产品金字塔模式

产品金字塔模式强调满足客户在风格、设计、品牌、价格等方面的多样化偏好。客户收入和偏好的差异构成了产品的金字塔结构：塔基是低价高销的产品，塔尖则是高价低销的产品。虽然大部分利润来自塔尖，但塔基的产品同样扮演着重要的战略角色，它们构筑了一道基础的"防火墙"，为高利润的塔尖产品提供了保护，同时对竞争对手构成了进入障碍。

采用这一模式的企业既可以拥有多个品牌的产品线，也可以拥有单一品牌下的多样化产品。以资生堂为例，其在中国市场拥有超过25个品牌的产品，并制定了不同的定价策略，以适应不同收入水平消费者的需求。欧莱雅集团也是运用产品金字塔模式的典型企业，其旗下化妆品品牌众多，涵盖小护士、美宝莲、羽西、薇姿、兰蔻、阿玛尼、碧欧泉、赫莲娜等，其中赫莲娜代表顶级化妆品，小护士则面向大众消费者。

3）多单位系统模式

在企业采用的多单位系统模式中，供应系统通常由多个子系统组成，其中一些子系统可能贡献较大比例的利润，而其他子系统贡献的利润可能微乎其微。这种模式适用于各种行业。例如，在碳酸饮料市场，销售和生产子系统包括食品杂货店、饭店、自动售货机，它们对应的每盎司饮料的售价分别是2美分、4美分、6美分。

为了在这些不同的利润区域取得成功，企业需要建立一个强大的品牌。该品牌应在食品杂货店这一面向大众、利润较低的市场中进行开发和维护以建立市场基础。尽管食品杂货店的利润相对较低，但它在维持企业在更高利润区域的地位方面发挥着关键作用。企业需要在食品杂货店保持市场份额和品牌影响力，同时尽可能提高其在自动售货机市场的盈利能力。可口可乐公司就是成功运用该模式的典型例子。

4）速度模式

在某些行业，创新业务在供应方面具有先发优势，这使企业能够获得超额回报。随着模仿者的涌入，这些利润开始受到侵蚀。速度模式正基于创新者的这种先行利益。在这一模式下，利润源于产品或服务的独特性，并且这种超额利润会随着模仿者的进入而逐步消失。

企业通过对客户需求变化的敏捷洞察和快速响应，在速度领先模式中赢得竞争。这种模式能够带来较高的价格和利润，但通常只能维持较短的时间。企业必须保持持续创新才能确保长期盈利。随着价值从最新一次创新中逐渐转移，企业必须进行下一轮创新，以再次进入利润区。

ZARA是速度模式的典型代表。ZARA的每款新衣服从设计师构思、设计到样品制作、生产成品再到上架，最快仅需2周便可完成，从而创造了巨大的市值。ZARA精准地掌握了生产流程的每个环节，不浪费任何时间，及时响应市场变化。ZARA的员工每日观察顾客的消费习惯和喜好，记录下来，并及时将顾客反馈传达至总部，确保对顾客需求的完整理解。此外，ZARA门店还会按小时监测当日的销售动态，对畅销产品的展示位置进行及时调整，以吸引顾客注意。

5）利润乘数模式

利润乘数模式是指从同一产品、形象、品牌、能力或服务中多次获得利润的策略。迪士尼是使用该模式的典型。迪士尼以多种方式推广其旗下的角色，如米奇、米妮和大力神等，它们不仅频繁地出现在电影、录像和书籍中，也出现在服装、手表、午餐盒等商品上，还出现在主题公园和品牌专卖店中。这些角色无论以何种形式出现，都能为迪士尼创造可观的利润。

6）配电盘模式

在一些市场，众多买家与卖家之间的沟通导致双方承担高昂的交易成本。在这种情况下，通常会出现高利润率的中介业务机会。这些中介构建了一个类似"配电盘"的平台，将各方的沟通渠道汇集到一个点或一个渠道中。配电盘效应降低了交易双方的成本（包括财务成本与时间成本），并使平台方从中获得利益，就如同配电盘操作员从话务中获益一般。

配电盘模式的一个显著优势是其具有自我增强的特性。参与的买家和卖家越多，该模式的价值越大。典型的例子包括天猫、淘宝、京东、婚恋在线平台、二手车在线平台等。配电盘模式实际上是前文提到的平台战略的初期形态。

7）卖座大片模式

对那些产品开发周期有限且需要大量研发费用和推广成本的企业来说，其主要经济活动通常是围绕各个项目展开的。在这些企业中，不同项目的成本差异可能高达5倍，而所产生的收益差异更可能达到50倍。因此，所有的利润主要集中在那些"卖座大片"式的项目上，典型的企业包括制药企业、出版社、电影制片厂、音乐公司和软件开发公司等。

以制药企业为例，开发一种新药的成本为5000万~30亿美元，而其潜在收入则为5亿~150亿美元。在这种情况下，如果新产品的研发成本高昂，但生产边际成本相对较低，那么实现利润最大化的最佳策略便是扩大销量。这通常意味着企业需要在几个关键产品市场上占据主导地位，而不是在众多产品市场上仅保持一般的竞争地位。

8）行业标准模式

行业标准模式最显著的特点是规模收益递增。采用此模式的行业企业，从原始设备制造商到应用软件开发商再到最终用户，都会被纳入标准制定者所构建的"引力场"中。随着加入"引力场"人数的增加，该模式的整体价值逐渐增长，进而显著提高标准制定者的收益。

微软公司成功地将其基础产品转化为行业标准，使之成为一个强大的利润引擎。同样，甲骨文公司通过围绕其数据库领域的行业标准构建优势，使公司走上了一条螺旋式上升的发展路径。

9）价值链定位模式

在很多行业，利润往往集中在价值链的某些特定环节，而其他环节的利润较少。按照价值链定位模式，将业务重心放在这些利润更高的环节，可以获得更高的回报。例如，在计算机行业，利润主要集中在微处理器和软件领域。对大多数产品来说，高利润通常出现在销售环节，而不是生产环节。在汽车行业，则是金融服务、贷款担保等下游服务环节的利润远高于总装或销售环节。

10）基础产品模式

在很多采用基础产品模式的业务中，虽然基础产品本身的销售额或利润并不突出，但其衍生产品的利润极具吸引力。企业向消费者提供广泛的基础产品，之后消费者便可能购买企业的基础产品或衍生产品。此类产品包括复印机、打印机、剃须刀、电梯等。

如果企业能够有效控制衍生产品市场，那么基础产品模式的盈利潜力是相当大的。如果基础产品能够成为行业标准，那么这种市场控制力将尤为显著。企业在设立标准时，若能引导整个行业的消费者使用其产品，就能够有效地构建庞大的产品基础，并作为衍生产品和服务的首选供应商来统治市场。

这正是比尔·盖茨成功思维的核心，他自创建微软公司起就采取了这种策略：先通过较低的价格确立市场地位，随后设定并推广行业标准，最终通过产品升级或改进实现盈利。

三、业务范围

管理者带领企业明确其在经营活动中的角色和范围，并在此基础上决定企业的业务内容——"做什么""不做什么"。具体而言，企业需要明确自身在价值链中的定位，以及如何与合作伙伴协同作业。在当下的市场环境中，针对客户价值的创造往往不是由单一企业独立完成的，而需要伙伴协作共同实现。例如，需要考虑将哪些业务外包、哪些资源需要从外部采购、是否自建销售渠道等问题。

因此，业务范围的确定实际上是对企业在价值链各环节参与程度的明晰。企业可以选择在所属行业的一个或几个价值链环节进行垂直整合或横向整合，也可以专注于参与其中几个特定环节。通常情况下，企业会保留具有高增值潜力的环节自行操作，而将具有较低增值潜力的环节进行外包。

例如，许多领先的消费品企业，如苹果公司，通常会保留产品设计和品牌管理这些关键环节，而将制造甚至零售环节委托给合作伙伴。在中国，大多数房地产开发商倾向于外包建筑施工、销售营销和物业服务等环节，而把握土地获取、规划、投融资及项目管理和运营等核心环节，从中获得丰厚的利润。

海澜之家也是解析价值链环节参与策略的典型案例。该公司仅涉足服装行业价值链的关键环节，包括面料和服装的研发及品牌管理。它将存货成本的风险转移给上游供应商。这些供应商依照海澜之家提供的设计方案生产服装并负责库存管理，若产生滞销商品或过季商品，需要承担退货的责任。

管理者在选择企业业务范围时所做的决策，应支持企业服务目标客户群体、创造利润及制定战略控制的相关策略。

四、战略控制

1. 战略控制点分级

在业务设计中，需要参考以下几个问题：企业如何才能最好地确保长期为客户提供持续的价值增值？企业处于价值链的上游还是下游？企业的价值捕捉定位是否有效？企业如何从先发制人的业务行动中获益，以增强竞争优势？

对上述一系列问题的回答体现了企业必须寻找和培育行业内的战略控制点。战略控制的目的在于保护企业所设计和创造的利润流，并构建战略控制力，确保企业在当前和未来能够持续盈利，这反映了企业的中长期竞争力。战略控制点可比喻为企业的护城河，构建得越深、越广，企业的生存和发展就越有保障。

战略控制点的作用至少包括以下3个方面：确保企业业务设计的盈利具有可持续性；帮助企业对抗强大客户的影响力；避免竞争对手的模仿。

有人说："一流企业制定标准，二流企业打造品牌，三流企业生产产品。"这句话虽然不完全正确，但引发了我们的思考：企业选择的战略控制点将决定其在市场上的竞争力。

战略控制点的类型是多样的，包括品牌、专利、版权、产品开发领先、20%的成本优势、分销渠道控制、供应链控制、客户信息的掌握、独特的企业文化、价值链控制等。每个战略控制点的设计都旨在保证企业保住利润区，防止竞争对手分走利润。

亚德里安·斯莱沃斯基所著的《发现利润区》一书对战略控制点指数进行了分级，本书在此基础上做了适度调整，如表3-1所示。

表 3-1 战略控制点指数

保护利润的能力	指数	战略控制点	企业代表
高	10	制定行业标准	微软、高通、甲骨文
	9	价值链控制	苹果、谷歌、英特尔、可口可乐
	8	市场领导地位	微信、支付宝、微软、可口可乐
	7	解决方案与客户关系	IBM、华为、通用电气
中	6	品牌和授权	宝洁、迪士尼、英特尔
	5	技术领先	英特尔
低	4	品质领先	华为、格力
	3	具有10%~20%的成本优势	富士康、西南航空、沃尔玛
无	2	具有平均成本	很多
	1	商品	很多

表3-1根据构建的难易程度，将战略控制点划分为10个级别。每项优秀的业务设计至少应包含一个战略控制点，最佳业务设计则具备两个或更多战略控制点。例如，英特尔就拥有3个战略控制点：技术领先、价值链控制和品牌。

1）第1级和第2级：商品和具有平均成本

这两个层级通常不被视为战略控制点，而是作为大多数企业选择的基础切入点，并不具备战略保护作用。

2）第3级：具有10%~20%的成本优势

企业在发展过程中可以通过规模效应实现成本优势，这种效应有助于提高企业在与价值链上下游企业谈判时的议价权。只有当成本比行业平均水平低10%~20%时，才能构成真正的竞争优势。依赖成本优势的企业较为常见，富士康、西南航空和沃尔玛等企业都拥有显著的成本优势。

3）第4级：品质领先

品质领先意味着企业提供的产品或服务代表了其所处行业的高品质标准。例如，在通信领域，华为被认为是品质领先的典范；在空调行业，格力则代表了高品质。

第3级和第4级给企业提供的保护力度相对较弱，因为无论是成本还是产品功能和性能，在同一行业的不同企业之间通常比较透明，这些优势容易被模仿或超越，且经常面临新进企业的挑战。

4）第5级：技术领先

技术领先包括两层含义：首先是技术本身必须领先，其次是领先行业水平至少两年。英特尔公司就是以长期技术领先作为其战略控制点的典型例子。在安迪·格鲁夫的领导下，英特尔坚持了"领先两步"的业务设计理念。在格鲁夫领导期间，英特尔在战略性经营和企业战略设计方面的创新超越了许多企业一个多世纪的成就。例如，在20世纪80年代，英特尔将其全部研发支出中高达20%的比例投入工艺改进上，持续的努力和投资显著缩短了产品开发周期。此外，格鲁夫还要求同步研发3代不同的微处理器，以获得显著的差异化优势。这种快速且重叠的产品开发模式为英特尔及其竞争者带来了深远的影响。例如，只要新一代微处理器能维持6个季度的技术领先，英特尔就能灵活定价并实现高利润。

5）第6级：品牌和授权

品牌的力量源自消费者的印象，成功的案例包括宝洁、迪士尼和英特尔等。品牌黏性体现了消费者对品牌的忠诚度和信任度。这种黏性越强，消费者重复购买的可能性越大，企业围绕核心品牌拓展周边产品的盈利能力也随之增强。杰克·特劳特在其著作《什么是战略》中将战略定义为："战略就是使企业及其产品与众不同，形成核心竞争力。对受众而言，即鲜明地塑造品牌形象。"由此可见，品牌在构筑企业战略控制点中扮演着至关重要的角色。

第5级和第6级战略控制点为企业提供中等程度的保护，为企业构建了一道相对坚实的战略防线。

6）第7级：解决方案与客户关系

20世纪90年代初，通用电气的CEO杰克·韦尔奇深刻地认识到，要想保持公司的持续成功，必须将业务设计提升至更高层面，也就是从产品领先转型为解决方案领先。这一转变基于对客户需求和偏好不断变化的认识，目标是深入理解客户并与之建立长期关系，从而提高客户黏性。当客户的战略成功依赖企业的支持时，可以认为企业拥有很高的客户黏性。成功应用解决方案与客户关系作为战略控制点的公司有IBM、华为、通用电气等知名企业。

7）第8级：市场领导地位

当企业的市场占有率远远领先于竞争对手（如是竞争对手的3~5倍）时，就构成了企业保护自身的重要战略控制点。拥有充足的市场份额能够为企业带来众多优势，如提高在商业谈判中的话语权、实现更显著的规模效应、获得垄断性利润、提高客户忠诚度和认可度等。鉴于这些优势的显著性，企业往往会不惜一切代价来争夺市场份额。拥有这一战略控制点的典型成功企业有微信、支付宝、微软、可口可乐等。

8）第9级：价值链控制

企业若能掌控产业上下游的关键环节，则其将在整个价值链中成为不可或缺的一环，这便构成了对价值链的控制。举例来说，在20世纪70年代，可口可乐公司开始着手改变与其瓶装商的合作模式，并通过收购和控股等方式，成立了可口可乐装瓶公司，从而在美国市场上实现了对装瓶商的有效管理。这一策略帮助可口可乐公司实现了规模经济、资源的高效利用、设备的现代化，以及重视利润增长等多项战略目标。在国际市场，可口可乐公司选择与一些大型、关键的装瓶商合作，于20世纪90年代在西欧、东欧、澳大利亚、墨西哥、拉丁美洲及东南亚等地区和国家建立了一个由强大的装瓶商组成的网络。可口可乐公司当前的高市值正是其从原浆制造商和广告商向价值链管理者平稳转型的结果。

在当今商界，领先企业的竞争已经演进到价值链层面，它们通过控制价值链上的利润丰厚区域、关键环节，达到共赢并巩固自身竞争优势的目的。目前的平台竞争、生态系统竞争都属于这一范畴。其他采用并成功实施价值链控制战略的企业还包括英特尔、谷歌和苹果公司。

9）第10级：制定行业标准

标准的意义远超单一的实物产品或技术概念，它是行业发展不可或缺的基石。例如，铁路正常运行依赖统一的轨距标准，而国际电话、传真及蜂窝电话的通信则需要标准化的传输信号。标准的确立有助于增强顾客对产品兼容性和技术持续性的信任，进而拓宽市场。然而，行业标准的构建并不只是建立某一技术标准那么简单。

IBM在1981年推出的个人计算机成为主流市场的标杆，这标志着IBM设立了一项技术标准。尽管如此，IBM的个人计算机事业部仍然一度亏损，最终将其出售给联想。技术标准虽然可能被复制或模仿，但基于标准的企业业务设计难以被竞争对手轻易模仿。因此，该级别的战略控制核心在于巧妙的业务设计，而非单纯的技术创新。

那些基于标准构建业务模式的企业，能够主导自身的产品和市场，通常在3个方面具有显著的价值获取优势：高销量、定价的灵活性及通过产品升级获得利润。只有这样，一项技术标准才能确保企业稳定地处于盈利区间。在此级别做得极为成功的公司当属微软，其Windows项目之所以大获成功，得益于比尔·盖茨在业务设计上的两大核心理念：最大化分销网络和精准满足客户需求。同样达到此级别的还有高通、甲骨文等公司。

企业的战略控制点具有生命周期，且呈现动态变化。例如，以技术专利为战略控制点的企业，可能会因为新技术的出现而面临其专利应用场景的颠覆。行业结构的重大调整和业务向不熟悉的领域扩张等，也会对战略控制点提出新的挑战。企业管理者需要时刻关注这些因素，并采用系统思维判断战略控制点的变化趋势。

另外，一家企业一开始往往从前四级切入战略控制点，在保持第三级或第四级竞争力的基础上，应向第五~七级进行转型和升级。第八~十级只有少数优秀企业能够达到。对大多数企业的管理者来说，可采取的策略是：在不止一个战略控制点上进行设计，在获得某一级别的控制权后，持续保持危机意识，向更高层级拓展。

2. 战略护城河

在讨论战略控制时，大多数管理者会想到沃伦·巴菲特的战略护城河理论。战略控制点与战略护城河理论有相通之处：前者从企业家的视角出发，后者则从投资者的视角考量。管理者可以结合这两者来深化理解并指导实践。

巴菲特的护城河理论是其价值投资哲学的核心，它强调建立并维持企业的竞争优势。巴菲特曾经形象地描述："考察企业的持久性时，最重要的是观察其竞争力。我偏爱那些能够长期生存并具备强大竞争优势的企业，就像被宽阔的护城河环绕、河中游弋着凶猛鳄鱼的坚固城堡……"通过这样的比喻，巴菲特突出了持续竞争力的重要性，这一点对于管理者在塑造和保护企业战略屏障时具有重要的启示作用。

从字面上理解，护城河是指利用河水构筑的防御工事，用以抵御敌人的进攻。在商业领域，企业护城河是指阻止竞争对手进入市场的各种壁垒，其目的是确保企业能够持续创造价值。一般来说，拥有护城河的企业能够持续获得超过资本成本的收益，并实现高于行业平均水平的经济回报。

在《巴菲特的护城河》一书中，作者帕特·多尔西指出构建护城河的要素主要有4个：无形资产、转换成本、网络效应和成本优势。这些要素分别代表了企业的不同竞争优势，它们可以帮助企业在激烈的市场竞争中保持领先地位。

首先是无形资产。无形资产包括品牌、商誉、专利及政府牌照。强大的品牌能够提高企业的定价能力并吸引更多客户。例如，蒂芙尼的珠宝价格可能比其他品牌贵50%。专利是无形资产的重要来源之一。如果某企业产品受专利保护，就能够阻止其他厂商进行同质化竞争，从而使该企业享有持续的定价能力。例如，3M公司在众多产品上拥有1000多项专利。监管制度和政府牌照也是无形资产的来源。当政府限制其他企业进入某个市场时，获得许可的企业将拥有可持续的竞争优势。例如，中石油和中石化这样的企业不仅受到政策保护，而且几乎垄断了相关资源，因而具有强大的护城河。

其次是转换成本。用户在同类产品之间转换时可能会遇到不便或产生额外费用，这被称为转换成本。若更换产品或服务需要较高的成本，用户通常不愿意轻易转换。例如，使用苹果手机的用户不太可能轻易换成华为手机。

再次是网络效应。当某企业提供的产品价值或服务价值随着用户的增加而提升时，该企业便能从网络效应中受益。例如，微软公司的办公软件Office依靠网络效应获得了行业标准制定权，即使个别人对该产品有不同的看法，大多数用户仍然选择使用它。

最后是成本优势。如果企业能够以更低的成本提供产品或服务，那么它便具有成本优势。例如，富士康通过规模效应获得了成本优势。

京东的战略控制

刘强东曾说，京东的护城河是自建物流系统。以京东在疫情防控期间的表现及2022年京东年营业收入突破万亿元的成绩来看，这条护城河是非常稳的。

在刘强东的领导下，京东坚定地选择自建物流系统，并将"最后一公里"的交付纳入价值链。当时，市场普遍认为平台模式要比"自营+物流模式"盈利更快，自建物流系统成本高，短期内难以实现盈利，可能会拖累企业发展。

然而，事实证明强大的物流系统使京东稳固地占据国内电商市场第二的位置。各大券商在对阿里巴巴、京东、拼多多三大电商平台的评估中，普遍认为"京东整体最为稳健"。

从消费者的角度看，京东的自建物流系统保障了高效、准时的配送服务，带来了更佳的购物体验。京东的物流网络覆盖范围广泛，满足了全国各地消费者的需求。这一优势帮助京东吸引了大量忠实的消费者，并在疫情防控期间为消费者提供了重要的物资支持。

近年来，京东的商品交易总额保持稳健的增长势头，一体化供应链模式展现出了更加坚韧的性能。面对流量红利的可能见顶和消费者对体验要求的逐渐提升，京东依托其供应链的强大优势，通过强化履约能力，有望进一步提高用户留存率，增强用户黏性和提高每用户平均收入。2023年，在中国互联网巨头之间展开的即时零售竞争中，京东到家表现突出。2023年一季度，京东与6万多家新实体店的合作，让京东能够在1小时内为中国1800多个县、市的消费者提供全品类优质产品。2024年，京东的战略重点是强调全品类产品、小时级配送和平台化。

自建物流系统是一项资金和技术门槛都非常高的业务，竞争对手难以模仿和复制，这为京东创建了强大的竞争壁垒，加固了公司的护城河。京东多年如一日地努力加固其护城河，使其难以被轻易攻破。同时，供应链的整合优化使京东成为用户体验标准的引领者。

五、业务设计案例：华为终端业务

2022年4月，华为常务董事余承东正式宣布，华为全面拓展至商用终端领域，并成立了独立的产品线，旨在进一步提高企业市场的服务能力。这项新的商用终端业务是基于原有消费者业务的拓展和转型。

以下将通过分析华为终端业务的发展历程阐释业务成长的3个阶段曲线及业务设计的4个核心要素。

1. 探索阶段：2003—2012年

华为消费者业务部成立于2003年，标志着华为正式进入消费通信市场。早期华为的终端业务发展面临重重困难，因为当时消费通信市场已是竞争激烈的红海。在这一时期，华为终端业务的主要策略是依托运营商定制机，满足运营商的功能需求并由其负责销售，而华为则专注于原始设备制造商和原始设计制造商生产。对于这种合作模式，华为坚持了10年之久。

在这一阶段，华为终端业务选择的战略控制点处于第三级：尽可能凸显成本优势。

2. 第一曲线：2012—2018年，高端机/智能手机

2010年是华为终端业务的重要转折点。2010年12月3日，任正非在一次内部会议中确定了华为终端业务的转型方向，将其确立为华为三大业务板块之一，并在产品、市场及用户等方面明确了转型的具体内容。

会议之后，华为经历了2010—2012年的艰难探索期。为了实现高端市场的目标，华为迅速淘汰了所有低端产品，并且明确以苹果和三星为高端市场的标杆。在接下来的几年，华为凭借技术创新、品牌建设、市场拓展及与合作伙伴的紧密合作，在高端市场与苹果、三星等对手展开激烈竞

争。2018年，华为超越苹果，成为全球第二大智能手机制造商，仅次于三星，这标志着华为在高端市场的地位得到了巩固和提升。

2012年，华为启动了旗舰智能手机品牌华为Mate系列，并投入大量资源进行市场推广，旨在提升品牌知名度和形象。华为Mate系列的推出，标志着华为正式进军高端市场，力图与苹果的iPhone和三星的Galaxy系列展开竞争。

在此期间，华为致力于技术创新和硬件质量的提高，旨在满足高端市场的需求。除了不断引入先进的处理器、高分辨率显示屏和先进的摄像技术以优化用户体验，华为还加大了研发和设计方面的投入力度，确保产品的质量和性能达到行业领先水平。

在这一阶段，华为终端的战略控制点处于第四级：注重产品的功能和质量，力图在手机功能、外观设计、用户体验等各方面达到或超越高端市场领导者的水平。

3. 第二曲线：2019—2021年，全场景智慧化

2019年以来，华为全面拓展了全场景智慧化战略。消费者业务是华为的三大业务板块之一，致力于打造全场景智慧生活的先行者。其产品线涵盖智能手机、个人计算机、平板、可穿戴设备、移动宽带终端、家庭终端及消费者云服务等多个领域。

2019年，华为消费者业务部CEO余承东宣布："华为IoT生态战略将全面升级为全场景智慧化战略。我们将围绕HiAI平台、两大开放平台及三层结构化产品战略，打造一个多元化的智能家居生态系统。"华为通过"1+8+N"的三层结构化产品策略，构建以人为中心的全场景智慧化体验，其中，"1"代表智能手机，"8"包括手表、耳机、个人计算机、平板、音箱、眼镜等设备，"N"则代表各种智能硬件，如智能家居、智能办公、智慧出行、运动健康产品等。这一策略已成为华为在终端领域的创新焦点和明确的战略方向。

对消费者而言，鸿蒙系统能够实现生活场景中各类终端的能力整合，促进不同设备之间的快速连接、能力互助和资源共享，并根据需求匹配合适的设备，提供流畅的全场景体验。

在这一阶段，华为消费者终端业务实现了多方面的突破，并在战略控制点上达到了第七级：向解决方案领域深入。华为依托其核心技术，包括自研芯片、面向万物互联的分布式操作系统——鸿蒙，以及其5G技术的综合优势，为用户提供了覆盖智能家居、移动办公、智慧出行与运动健康等多个生活场景的综合解决方案。

4. 第三曲线：2022年至今，进军商用终端

根据华为2022年3月28日公布的年报，在新的业务架构中，原消费者业务群已更名为终端业务群。终端业务群涵盖消费者产品线和商用产品线两个主要部分。其中，消费者产品线继续专注于满足大众消费者的需求，商用产品线则致力于为政府和企业客户提供服务。

华为过去主要凭借智能手机等终端设备迅速崛起，消费者业务的营业收入比重逐年上升。数据显示，2019年消费者业务在总营业收入中的占比为39%，而到了2020年，这一比例增长至超过50%。但随后，由于海思芯片的发展受阻，华为的海外芯片供应面临挑战，加之疫情对消费电子市场的影响，消费者业务的营业收入出现了明显下降。根据华为的财报，2020年消费者业务的营业收入为4829亿元，而2021年、2022年分别降至2434亿元和2145亿元。除此之外，华为在智能手机市场之外的其他消费电子产品，如可穿戴设备、VR/AR娱乐设备及个人计算机市场，业绩表现也出现下滑现象。

在当前形势下，华为终端业务的转型和突破显得尤为迫切。作为全球领先的通信设备供应商，华为积累了丰富的技术经验，并深刻理解企业客户的需求与行业特性，其终端业务向商业市场的拓展，实际上是回归并利用自身的专业领域。正如华为常务董事、终端业务CEO余承东在2022年4

月的发布会上所述:"未来,华为将把消费级产品上的精品体验带入商用领域,基于华为终端商用产品的品质、智慧和可靠性三大核心价值,为商业客户打造更优质的产品体验。"

华为进入商用终端领域的战略重点在于提供融合硬件和软件的一体化解决方案,以满足企业用户的多元化需求。华为致力于构建一个完善的商用终端生态系统,整合公司的硬件、软件和云服务资源,为企业用户提供一站式解决方案。这一策略注重产品的安全性和可靠性,致力于生态系统建设,强化售后服务,并积极应用5G和人工智能技术。华为的商用终端生态系统涉及智能手机、平板、笔记本计算机等产品,并利用云计算、大数据、物联网等先进技术,覆盖移动办公、远程会议、数据分析等多个应用场景,旨在帮助企业用户提高工作效率和市场竞争力。

在这一阶段,华为终端业务回归其擅长的商业市场(B端市场),利用物联网时代万物互联的背景,发挥其在多设备协同方面的行业领先优势。华为结合了端到端的通信管理能力、安全可靠的操作系统能力及硬件与软件服务一体化解决方案能力,实施了从基础设施建设到系统集成的全方位战略,在战略控制点上实现了从第5级到第7级的布局。借助技术创新,华为旨在为目标企业客户提供一系列高质量且易于维持长期合作关系的解决方案。

小结

本章重点介绍了管理者如何提升战略思维,磨砺其思想之剑,以战略的智慧和远见绘制企业发展的蓝图。良好的战略规划对企业来说犹如在其脉搏中注入了一剂强心剂,使其在瞬息万变的商战中屹立不倒。

战略意图如同定海神针,为企业在茫茫商海中指明方向。它是对企业未来发展的远景设想,是对市场、技术、人才等资源的深刻洞察。只有明确了战略意图,企业才能避免在如迷雾般的市场环境中迷失方向。

战场布局如同棋局，管理者需要精心布局，合理配置资源。管理者既要深入了解市场和对手，明确自身的优势和劣势，制定合理的发展策略，又要具备全局观念，把握整体与局部的关系，整合资源，实现优势突破。

创新跨越如同破茧成蝶，是企业突破困境、实现跨越式发展的关键。在这个技术发展日新月异的时代，只有不断创新才能在激烈的市场竞争中立于不败之地。管理者需要鼓励团队勇于尝试，敢于挑战权威，以推动企业的持续发展。

业务设计如同画龙点睛，是企业战略规划的落脚点，是管理者智慧和才能最直接的体现，关系到企业的生存和发展。优秀的业务设计能够吸引并满足客户的需求，带来持续的商业价值。

战略规划对管理者的全局观念、洞察力、创新精神及精细化管理能力等都提出了较高的要求。

执行协同

第二篇

第四章

承上启下的管理关键：
执行协同

第一节
战略与绩效之间的鸿沟

在IBM任职的十多年里,我负责IBM全球服务中国区的人才培养、学习发展与知识管理工作。在每3周一次的高层管理者会议上,当我们讨论经营目标的实现和组织能力的建设时,"领导力"是经常被提及的一个关键词。后来,我先后在国内3家知名企业担任企业大学的校长,并且为很多国内知名企业提供管理咨询服务。在这些经历中,我发现高层管理者更多地谈论的是"执行力"。这种差异部分源于中西方文化的不同。例如,人们通常所说的"执行力",有时包括基层管理者和普通员工的领导力。但归根结底,无论是领导力还是执行力,其反映的是高层管理者审视同一个问题的两个视角。

这"同一个"问题,就是如何将组织的战略规划有效落地成绩效结果。问题的呈现结果是执行力,而问题的背后根因是领导力。战略规划由组织的高层绘制,需要通过中基层管理者承接执行。然而研究表明,只有7%的中层管理者和一线员工能真正理解高层描绘的战略蓝图所代表的深层含义。

"执行的绩效目标""绘制的战略方向"在理论上是相存相依的关系,而在实践中往往存在难以弥合的鸿沟。英特尔创始人安迪·格鲁夫曾说:"如果你想了解一家公司的战略,要看他们实际做了什么,别光听他们说了什么。"

本章对战略制定与绩效结果之间的差距进行了深入分析,将其归纳为四大原因,如图4-1所示。

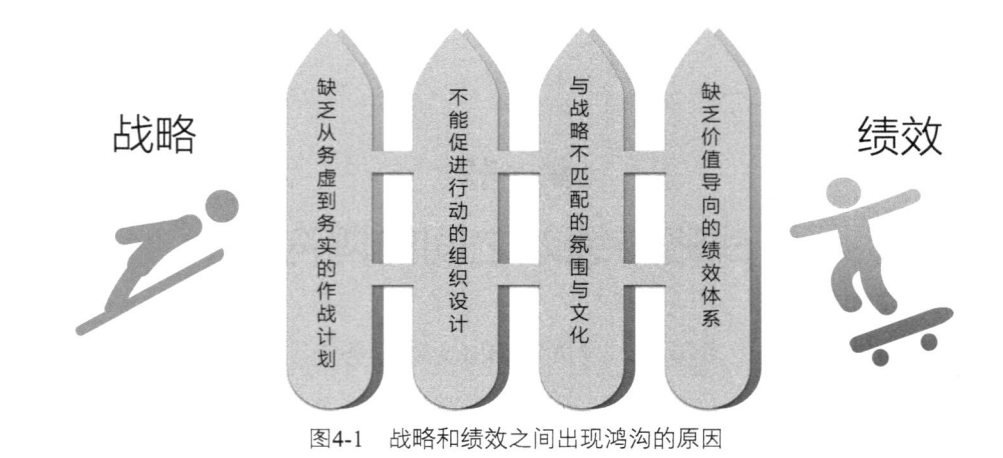

图4-1 战略和绩效之间出现鸿沟的原因

栅栏上的文字从左到右：缺乏从务虚到务实的作战计划；不能促进行动的组织设计；与战略不匹配的氛围与文化；缺乏价值导向的绩效体系

战略　　绩效

一、缺乏从务虚到务实的作战计划

在所有把战略转变为绩效的行动中，制订切实可行的作战计划通常是首要任务，也是一个最容易出现偏差的环节。

首先，企业高层管理者通常具备出色的战略视野，并善于借助市场分析数据进行决策。在决策的选择阶段——利用外部研究来确定企业的发展方向，以及哪些事务应该着手，哪些事务应该避免，他们会投入大量时间，并经常与外部咨询公司合作。然而，在明确了战略方向之后，在企业内部执行这一战略的落地阶段，则主要依赖中基层完成。在这一过程中，企业往往因为缺少切实可行的分阶段执行计划而导致从"务虚"到"务实"出现衔接差距和断层。

其次，企业内不同角色对战略落地的理解和执行往往因个人背景与专业领域的不同而有所差异。例如，一些企业通过收入和利润的增长衡量战略落地的成效，而其他企业可能更注重产品、服务、客户满意度、质量或流程等方面的提升。财务负责人通常侧重财务指标的增长；市场和营销负责人倾向于关注客户体验和满意度的量化指标；运营高管更关注产品质量和流程效率的改进；人力资源负责人更加重视关键的人才策略；信息部负责人则可能强调大数据和信息科技的创新应用。

当缺少企业层面统一的作战计划和衡量标准时，各部门和事业部往往会盛行本位主义，过分强调自身职能和所属领域的重要性，而忽视整体的协同和组织效益。虽然每个部分看似运作完美，但汇总起来可能无法形成一个高效的组织成果。

二、不能促进行动的组织设计

要让战略落地并产生组织绩效，需要从企业层面逐步转化至部门、团队乃至个人。在这一过程中，组织设计与战略方向相匹配是关键成功因素之一。管理学大师艾尔弗雷德·钱德勒在研究美国企业的组织结构与经营战略的演变时指出，企业的组织结构应随经营战略的调整而变化。他在1962年出版的《战略与结构：美国工商企业成长的若干篇章》一书中，通过研究杜邦、通用电气、标准石油和西尔斯4家公司的发展史，提出了著名的"企业结构跟随战略"命题。

组织设计包含组织结构、职能划分、岗位设计、人员配置、决策机制、激励和评价体系等因素，同时涵盖业务流程、运营机制和效能评估等关键因素。清晰的组织层级、明确的职责和合理的权力分配是确保战略顺利落地的基本条件。这些因素共同保证个体目标与整体目标的一致性，促进良好的协同沟通，提高效率，并帮助企业实现既定目标。

然而，在实际操作中，组织设计往往是不被重视的因素，原因多种多样，既有管理者的认知不足，也有对困难的畏惧。

首先是管理者的认知不足。不少企业家或高层管理者未能充分认识到组织设计的战略重要性，将其视为人力资源部门的事务。他们关注的更多的是市场和业务，关心的是客户和业绩，对内则主要考虑财务预算。在企业中层管理者中，普遍存在一种认知，即虽然重视组织设计的重要性，却错误地将其等同于员工能力，认为优秀的组织设计依赖招聘更多的优秀人才。

其次是对困难的畏惧。组织设计涉及的范围广泛，内容复杂，一旦调整不当，就可能会带来深远的影响。例如，企业层面的组织架构调整或运营流程优化涉及权责和利益的重新分配，在实施过程中可能会遇到诸多阻力。

三、与战略不匹配的氛围与文化

彼得·德鲁克曾说过："文化能够轻易地消解战略。"这意味着，在企业文化面前，即便是精心策划的战略，也可能显得渺小且脆弱。无论战略的有效性有多高，若缺乏与之相适应的企业文化作为支撑，其最终也可能沦为无效的文档。

优秀的企业家往往非常重视企业文化对战略执行的影响。在这方面，马云是一个典型的代表。他对阿里巴巴的文化建设极为重视，这在业界广为人知。例如，阿里巴巴采用"闻味道"的独特方式来筛选与公司文化相契合的管理者；公司的人力资源业务伙伴被定位为政治工作职责，其主要任务之一就是在各个业务部门推广和维护企业文化与价值观。通过这些机制和流程，阿里巴巴确保了企业文化与业务发展的一致性。马云曾表示，他只需在阿里巴巴的杭州办公室里走一圈，闻一闻氛围，就能判断出哪个团队存在问题，哪个团队表现良好。

战略与文化的匹配程度直接关系到战略能否成功实施。许多成功的企业变革案例告诉我们，要落实新战略，必须对企业现有文化保持敬畏和深入研究，并将其作为实施战略的一个关键成功因素来对待。任何忽视企业文化强大影响力的变革计划都难以成功推行。

例如，在许多传统企业拥抱互联网及大数据的转型进程中，包含互联网和高科技元素的新战略，往往要求企业引入更多的多样性、创新性和自主性。相应地，企业文化也需要融入更多的市场文化、创业文化和包容文化。如果企业原有的文化根植于传统的层级制度，那么文化与战略之间的不匹配将变得尤为明显。对那些已经在企业中工作多年的管理层和员工来说，他们长期处于一个稳定、严谨和传统的工作环境中，突然建立和适应新的企业文化将是一大挑战，结果往往是新战略遭到管理者和员工的集体抵制。

这种矛盾对企业实施战略的影响也可从调研数据中得到证实。一家国际著名咨询公司研究了组织文化氛围对组织绩效的影响，研究结果表明这种影响可达±28%。换句话说，同一名员工在不同的文化氛围中，其绩效表现可能相差28%，这不是因为员工的技能或其可调配的资源发生了变化，而仅仅是因为文化氛围不同。当员工所处的组织文化氛围与其工作任务方向一致，形成良好的连接时，员工被激发出的潜力可比平时高出近30%。

因此，在实施战略时，确保组织文化氛围与战略方向相匹配至关重要。这样不仅能更容易地激发员工和组织的绩效，也能使整个组织充满活力和生机。反之，如果组织文化氛围与战略方向不协调，必然会导致执行力的减弱和内部资源的消耗。

四、缺乏价值导向的绩效体系

缺乏价值导向的绩效体系是指企业的战略目标未能详尽地分解为事业部、部门、团队乃至个人的绩效目标。传统企业管理流程仍旧以财务预算为依据来确定各部门的业绩指标，在设置绩效目标时，过分依赖财务数字这一单一维度，而忽视了从企业战略层面进行全面分析，如对客户管理、企业运营、员工成长与学习等方面的深入考察和链接。绩效目标会直接影响各事业部、部门和员工的实质性回报与切身利益，因此当绩效考核过分关注财务指标时，基层管理者和员工自然会将财务业绩作为首要关注点，而不会针对实现战略的关键领域做更多的思考与贡献。

在VUCA时代，许多企业正逐步淡化传统的绩效指标，转而采用目标与关键结果指标。这一指标要求整个组织从上至下对价值判断具有更好的一致性，从而达成目标共识，形成协同效应。

在企业中，CEO和高层管理者负责制定组织的发展路径，但企业的存续不仅取决于这些高层管理者。为了保持企业在不断变化、充满不确定性的环境中的竞争力，各级管理者必须能够适应并响应外部环境的变化。

通常情况下，中基层管理者和一线员工更接近客户，对竞争对手和行业动态有更直接的了解。在将战略意图转化为具体行动时，如何明确各部门在战略规划中的角色和价值贡献，是中基层管理者需要解决的问题。他们需要在将战略目标转化为绩效目标的过程中进行详细的解读、分解、反馈和调整。在这一过程中，管理者最重要的思考是深入理解企业战略在市场和客户端所产生的价值。只有深入理解这一层面，管理者才能够不局限于机械地执行战略目标。如果各级管理者不能结合市场和客户的需求进行有效的价值判断，那么最终可能只是对指标进行了表面的拆分。

第二节
从战略转向战役：必赢之战

为了有效地将战略目标转化为绩效结果，管理者必须重视从战略规划向具体战术的转变。在这一过程中，要求管理者在远景规划的指导下，进行严谨的路径选择，明确每场攻坚战该如何打、跟谁打、在哪里打。

在整个战场上，那些关乎生死的关键战役称为"必赢之战"，它们是从战略转向战役最关键的环节。

一、什么是必赢之战

所谓必赢之战，是指在整个战略布局中，对于未来一年内至关重要且紧急的几项关键举措，必须确保它们取得成功。这些关键举措不仅关系到企业的生死存亡，更是实现战略目标的关键。它们对企业的长远发展具有深远的影响。因此，高层领导必须给予全力支持，团队成员也需要团结一致、共同努力，确保相关任务的圆满完成。必赢之战的胜利不仅能让团队实现梦想和目标，还会带来巨大的长期效益，并能显著激发团队的士气。

1. 必赢之战的特征

必赢之战通常遵循压强原则，即在资源有限的情况下，通过集中优势力量、火力和时间等所有可用资源，实现资源的最大化整合和利用。这要求人们在战略执行中明确主攻方向，集中精力、全力以赴，打好攻坚战。同时，根据压强原则，团队应避免兵力分散，敢于舍弃那些非核心任务。

压强原则是华为运营战略的具体体现。当资源受限时，华为致力于缩小战略聚焦范围，直至形成足够的竞争压力，从而在特定领域获得明显的竞争优势。在激烈的市场竞争中，华为集中力量对竞争对手进行决定性打击，突破关键点，开辟市场空间。

《华为基本法》第二十三条对压强原则的解释如下："我们坚持'压强原则'，在成功关键因素和选定的战略生长点上，以超过主要竞争对手的强度配置资源，要么不做，要做，就极大地集中人力资源、物力和财力，实现重点突破。在资源的分配上，应努力消除资源合理配置与有效利用的障碍。我们认识到对人、财、物这三种关键资源的分配，首先是对优秀人才的分配。我们的方针是使最优秀的人拥有充分的职权和必要的资源去实现分派给他们的任务。"

除了压强原则，必赢之战的关键特征还包括以下几个。

（1）战略关键性。必赢之战通常是战略规划的核心，对企业的长期发展和成功至关重要，需要高层领导的深度参与和坚定支持，对企业的生存和发展具有决定性作用。

（2）风险大。必赢之战会直接影响企业的战略方向，如果失败，可能会给企业带来巨大的损失，甚至威胁企业的生存，所以企业必须全力确保在必赢之战中获胜。

（3）需要投入大量资源。要想在必赢之战中获胜，必须投入大量资源，包括人力、财力和时间，以确保取得成效。

（4）跨部门合作。成功的关键还在于多个部门协同合作、共同努力。

（5）明确的目标和时间表。必赢之战设有明确的目标和时间表，以便所有团队成员明确自己的职责和预期成果。企业会持续监督项目进度，并根据实际情况调整策略，以确保战略目标的实现。

（6）可衡量的结果。结果应当是可衡量的，确保企业明确了解战略的成效及是否符合预期效果。

2. 必赢之战的识别

企业在一年内能够识别的必赢之战通常仅有3~5场，以确保遵循压强原则。在识别必赢之战的过程中，管理者必须有所取舍，勇于放弃那些不属于必赢之战的战役。下面提供几个识别必赢之战的要点，供管理者参考。

（1）非绩效结果。非绩效结果包括日常必须完成的财务指标、客户指标等业绩成果，如营业额增长。此类结果并不构成必赢之战，因为其并不涉及企业的生死存亡，不具备迫切性。

（2）超越数字指标。必赢之战并不局限于数字层面的量化指标，如市场占有率达到60%。它们更多地与宏观和整体战略相关，而非单一的数值目标。

（3）具体而非泛泛。必赢之战不是模糊的描述，如"我们需要更多创新和变革""我们要持续改善客户服务和体验"。这类描述可以作为指导原则，但在具体"战役"中需要明确到特定的业务活动。

（4）宏观行动而非微观行动。必赢之战通常不是微观层面的单一行动，因为这些行动很难对整个业务产生重大影响。例如，在北京举办一场新产品发布会不足以称为必赢之战。

二、如何确定必赢之战

管理者可以从战略影响力、任务挑战性和能力可行性这3个维度衡量与决策必赢之战。

1. 战略影响力

评估每场潜在"战役"对企业战略目标的影响力,主要考虑以下几点。

(1)分析"战役"对企业战略目标的直接影响和间接影响,如财务回报、竞争地位、市场份额和客户满意度等。

(2)评估"战役"对企业长期利益和短期利益的作用,确保选择的"战役"与企业的战略目标一致,这涉及市场增长潜力、新兴趋势、技术创新和竞争格局等因素。

(3)优先选择对战略目标影响较大的"战役",考虑其对企业长期发展的作用,包括对市场份额、品牌价值、利润和行业领导地位等的预期影响。

2. 任务挑战性

评估每场潜在"战役"的任务挑战性,主要考虑以下几点。

(1)设定能够推动企业发展的挑战性目标,激励员工追求卓越,这可能涉及市场份额增长、新产品开发、全球扩张等。

(2)根据"战役"的挑战性制定风险控制和应对措施,评估用于实现目标的任务的复杂性和难度,考虑技术难题、市场条件、竞争压力和资源需求等。

(3)考虑企业资源和能力,分析"战役"的复杂性、难度和风险,确保企业有能力克服挑战,在"战役"中获胜。

3. 能力可行性

评估每场潜在"战役"的能力可行性,主要考虑以下几点。

(1)分析企业是否具备支持投入"战役"的资源和能力,包括人力资源、财务资源、技术资源和市场资源。

（2）评估企业的组织结构、管理流程、企业文化等是否能够支持其投入"战役"。

（3）选择能力可行性高的"战役"，确保企业能够通过合理配置资源在"战役"中获胜。

总之，在确定必赢之战时，企业应当综合考虑战略影响力、任务挑战性和能力可行性这3个维度，全面评估每场潜在"战役"的优劣势，确保确定的必赢之战能够帮助企业实现战略目标。确定必赢之战后，企业应当倾斜各种资源进行全面部署，集中兵力，突破重点，以推动自身的长期发展。

三、必赢之战案例

下面将讨论华为终端业务差异化竞争的案例，以智能手机市场为例，探讨如何在主要竞争领域选出"必赢之战"。

2012年，华为终端业务未能实现年度目标。为了鼓励团队成员继续努力，任正非送给余承东一架歼-15战斗机模型，希望他们能"从零起飞"。在余承东的领导下，华为终端用了7年时间（2012—2018年）实现了从初入市场到稳固市场地位的转变，完成了从劣势到优势的蜕变。从必赢之战的角度，可以将这7年总结为以下几点。

1. 核心技术研发的攻坚之战

近年来的中美贸易摩擦让国人更加深刻地认识到我国在核心关键技术上取得突破的迫切性。举例来说，国产手机往往依赖外部供应商：屏幕大多来自韩国三星集团，操作系统依赖美国谷歌公司的安卓系统，锂电池技术可能是中国德赛集团的，处理芯片则是美国高通公司的。核心技术大多不在自己手中。

华为早已认识到这一点，并将芯片作为其核心优势，建立了自己独特的竞争力。华为是国内首批能够自主研发、制造芯片的手机制造商之一。与其他手机品牌依赖第三方研发的芯片不同，华为使用自研的芯片。华为大力投入研发资源，加速技术创新，尤其是在芯片、摄像头和通信技术方面取得了突破性进展。通过核心技术攻坚，华为在手机领域掌握了自己的命运，不再依赖任何芯片供应商。这意味着在研发新产品时，华为能够自主设计规划，发布新品时不受制于他人，甚至有可能成为市场的先行者，抢占关键时间窗口。

为加速芯片技术的研发，华为成立了领先的全球研发中心，吸引了众多研发人才，并与全球顶尖技术伙伴合作。华为的子公司海思开始研发手机芯片，并于2013年推出了首款自研手机芯片麒麟920。此后，华为陆续推出了麒麟950、麒麟960、麒麟970等系列芯片，并逐渐将其应用于旗下的高端手机。这使华为不仅减弱了对外部供应商的依赖，还提升了手机的性能和独特性。

在手机摄像技术方面，华为也实现了重大突破。例如，华为与德国知名相机品牌徕卡（Leica）合作，推出了配备徕卡双摄像头的华为P系列和Mate系列手机。这些手机的摄像性能大幅提升，以出色的拍照效果赢得了消费者的青睐。

在人工智能（Artificial Intelligence，AI）技术应用方面，华为2017年推出的麒麟970芯片首次集成了AI功能，实现了实时图像识别、语音识别和自然语言处理。此后，华为逐步将AI技术应用于旗下高端手机，为用户提供更加智能化的体验。

最后，华为是全球最早研发5G技术的企业之一。2018年，华为推出了首款支持5G的手机芯片——巴龙5000，并开始研发5G手机。华为还与多家全球合作伙伴共同推进5G技术的商用化进程。

2. 定位与品牌塑造的升级之战

华为成功进军高端手机市场，推出了P系列和Mate系列旗舰手机，尤其是P20 Pro和Mate 20 Pro等机型因其卓越的摄像头、显示效果和性能赢得了消费者的广泛好评。华为不仅在核心技术上取得了突破，而且通过品牌联合和形象升级，成功塑造了一个高端、创新、技术领先的品牌形象，深获消费者认可和信任。

华为作为一个后进者，之所以能在手机高端市场上取得成功，除了因为其在核心技术上的突破，还因为其不断地进行品牌联合和升级。

华为大力投资市场推广，运用广告、代言、赞助活动等多种手段，成功提升了品牌的知名度和美誉度。2012年，华为品牌的全球知名度仅为25%；到2015年5月，华为在BrandZ全球最具价值品牌百强榜上首次位列第70位，在科技品牌中排名第16位。到2018年5月，华为的品牌排名已跃升至全球第48位，品牌影响力显著提升。通过跨界营销，与徕卡、保时捷等品牌合作，以及实施粉丝营销和精细化管理等策略，华为不断提高其品牌的全球知名度。

此外，华为还聘请了包括加拉·哈迪德、亨利·卡维尔、利昂内尔·梅西在内的全球知名人士作为品牌代言人，借助他们在全球的影响力和粉丝基础，进一步提升了华为手机的国际知名度和美誉度。

同时，华为积极参与中国国际消费电子博览会、世界移动通信大会等全球重要的技术展会，借此展示最新的产品和技术，与全球各大手机厂商和技术企业展开广泛的交流与合作。

3. 全球市场扩张的出海之战

华为积极开拓国际市场，并与多个国家和地区的运营商、零售商等合作伙伴建立了良好的关系。华为通过与合作伙伴推出定制手机、与运营商合作推出套餐等方式，成功进入了欧洲、非洲、亚洲等多个市场。

在欧洲，华为与英国、法国、德国等国家的主要运营商建立合作，推出的定制手机和套餐受到市场欢迎。同时，华为在印度、泰国、印度尼西亚等亚洲国家加大市场推广力度，推出了一系列适合当地需求的手机产品。在非洲，华为通过推出定制产品和套餐，与当地运营商和零售商建立了稳固的合作伙伴关系，不断巩固市场地位。

华为的全球化合作网络不断完善。除了与全球多个国家和地区的运营商合作，华为还与全球各大零售商（如亚马逊、沃尔玛等）建立了合作关系，通过线上和线下渠道推广自家产品。华为与供应商的合作持续加强，其与联发科公司、高通集团等顶级供应商的合作确保了原材料供应的稳定性和生产效率的提升，支撑了华为的全球市场扩张战略。

第三节
年度作战地图：关键任务

确定必赢之战是执行协同至关重要的一步。然而，这仍不足够。必赢之战的规划是宏观且策略性的，管理者需要进一步将其具体到可以由部门和个人执行的层面，这便是关键任务。

必赢之战和关键任务是战略与绩效之间的核心纽带，是执行协同的关键环节。通过这些核心任务，管理者可以带领企业从宏观务虚的策略规划向微观务实的执行行动迈进。

一、什么是关键任务

关键任务是实现业务设计和必赢之战的行动，是价值主张的落地。关键任务通常包括业绩增长举措和能力建设举措，是执行体系中其他模块的基础。关键任务通常是年度规划的、可按季度跟踪衡量的，同时需要对这些关键任务之间的相互依赖关系（如资源、设施等）进行不断的识别和跟踪。

在规划关键任务时，管理者需要综合考虑客户管理、产品营销、研发、交付、平台运营、服务、风险管理和能力建设等多个方面，同时确保运营流程设计的有效性、实施的精确性，并不断完善。

处理关键任务时，管理者必须注意各方面的相互依赖性。这包括内部各部门之间、与供应商或合作伙伴之间，以及与客户、渠道、其他社会团体或社区之间的相互作用。综合考虑，管理者应将关键任务放置于整个生态系统之中，充分理解并尊重各方的利益和需求，避免仅从自身立场出发做出决策。为了维护与各方的良性互动，管理者需要深入探讨：对方的兴趣和动机是什么？他们如何协同工作？在保护消费者利益的同时，如何与供应商建立互利共赢的合作关系？

二、如何识别关键任务

为了更清晰地理解针对关键任务的业务增长举措和能力建设举措，可以结合企业的客户价值创造流程进行分析。关键任务是围绕必赢之战的实现设定的，因此它必然支持企业客户价值主张的实现。根据罗伯特·卡普兰在《战略地图》一书中的论述，企业核心价值创造流程从客户层面倒推到企业内部层面主要包括以下四大类，具体如图4-2所示。

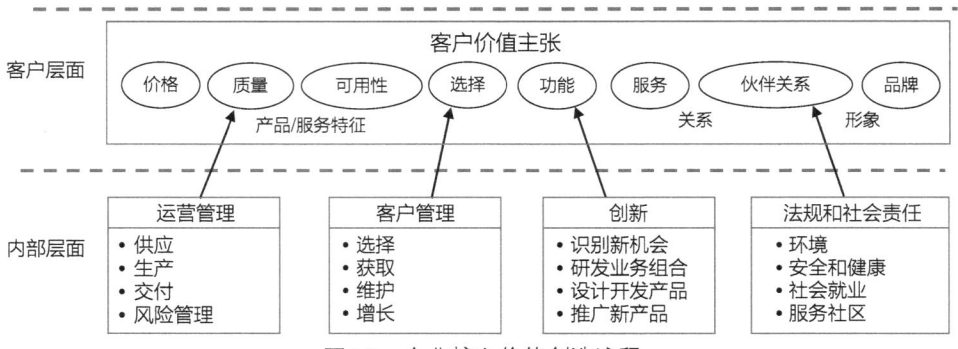

图4-2　企业核心价值创造流程

1. 运营管理

运营管理涉及供应、生产、交付和风险管理。优化运营管理可以提高生产效率，进而增加利润和股东价值。

2. 客户管理

客户管理关注客户选择、获取、维护及增长。优化客户管理有助于提高客户获得率、满意度、保持率、忠诚度和成长性，增强客户与企业之间的连接及消费份额。

3. 创新

创新涵盖产品创新和服务创新，包括识别新机会、研发业务组合、设计开发产品和推广新产品等。企业需要持续研发新产品以满足客户需求，并获取新的市场。

4. 法规和社会责任

法规和社会责任涵盖环境、安全与健康、社会就业、服务社区等方面。企业的持续盈利能力取决于其在社会、社区的影响力，以及其法规遵守能力，即所谓的社会责任。从长远来看，社会责任是决定企业生命周期的关键因素。

总结而言，一家企业最后所产生的价值和可以获得的利润总量基本由上述4个要素综合决定，这4个要素与企业的客户价值主张有直接的关联。

回顾一下价值主张的3个类别：总成本最低、产品领先和客户解决方案。

- 总成本最低：依赖企业的运营管理能力。
- 产品领先：依赖企业的创新能力。
- 客户解决方案：依赖企业的客户管理能力。

结合企业内部视角的核心价值创造流程和客户外部视角的价值主张，可以更清晰地识别出关键任务：一方面，关键任务应当致力于实现涵盖供应、生产和销售等核心业务活动的客户价值主张；另一方面，关键任务应当专注于改进企业核心价值创造的关键流程和能力，以确保在竞争中与竞争对手拉开差距。

三、关键任务的特征

如果年度的必赢之战通常是3~5场，那么建议将每场必赢之战下的关键任务控制在5~7项。这里的数量是指关键任务的分类集合，也就是后文提到的关键举措的数量。在对关键任务进行研判时，管理者可以参考以下关键特征。

- 关键任务应能凸显本企业的价值主张。企业应集中资源实现其价值主张，聚焦主要矛盾，抓住最关键的几项任务。
- 关键任务应聚焦企业亟须大幅改善的领域。关键任务是必赢之战中需要大幅改善的领域，它们能够显著提升企业的绩效。
- 关键任务应具有创意。创意应体现在与竞争对手的差异化上，并在提升组织绩效上有明显成效，如市场占有率、营业收入和利润的提升，这些提升应能带来实际的财务绩效。
- 关键任务必须包含在核心价值创造中。关键任务应与企业的运营管理、客户管理、产品创新或法规与社会责任相关。
- 关键任务是行动，不是描述，应可衡量和可追踪。衡量指标可以是财务指标，也可以是客户层面、流程层面、学习与成长层面的非财务指标。

基于上述特征，关键任务通常通过6个要素展示，分别是关键举措、核心任务、负责人、具体措施、里程碑和相互依赖关系。其中，关键举措的增设旨在对任务进行更高层次的归类，构建"举措—任务—措施"三级任务管理架构，使整个关键任务体系更加明晰、有序并易于管理。在企业中，鉴于关键任务通常涵盖最重要的任务集合，往往需要多个方面的合作才能完成，故六要素中包含相互依赖关系。例如，IBM文化强调团队协作，相互依赖关系在其价值生态中可能起到关键作用。在考量相互依赖关系时，应深入思考并评估信任程度、共同目标、权责划分、理念共识和灵活性5个方面。

四、从必赢之战到关键任务

关键任务是必赢之战中的关键突破点。本节将通过一个案例说明如何根据必赢之战来确定关键任务。

苹果公司第二曲线的关键任务

作为苹果公司的联合创始人之一,乔布斯自1997年回归公司并担任CEO以来,带领苹果公司进行了深刻的改革与转型。在2001年10月,乔布斯带领苹果公司发布了第一款iPod产品,成为苹果公司的第一个业务增长点,实现了从核心业务——计算机,到消费电子市场的布局与发展。到2005年,iPod销量暴涨,当年售出2000万台,数量惊人,是2004年销量的4倍。该产品对于苹果公司的营业收入越发重要,占当年收入的45%。

尽管iPod大获成功,乔布斯依然有危机感。据说,乔布斯曾向摩托罗拉时任总裁提问:"如果你只能带三样东西,会带什么?"对方的回答是:"钥匙、钱包和手机。"显然,这个答案中没有电脑和iPad。乔布斯提出这个问题,是为了探究人们在日常生活中不可或缺的物品,并以此寻找未来产品的创新方向。乔布斯与团队沟通后得出结论:"未来可能威胁我们的,是手机。"

于是,苹果公司开始关注手机业务。2005年,苹果公司与摩托罗拉合作开发了ROKR E1手机。摩托罗拉拥有丰富的手机制造经验,而苹果公司则擅长音乐软件并拥有iTunes音乐商店,双方合作旨在将手机与音乐服务相结合。尽管ROKR E1在市场上表现不佳,但这次合作经验对苹果公司未来的发展具有重大意义。之后,苹果公司汲取了ROKR E1项目的经验教训,更加重视产品设计、用户体验和生态系统的构建,最终于2007年推出了一款智能手机产品——iPhone。

iPhone重新定义了手机,它不仅是一部通话设备,更是一部移动上网的终端,堪称手持的互联网。其核心功能结合了通信和数码,开启了智能手机新纪元，成为移动通信领域的一个重要里程碑。

iPhone虽然不是第一款触摸屏手机，但它彻底革新了用户的操作体验。在乔布斯的领导下，苹果公司采取了以下几项关键举措。

（1）操作系统的全面重构和体验优化。

（2）手机外观设计和用户互动体验的提升。

（3）手机硬件性能和外设功能的增强。

（4）生态系统的构建和完善。

在以上关键举措的指导下，苹果公司进一步细化了相关的关键任务多点触控界面的设计、图形用户界面的设计、应用商店的构建、硬件和软件的高度整合、安全性和隐私保护等。

通过这些关键任务，苹果公司不仅实现了iOS操作系统的创新，而且确保了用户界面的直观性、系统的丰富性和安全性。

由苹果公司的案例可以看到，所谓的必赢之战是从企业全局的角度出发定义的，它是策略性的、宏观的战役；关键任务则是在每场战役中围绕差异化竞争确定的需要突破的核心任务。

在将必赢之战细化为关键任务的过程中，需要遵循以下原则，这些原则是关键任务核心要素的体现。

- SMART原则。确保每个关键任务都符合SMART原则，即具体的（Specific）、可衡量的（Measurable）、可实现的（Attainable）、相关的（Relevant）和有时限的（Time-bound）。
- 优先级分配。根据必赢之战的重要性与紧迫性，为每项关键任务分配恰当的优先级，保证关键任务能获得充分的资源和关注。
- 责任明确。为每项关键任务指定负责人，确保有明确的责任人或团队对关键任务的执行和结果承担责任。
- 资源分配。根据关键任务的需要，合理配置人力、物力、财力及信息资源，保证关键任务能得到足够的支持。

- 设置里程碑。为每项关键任务设定清晰的里程碑和时间节点，确保按计划执行任务，并及时完成。
- 关联性考虑。分析每项关键任务与其他任务的关联性，保证各任务之间能够相互协调，避免重复工作或浪费资源。
- 风险管理。对每项关键任务进行风险评估，制定应对措施，以便应对不确定性和环境变化。
- 效果衡量。为每项关键任务设定清晰的衡量标准和评估机制，保证任务执行效果能得到及时评估和持续改进。

管理者通过对必赢之战与关键任务的准确理解，可以实现两者的有效分解与承接，从而使两者共同构成执行协同的核心。

第四节
从战略到执行的逻辑一致性检查

执行协同的最后一个环节是检查从战略到执行的逻辑一致性。此检查的目的是将必赢之战与战场布局和业务设计两个要素关联起来，通过自下而上的回溯，确保自上而下的推演无误。

在战略制定过程中，首先通过业务三曲线确定战场布局，然后通过业务设计明确价值主张和差异化优势，最终在"战役"清单中从三个维度筛选出必赢之战。

一致性检查与战略制定的逻辑正好相反，是一个反向检视的过程。如图4-3所示，从战略到执行的逻辑一致性检查主要包含两个方面。

1. 检查必赢之战如何回应业务设计

具体地说，需要确定每场必赢之战对应业务设计中的哪个维度——是产品领先、运营卓越，还是客户亲密？换言之，需要明确这场业务战役的成果是否为市场和客户提供了选择本企业的充分理由，并明确这些理由分别属于哪些方面。

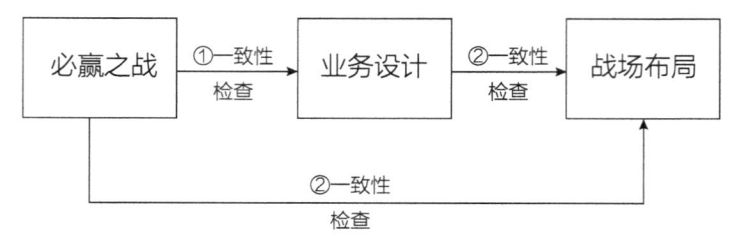

图4-3　从战略到执行的逻辑一致性检查

例如，回顾华为终端智能手机战略的必赢之战，可以将其三大必赢之战明确对应到不同的客户价值主张上。

- "核心技术研发的攻坚之战"，其客户价值主张体现在产品领先上。
- "定位与品牌塑造的升级之战"，其客户价值体现在客户亲密上。
- "全球市场扩张的出海之战"，其客户价值主张体现在运营卓越上。

通过这方面的一致性检查，可以确保必赢之战能够有效承接并实现企业的业务设计。

2. 检查业务设计与必赢之战如何回应战场布局

具体来说，需要检查必赢之战涉及哪条增长曲线，并评估所制定的差异化策略是否能有效解决关键矛盾，是否把握了机遇点，以及是否能推动业务在其增长曲线上持续发展。

华为的"核心技术研发的攻坚之战"旨在解决手机业务面临的生存挑战。通过专注于底层硬核技术（如芯片和操作系统）、5G融合技术优势及产品设计能力的提升，实现产品的领先地位。这样的战略能够解决企业在第一增长曲线上基于市场和竞争对手分析得出的核心矛盾。

在华为的"定位与品牌塑造的升级之战"中，核心是解决华为从熟悉的B端市场转入相对陌生的C端市场过程中所面临的挑战，即提升消费者对华为品牌的认知度。正如前文所述，2003—2012年，华为虽然成立了消费者业务部门，但主要依靠运营商生产定制机，采取贴牌或代工的方式经营，因此在普通消费者中缺乏品牌影响力。

从2012年起，华为开始转型，进军高端智能手机市场。这一转变要求企业在消费者心目中树立品牌知名度。实现这一目标的有效途径包括推出爆款产品，以及通过营销策略和与全球知名品牌的合作迅速提升华为的品牌美誉度及影响力。大品牌在全球范围内通常拥有强大的分销渠道和销售网络，与之合作能助力华为更迅速地进入新市场并扩大产品的市场覆盖面。此举对于华为终端战略的成功至关重要，成为另一场关键的必赢战役。

华为的"全球市场扩张的出海之战"的目的是应对智能手机业务中的单一市场风险，实现可持续发展。首先，全球市场的扩张为华为带来了更广阔的增长空间。鉴于国内市场日趋饱和且竞争激烈，向全球市场进军成为华为寻求增长的必然选择。在不同的国家和地区开展业务有助于华为扩大市场份额、增加销售量，并促进业务的持续增长。其次，对单一市场的过度依赖可能会使华为面临更大的风险。全球市场的扩张有助于分散风险，使华为更有效地应对单一市场可能带来的不利影响。再次，全球化步伐也赋予了华为宝贵的国际经验，这不仅使其深入了解不同市场的消费者需求和技术发展趋势，也推动了其在技术创新和产品研发方面的进步。这些经验积累为华为的跨国经营和管理提供了宝贵的洞察，提高了华为的全球运营能力，并为其今后国际业务的进一步扩展奠定了坚实的基础。最后，全球市场扩张为华为开辟了获取全球供应链资源的渠道，这在供应链管理和采购策略方面为华为带来了额外优势。

综上所述，华为的三场必赢之战不仅是业务设计中差异化竞争优势的具体体现，也准确地抓住了华为各发展阶段的核心矛盾，并提出了切实可行的解决方案。

至此，管理者已成功迈出了将宏观战略转化为可执行行动的第一步，即必赢之战与关键任务的确定。接下来将继续探讨执行协同的另一关键要素，即组织能力的构建。

第五章

促进执行的落地保障：
组织与资源

必赢之战和关键任务构成了执行协同的核心框架，两者的确定可实现由宏观层面的洞察与规划向微观层面的具体行动的转化。为了确保必赢之战和关键任务能够顺利实施，管理者需要构建以组织、流程、人才为核心的保障"铁三角"（见图5-1），从而为组织业绩提供坚实的支撑，并确保战略的有效执行。

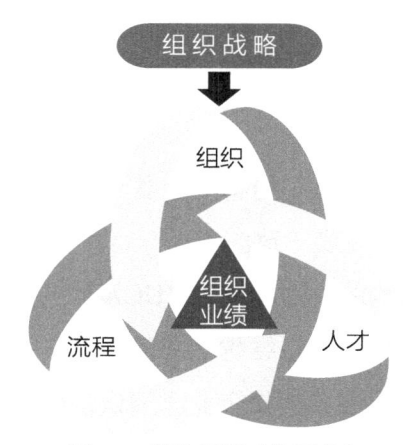

图5-1 落地保障"铁三角"

组织是战略执行的主体。良好的组织结构能够提供明确的指导和责任分配，界定权力和职责，确保信息和资源的顺畅流动，促进各部门和团队在战略实施过程中协同合作，共同实现组织目标。

流程是实现战略目标的具体步骤和方法。高效的流程能够保障资源的合理配置和工作的顺畅进行，同时确保各步骤与战略目标一致。有效的流程设计应能将战略转化为具体的行动计划，并保证各环节之间的无缝衔接与配合。

人才是企业的重要资产，肩负着策略思考、决策制定和战略执行的重任。有能力的人才能够确保战略被准确和高效地执行。培育和吸纳具备战略执行力和创新能力的人才有利于企业迎接挑战并确保战略的顺利实现。

良好的组织结构能为流程设计和人才管理提供必要的支撑。组织文化对激发人才的积极性、合作性和创新性具有重要影响。优化后的流程能够提升组织协作和执行的效率，帮助人才更加深入地理解并执行战略要求。而适应战略要求的人才能通过高效的组织和流程实施战略，从而推进企业的持续发展。

第一节
正式组织的建设

正如前文所述，企业的组织结构应随着经营战略的调整而变化，组织设计必须与战略要求保持高度一致。

相较于过去组织结构的相对稳定，VUCA时代要求企业对市场变化做出更加迅速的响应。战略与组织结构之间的关系日益展现出互动性和迭代性，而非单向的顺序性。许多领先企业已经认识到，提升组织敏捷性对于促进组织绩效至关重要，这也是企业在现代社会中得以生存和发展的必要条件。

当企业战略经历重大变革时，如可口可乐公司将装瓶厂整合为核心业务，必然会对组织结构提出新的要求。

当外界环境剧烈变动时（如ChatGPT引领的人工智能在创作、研究等领域取得突破），可能对组织内的某些岗位造成深远的影响甚至替代原有岗位，需要企业对组织结构做出相应的调整。

当客户实力显著增强时（如企业关键客户建立了全球采购系统，对定价、质量、交货期提出了更高的要求），可能迫使企业调整组织结构。

当组织内部面临创新挑战时（如传统制造业需要采用大数据、人工智能等新技术来提高效率甚至改进业务流程），也会对企业传统的体系架构提出新的要求。

有时，即使没有显著的外部因素，现有组织架构下出现的人浮于事、决策迟缓、职责不明、资源浪费等问题也表明企业需要调整组织结构。

一、关键驱动因素

管理者在设计或重新设计正式组织时,应将战略承接与激发创新视为两个最重要的输出。据此,有4个关键驱动因素需要考虑,具体如图5-2所示。

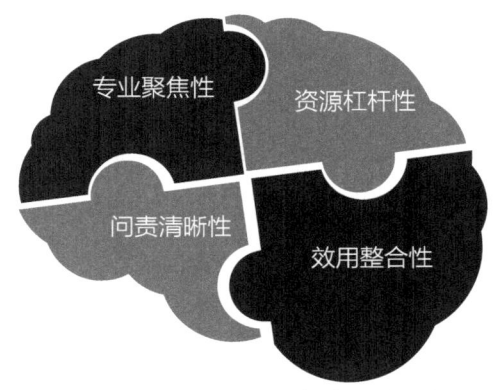

图5-2 正式组织设计的4个驱动因素

1. 资源杠杆性

在大型企业中,通常需要通过集中处理相同的工作内容提高整体效率,即利用杠杆效应创造规模经济。典型企业包括宝洁、耐克、可口可乐等拥有标准化产品并服务于大规模市场的公司。在薪酬发放、采购、行政等后台运营领域,由于工作内容的高度重复性,这些领域的任务可以通过集成处理、规模化操作乃至外包的方式进行,从而降低成本、提高效率。

例如,目前许多大型企业广泛采用的人力资源共享中心就是人力资源管理中的一大创新。它将人力资源全流程中的标准化工作独立出来,成立专门的共享中心,服务公司各部门、子公司及业务单元。这包括薪酬计算与发放、招聘、员工社保缴纳、档案管理及员工投诉和意见处理等,目的是实现结构精简、管理统一、成本降低和效能提升。

再如,随着金融科技的发展,中国各大银行都在总行设立了服务全行的信息科技中心。部分拥有综合金融服务牌照的国有银行或股份制银行还成立了独立的金融服务子公司，这些子公司不仅服务本行，也能将金融科技的能力输出，服务其他合作伙伴。

2. 效用整合性

无论是传统的科层式组织结构还是以项目为中心的矩阵式组织结构，跨组织协同的障碍一直存在。中国许多大型企业一直在寻找克服"大企业病"的有效方法。

组织设计应服从战略要求，而组织战略的基础在于服务市场和客户。因此，在满足客户需求的同时，实现组织各事业单元与职能部门之间的有效协同和整合，尽可能减少内部消耗、无效沟通、信息衰减及内部斗争，成为组织设计中日益关键的问题。

为了解决这一问题，企业通常会设置一个承担综合协调职责的角色，以确保在交付客户价值的过程中能实现跨越不同业务和地理单元的端到端闭环。这种角色的设置在一定程度上解决了大型企业在横向决策和实施上的障碍。人们熟知的角色包括服务重要客户的大客户经理，拥有高层授权、负责多个项目的项目总监，有时甚至由集团副总裁直接兼任项目总监，目的是快速推动内部决策和流程的执行，实现效用整合的最大化。

另外，在组织设计中，通过明确汇报关系和绩效考核等，企业可以确保服务同一客户的不同部门和角色始终保持一致的目标和顺畅的沟通。例如，许多企业会将前台的客户满意度纳入中台产品部门和后台职能部门的共同考核指标，以保障服务客户过程中前台、中台、后台的一致性和协同性。再如，在IBM这样的大型全球企业中，员工往往采用双线汇报机制，既向所有参与项目的项目经理汇报，也向所属职能部门的部门经理汇报。这种设计有助于确保在创造客户价值的过程中有效地整合相关资源和效用。

3. 问责清晰性

在权责划分上，有一个基本原则：一项事务应避免由多人共同负责，以免导致无人承担责任。著名的 RACI 模型是区分同一任务中不同角色职责的有效工具。

在组织设计中，必须确保问责的清晰性。若一项职责由多个部门或角色参与和贡献，应明确指出谁是执行者（Responsible），谁是担责者（Accountable），谁是提供意见者（Consulted），以及谁是通知结果者（Informed）。企业内部常见的问题是，当项目或产品出现问题时，不知道谁是真正的负责人，而基层主管或员工作为执行者，往往因为承担了不属于自己的责任而成了"背锅侠"。

同样，部门之间相互推诿，也是组织内耗的常见表现。出现这种问题的根本原因通常是组织设计不当。

4. 专业聚集性

在对专业知识和技能要求较高的企业中，尤其是当客户价值主要依赖员工的专业度时（与标准化产品或服务相比），将同一专业领域的员工聚集在一起，在某种程度上有利于提高组织的整体专业能力和技术水平。

IBM的组织设计是这种模式的典型例子。IBM从计算机硬件制造商转型为综合解决方案提供商，其客户价值创造在很大程度上依赖员工的专业水平。因此，在IBM内部，咨询事业部的员工通常会被赋予两种标签：技术和行业。例如，一名员工若同时拥有大型机技术和金融行业的标签，则该员工可能隶属于大型机技术专业部门，同时参与金融行业的专业社群，以确保在这两个交叉专业领域同时精进。

注重专业聚集性的企业还包括律师事务所、会计师事务所、咨询公司等提供专业服务的小型企业。

在正式的组织设计过程中，应充分评估以上4个关键驱动因素。典型的思考问题包括："这个驱动因素是否适合本企业的关键任务？""将该驱动因素应用于本企业的组织设计时，其优势是什么？""本企业现有组织设计中的典型问题是由缺乏这种驱动因素造成的吗？"这4个驱动因素作为组织设计的分析框架，对要素选择具有指导意义。

二、组织结构

按照亨利·明茨伯格在《卓有成效的组织》一书中的定义，组织结构是将工作拆分成若干不同的任务，再协调整合起来以实现工作目标的各种方法的总和。组织结构包含两个基本要求：一是将某项工作活动分解为不同的任务，二是将这些任务相互协调和整合，以达成最终目标。

要设计一个卓有成效的组织结构，需要有意识地选择各种组织结构设计参数，确保内部一致性与和谐性，并使其与组织所处的情境相适应，这包括考虑组织的规模、历史、经营环境、技术体系等因素。

1. 正式结构

正式的权力体系与组织层级是通过单位分组建立的。组织结构图是这种等级体系的图解，即分组过程的成果。可以将分组理解为一个连续的归并过程：众多职位构成第一层级单位，这些单位逐级组合成更大的单位，以此类推，直到整个组织被纳入一个最高层次的单位中。

在承担由战略分解而来的关键任务时，可以将这些关键任务视为企业追求的目标、承载的使命，以及实现目标所需的技术体系，进而自上而下地审视当前的组织架构是否能够支持战略目标的实现，以及现有的组织分组是否能适应新的战略方向。

组织的分组通常有6种情况：①按知识和技能分组，如专业咨询公司；②按工作方法和职能分组，如制造业的工厂车间；③按工作时间分组，如工厂的不同班次；④按产出分组，如企业的不同产品线；⑤按客户分组，如银行的个人业务和对公业务；⑥按地点分组，如跨国企业的北美事业部、亚太事业部。明茨伯格将这6种分组方式概括为两个基本类型：职能分组（包括按知识和技能、工作方法与职能、工作时间分组）和市场分组（包括按产出、客户、地点分组）。

掌握了这一理论基础后，可以探讨中国企业的5种典型组织结构：职能型、事业部型、矩阵型、团队型和网络型。

1）职能型

职能型组织结构是从组织内部职能出发构建的，而不是基于所服务的市场，它是一种较为传统的科层式结构，如图5-3所示。在这种组织结构中，整个组织呈金字塔分布，员工根据职能进行划分，这能反映出组织对专业化和规模效应的重视。职能型组织结构特别适用于那些业务相对稳定、对技术或流程要求较高的企业。该组织结构能够保证每个部门都有充足的资源和专业知识来履行其特定职责，并有助于员工进一步发展专业技能，但可能不适合那些需要跨部门合作或快速响应市场变化的企业。

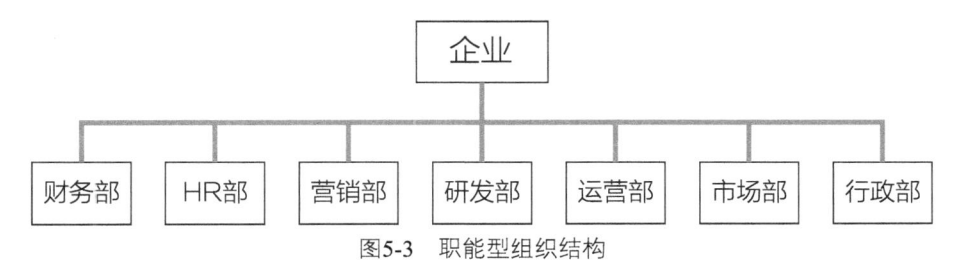

图5-3 职能型组织结构

职能型组织结构的优势：责权清晰、权力集中，有利于明确任务分配，实现较高的操作效率；组织稳定性强，有助于推动专业化发展。

职能型组织结构的劣势：职能部门之间存在沟通障碍，"竖井"现象严重，协调通信困难，决策速度较慢；过分细化的结构可能导致对项目总体产出的忽视；可能难以迅速适应快速变化的市场环境；过度专业化的环境可能限制跨职能合作与创新。

2）事业部型

事业部型组织结构通常应用于大型企业，按照产品线、市场或地理区域划分各个事业部。每个事业部相对独立，拥有一套完整的职能部门，并能独立进行决策，对自身的利润或绩效承担责任。事业部型组织结构如图5-4所示。

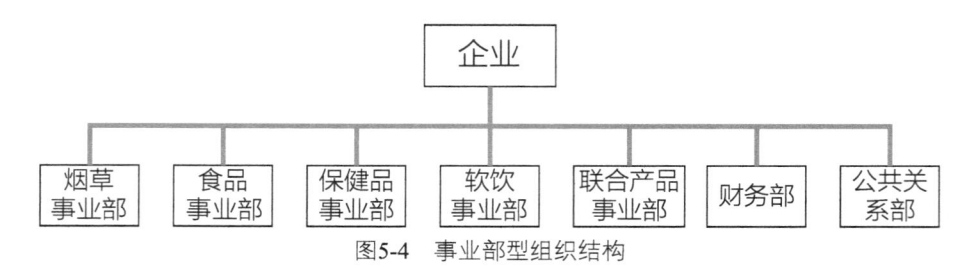

```
                    ┌──────┐
                    │ 企业 │
                    └──┬───┘
  ┌────────┬────────┬──┼──────┬────────┬────────┬────────┐
┌───┐  ┌───┐  ┌───┐  ┌───┐  ┌───┐  ┌───┐  ┌───┐
│烟草│  │食品│  │保健品││软饮│  │联合产品││财务部││公共关│
│事业部││事业部││事业部││事业部││事业部│  │      ││系部  │
└───┘  └───┘  └───┘  └───┘  └───┘  └───┘  └───┘
```

图5-4 事业部型组织结构

事业部型组织结构的优势：具有强烈的市场和客户导向，反应速度快；每个事业部负责一定范围的产品、服务、客户或地点，直接对绩效负责；可以增强员工对工作的认同感及责任心，从而提升其对企业的归属感；事业部能够根据市场需求和策略自主分配资源。

事业部型组织结构的劣势：各事业部可能过于独立，其策略可能与总公司的整体策略有所偏差；各事业部之间可能出现职能重复；过度竞争可能导致资源内耗；由于市场结构的专业化程度不高，事业部组织结构可能无法实现规模经济。

3）矩阵型

矩阵型组织结构结合了职能型组织结构的规模优势和事业部型组织结构的市场反应优势，如图5-5所示。在这种组织结构下，企业按产品/项目、职能/区域进行双重分工，并构成矩阵。员工在与原职能部门保持联系的同时，参与产品或项目团队的工作，形成一种基于直线职能型的横向领导关系。

矩阵型组织结构形成了复杂的汇报体系，使管理者不得不同时关注多组目标。它通过横向与纵向的联系和管理，平衡了集权与分权的问题，促进了各部门和各团队之间的协调与监督，提高了企业运营效率。

矩阵型组织结构是许多全球企业采纳的一种组织形式，因为它允许在矩阵中各角色之间共享权力，这是企业实现全球化运作的关键。

矩阵型组织结构的优势：能有效整合职能型组织结构的专业技术优势和事业部型组织结构的反应灵活性，优化资源配置，增进组织内部的信息

第五章 促进执行的落地保障：组织与资源

共享，提高沟通效率；能促进跨职能团队的形成，加强团队协作，同时使企业对业务环境的变化做出更快速的响应；员工参与多样化的项目和任务，有益于个人的职业发展。

矩阵型组织结构的劣势：双重领导体系可能引发权力冲突和混乱；部门间和项目间的协调更加复杂；决策过程可能因涉及多名管理者而变得缓慢；资源分配可能因优先级差异而导致冲突。

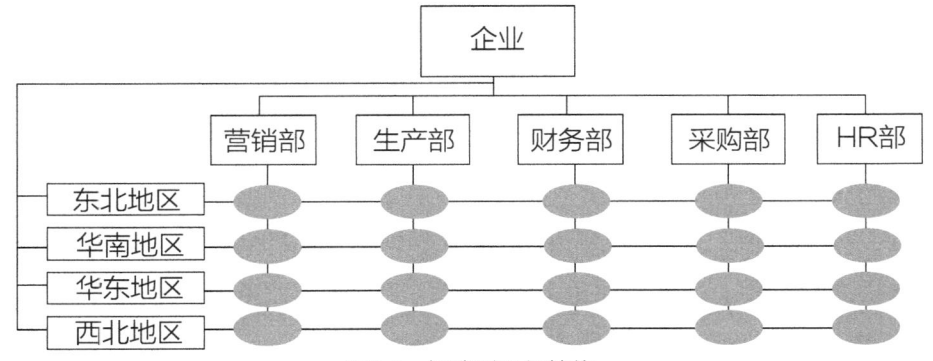

图5-5 矩阵型组织结构

矩阵形组织结构的设计形式多种多样，不同企业的主轴线各有不同。有的企业以区域和地区利润中心作为主轴线，辅以品牌和品类网络来协调地域结构；有的企业则以品类为核心，通过重新调整地域单元和职能部门协调产品线。当前，企业的矩阵结构大致可分为以下3类。

（1）职能单元与业务单元矩阵。大多数业务型企业采用这种相对简单的矩阵类型。企业设立业务单元以服务特定市场或客户，该业务单元的职能人员同时隶属于企业或集团的某个职能部门，并有相应的职能领导。职能领导一般负责员工专业能力的提升和职业生涯的发展，业务单元领导主要负责员工的具体工作表现。有时，业务单元以项目的形式存在。

这类矩阵在协调、控制及权责上存在一定的紧张关系。权力的平衡情况决定了该矩阵的强度。因此，可以将该矩阵分为弱矩阵、强矩阵和平衡矩阵。

① 弱矩阵。在弱矩阵中，职能部门具有较大的决策权。员工的绩效考核和职业发展完全由职能领导决定，业务领导或项目经理更多地承担协调工作的角色。弱矩阵适用于运营模式为一系列密切相关的业务单元的企业，在这类企业，职能部门适合拥有更大的权力。典型企业为各类咨询公司。

② 强矩阵。在强矩阵中，业务部门拥有较大的决策权。员工的绩效评估、薪酬奖金主要由业务部门确定，日常工作安排由业务领导掌握。职能部门主要向业务部门提供人力资源支持，如招聘、调配等。这种矩阵适用于业务单元之间没有太多共性的情况，如此职能部门就没有太大的权力去推动整合。典型企业有多业态房产集团。

③ 平衡矩阵。平衡矩阵位于强矩阵和弱矩阵之间，职能部门和业务部门的权力相互制衡，相对平等。员工的日常工作由业务领导安排并评价，而职能领导和业务领导在员工绩效考核与薪酬决策方面各有一定的决策权。员工的长期职业发展由职能部门负责，通常直线汇报给职能领导，虚线汇报给业务领导。平衡矩阵通常适用于对专业技术要求高、业务项目周期长且员工通常同时参与多个项目的情况。典型企业有IBM。

（2）前台、中台、后台矩阵/组织模式。自阿里巴巴推行前台、中台、后台矩阵/组织模式（以下简称"前中后台组织模式"）以来，该模式日益受到国内互联网企业乃至其他行业龙头企业的青睐。阿里巴巴、华为和复星集团均采取了"小前台、强中台、轻总部"的运作方式。

① 小前台。前台是直接面向客户和市场的业务单元，强调快速响应客户需求、市场竞争力和创新能力。前台的规模宜保持精简，以便快速决策和灵活行动；规模过大则易产生惯性，不利于迅速调整。例如，阿里巴巴的天猫、淘宝、支付宝等客户端应用，以及华为的"铁三角"管理模式，都是小前台的实践例证。

以华为的"铁三角"管理模式为例，它由客户经理、交付经理和解决方案经理组成，旨在将决策权和执行权下放至一线，即客户服务前沿。任正非先生曾说："让听得见炮声的人来指挥战斗。""铁三角"管理模式可以使一线团队充分利用公司的技术和产品服务客户。

在华为的"铁三角"管理模式中，客户经理主导全项目流程并承担全部责任；深入了解客户需求；交付经理负责项目和服务的整体交付；解决方案经理负责产品和解决方案的提供，推动客户商业成功。简而言之，华为的"铁三角"管理模式把权力转移到前台，交给面对客户的3个人，由他们向组织中后台整合资源和能力、为客户服务、创造价值。

② 强中台。强中台是企业的核心竞争力所在，包括技术研发、产品设计、供应链管理等关键职能部门。其特点在于技术创新、资源整合和协同效应，建立企业级的能力复用平台，为前台提供业务模式、技术、数据和人才等支持。"强中台"是整合可复用技术和业务能力的关键环节，阿里巴巴的业务中台、数据中台和技术中台均体现了这一概念。

"小前台""强中台"的组织模式有助于促进高效的决策和协同工作，使企业能够灵活应对市场变化和竞争挑战。这一模式提供了一个结构合理、信息流通顺畅、资源高效利用的组织框架，旨在帮助企业实现持续创新和业务增长。

对管理者而言，这种组织模式具有较大的挑战性。中后台拥有企业大量的人力和资产，而前台直接面对客户并承担所有商业活动，管理权力需要在两者之间实现良好的平衡，并与管理者的能力相匹配。管理者需要清晰地认识到，中后台的存在是为了服务前台，实现杠杆效应和效率优势，以免陷入官僚主义。

（3）全球/全国产品线与地方性地域单元矩阵。对于具有全球布局或全国布局的集团公司，矩阵结构的维度通常不止两个，可能有3个或更多，如产品线或解决方案、客户、地域、职能、品牌等。在这些维度中，地域因素常常占据主导地位，大多数全球企业都会保留以地域为主轴的矩阵组织结构。

在当下快速变化的市场环境中，企业需要面向全球或全国的客户进行统一的产品宣传，或者为国内客户甚至特定地区（如上海）的客户设计符合当地文化特色的宣传策略以快速获得市场响应。在组织设计的多个维度中，地域维度往往会被赋予最高的权重。

4）团队型

许多小型互联网公司、初创企业和专业公司倾向于采用团队型组织结构，如图5-6所示。它们主要通过客户项目组织团队成员，这种结构的企业通常结构比较扁平，层次较少。由于企业规模较小，既无法也无必要建立基于专业或技术的职能部门。企业的工作主要围绕小型的、相对独立的团队展开，而非传统意义上的部门或职能部门。团队型组织结构重视横向而非纵向的沟通、协作和决策。

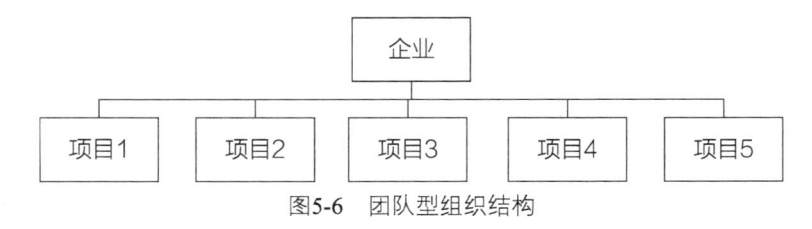

图5-6 团队型组织结构

团队型组织结构的优势：提高生产力和效率；更快速地适应变化和应对挑战；团队成员通常更有参与感和价值感；团队合作通常能产生更多的创新思维和解决方案。

团队型组织结构的劣势：团队的高度自主性可能带来管理上的复杂性；多个团队可能在类似的任务或项目上重复劳动，造成资源浪费；依赖客户项目的组织方式可能导致员工流动性大、归属感弱；对企业高层的协调和管理要求较高。

5）网络型

网络型组织结构也称虚拟组织结构，其核心思想是打破传统的垂直层级和固定结构，转而采用更加灵活、基于水平联系的网络方式协同工作，如图5-7所示。在网络型组织结构中，权力分散至各节点，各成员地位相对平等。尽管各成员可能是独立的实体，但彼此协同合作以实现共同的目标或完成共同的项目。成员实现组织目标的途径是共享信息、知识和资源。网络型组织结构能迅速组建和解散团队，并根据需求调整资源分配和合作模式。

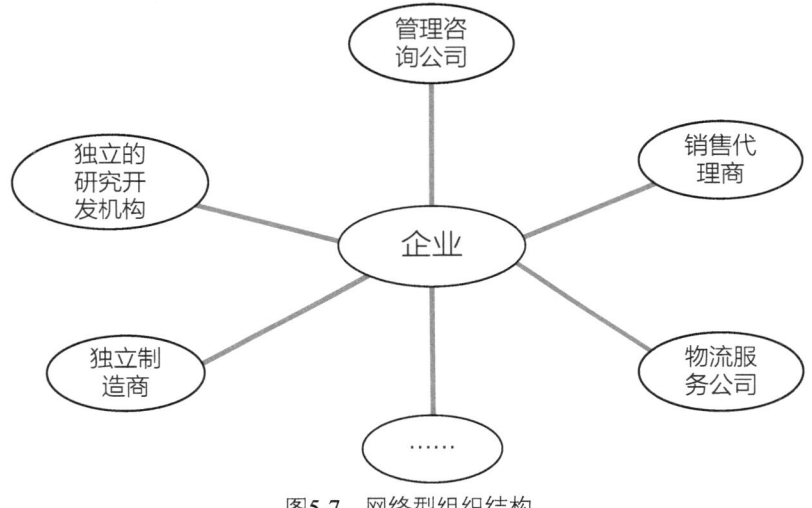

图5-7 网络型组织结构

网络型组织结构的优势：具有较大的弹性和较强的适应性，可以快速适应市场和技术的变化；能够访问并利用超出其核心能力范围的资源和技术；能够减少固定成本和运营成本；多元化的网络合作伙伴可以促进创新，同时分散风险，降低对单一市场或技术的依赖。

网络型组织结构的劣势：管理难度大；合作伙伴之间可能会出现利益冲突；成员在文化和价值观上可能存在差异；责任和控制权模糊，可能导致决策和执行过程变得更加困难。

2. 敏捷组织

随着外部环境的快速变化，企业的应变能力面临极大的挑战，甚至连企业高层管理者都越来越难以预测未来的发展。跨界竞争、全球化竞争、资本竞争等因素加剧了商业环境的复杂性和不确定性。这正是VUCA时代的特征，由此对企业的应变能力提出了前所未有的外部要求。

同时，与"70后""80后"相比，"90后""00后"员工对工作的态度并非只是简单的敬业、忠诚和物质需求的满足，他们对工作的期望更加多元，追求成就感、独立性和有趣的工作内容。他们不那么推崇权威，更注重内心的感受。这对企业的组织设计提出了新的内部要求。

由于以上内外部环境和人才诉求的变化，现代企业组织设计呈现出扁平化、敏捷化、弹性化、虚拟化的发展趋势。本节将以敏捷组织为例，对这一趋势进行探讨。

敏捷组织是指能够快速适应外部环境变化并取得良好经营业绩的组织。组织结构的演进趋势是从原来的正三角静态结构逐渐转变为倒三角敏捷结构。在敏捷组织中，最大的价值体现为以平台为基础，为前端赋能。其结构由敏捷前端、赋能平台和领导层组成，这与前文提到的前中后台组织模式有着基本一致的理念和设计。

在这里，敏捷前端指以客户为中心的业务小团队；赋能平台指为敏捷前端的业务运营和创新提供支持的共享平台。赋能平台具有专业性、系统性、组件化及开放性的特点。它主要通过沉淀、迭代和组件化的方式提供通用能力，服务敏捷前端的不同场景，并不断适配敏捷前端的需求。

赋能平台可以提炼出敏捷前端的共性需求，并将其转化为组件化的资源包。通常情况下，这包括对传统职能的数字化改造，通过模块化和标准化的职能，以接口的形式为敏捷前端提供有力的支持，从而最大限度地减少时间和资源浪费，避免重复"发明轮子"。

赋能平台与敏捷前端密切配合，共同发挥组织的最大战斗力。赋能平台提供技术和工具支持，确保敏捷前端拥有必要的资源和平台。敏捷前端通过敏捷开发和用户体验设计，将赋能平台提供的技术和工具转化为具体的产品与用户价值。这一过程是敏捷组织架构发挥效能的最佳体现。

通过以上设计，敏捷组织可以拥有如下典型优势。

- 快速响应外部和内部的变化，缩短决策周期，鼓励创新，具有强大的适应力。
- 快速构建以客户需求为导向的动态小组，使组织模块化，并保持充足的活力。
- 将数字化应用在操作中，重视客户和员工的体验，坚持以人为本的原则。

以上介绍了现代企业组织结构的主要特点及其发展趋势。不同的组织结构各有优势和劣势，适用于特定的企业业务形态。因此，在承接关键任务时，管理者需要根据正式组织设计的4个关键驱动因素进行评估，选择最符合战略实施需求的组织结构。

3. 管理幅度

组织的管理幅度和层级数目共同决定了组织的结构形态。管理层次受组织规模和管理幅度的共同影响，并与两者具有不同的关系。具体而言，管理层次与组织规模成正比，即组织规模越大，涵盖的成员越多，相应的层次也越多。在固定的组织规模下，管理层次与管理幅度成反比：若管理者直接管理的下属人数较多，则管理层次较少；反之，则管理层次较多。这一反比关系形成了两种基本的管理结构形态：扁平化结构和层级化结构。

管理学家通常建议，上层管理幅度应适当小些，下层则可以适当大些。在20世纪30年代，有学者提出了管理幅度的定量理论，该理论阐述了当直接下属人数增加时，管理者所需处理的关系数量会以超线性方式增长。这表明管理的复杂度会随着下属人数的增加而快速上升。统计数据显示，在维持高效管理的组织中，理想的管理幅度通常为4~7人。

管理者在设计管理幅度时，应确定最适合的下属人数，以确保组织效率和效益的最大化。下属人数受到多个因素的影响，主要包括以下几个。

（1）下属的能力和经验。能力较强和经验较丰富的下属可以独立完成工作，因此管理者拥有更大的管理幅度。

（2）任务的复杂度。复杂的任务需要进行频繁的监督，相应地，管理幅度应该设置得更小。

（3）管理者的能力和经验。经验丰富且能力强的管理者能够有效地管理更多下属。

（4）组织的结构和文化。在强调团队协作和自我管理的组织文化中，设置较大的管理幅度是可行的。

在确定管理幅度的同时，还需要设计合理的管理层次。管理层次过多会导致信息传递困难，容易受到干扰；管理层次过少则可能使管理幅度超出合理范围，给管理者带来沉重的负担。一般而言，组织的管理层次为3~4层。设计管理层次时，通常首先根据企业纵向的职能分工确定基础的层次结构，然后依据可行的管理幅度推算具体的管理层次。

第二节
组织文化与氛围

组织的文化和战略是相互支持、相得益彰的。正如组织发展大师埃德加·沙因在《企业文化生存与变革指南》一书中所言："在创始阶段，文化与战略几乎是同一件事情，而当企业发展到一定阶段的时候，战略与文化已没有先后顺序：战略受到文化约束，文化决定战略是否能够成功。"

接下来讲述一个关于香蕉和猴子的故事。科学家将5只猴子置于一个笼子中，笼子上方悬挂着一串香蕉。猴子一旦试图取香蕉，装置就会向笼子内喷射冷水，导致所有猴子都被淋湿。起初，有猴子试图取香蕉，结果所有猴子都被淋湿了。经过几次尝试后，所有猴子都明白了一个道理：不要去碰香蕉，否则大家都会被淋湿。随后，科研人员将其中一只猴子替换为新猴子小A。小A发现香蕉后，试图去拿，但被其他几只猴子阻止并惩戒，因为它们害怕取香蕉会使它们被淋湿。尽管小A多次尝试，但均遭阻止，最终未能取到香蕉。之后，又有一只猴子被替换为新猴子小B。小B也试图去取香蕉，同样遭到了包括小A在内的其他猴子的制止和惩戒，其中小A的惩戒尤为严厉。经过多次尝试后，小B也学会了不再触碰香蕉。随着时间的推移，原来的猴子都被新猴子替换了，尽管这些新猴子从未经历过被淋湿的情况，但它们都学会了不去碰那串香蕉。它们并不知道为什么，只知道尝试取香蕉将招来同伴的惩戒。

讲师在讲解组织文化时经常引用这个故事，因为它形象地阐释了组织文化的本质：群体在解决外部适应性问题和内部整合性问题的过程中会习得一套共享的基本假设模式。这种模式在处理类似问题时被证明是有效的。正如埃德加·沙因在《组织文化与领导力》一书中所指出的，对新成员而言，这种假设模式在面对类似问题时，代表了正确的感知、思考和感受方式。作为一名新成员，你或许无法知晓这种假设模式是何时、如何形成的，但从加入组织的那一刻起，你就能明显感受到它的强大影响力——它无处不在，约束着你的一举一动。

简而言之，组织文化是组织内的行为准则和软环境，它是行为、信念和特质的综合体，体现在成文或不成文的规则、期望、主导价值观和规范中，构成了组织的核心。组织文化通常涵盖4个方面：行为规范、非正式沟通网络、权力分配和价值观。

在讨论组织文化时，经常涉及组织氛围的话题。可以将组织氛围看作组织文化的具体表现，它反映了全体成员对工作环境的共同感知。

有效的组织文化将滋养、回馈和支持关键任务的执行。如果说组织结构决定了人们是否适合执行关键任务，那么组织文化决定了人们是否愿意执行关键任务。因此，在审视组织文化时，需要重点思考以下两个问题：

组织的价值观、预期的行为模式、非正式沟通网络、权力分配方式是否有利于执行关键任务？现有文化中有哪些方面阻碍执行关键任务？

一、4种文化类型

在诊断企业新战略与文化的匹配程度时，管理者可以使用美国和密西根大学商学院罗伯特·奎因教授在《组织文化诊断与变革》一书中提出的组织文化评估工具——组织文化评估量表，如图5-8所示。该量表从企业文化的内外部导向性和组织氛围稳定性两个维度出发，将企业文化划分为4种类型：创业型文化、市场型文化、部落型文化和层级型文化。

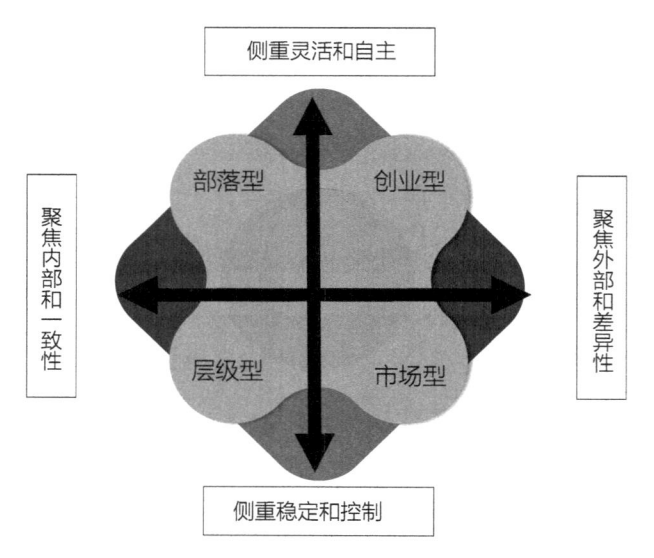

图5-8　组织文化评估量表

图5-8以内外部导向性为横轴，左侧代表重视内部整合和协调的组织氛围，强调一致性与集体性；右侧代表重视对外部环境的适应和响应的组织氛围，鼓励多样性与差异性。纵轴代表氛围的稳定程度，上方为倾向于灵活和自主决策的组织氛围，下方则为偏好规范化管理和稳定控制的组织氛围。这两个轴交叉形成了4个不同类型的组织文化：外向且灵活的创业型文化、外向但控制性的市场型文化、内向且灵活的部落型文化，以及内向

且控制性的层级型文化。

设想一下，如果某企业的文化专注于提高内部运营效率、加强组织整合并追求稳定发展，那么它可能表现出层级型文化特征，这在许多国有企业和央企中较为常见；相反，如果某企业的文化倾向于灵活应变、迅速适应市场变化并鼓励创新，那么它可能更多地表现出创业型文化特征，这在许多互联网公司和科技创新型企业中较为常见。

1. 创业型文化

随着人类社会工业时代向信息时代的转变，创业型文化开始兴起。拥有这种文化的企业充满了活力，强调敏捷性和创造性，激励员工创新。企业重视先进的产品和服务，并随时准备迎接挑战。在这样的文化氛围中，杰出的领导者往往富有远见，愿意革新并为此承担合理的风险。

拥有创业型文化的企业之所以有凝聚力，是因为企业鼓励不断创新和试验。这类企业注重快速成长和获取新资源。

创业型文化的优势：能够促进企业实现更高的利润和更快速的成长；员工被鼓励打破常规，展现出极大的活力；创新有助于企业在专业领域获得更大的竞争优势。

创业型文化的劣势：对高风险的偏好可能会带来高额的回报，但也可能导致重大的损失；在不断创新的要求下，员工可能会感受到较大的压力，这有可能引发企业内部的不良竞争。

创业型文化适合的企业：互联网、航空、软件开发、电影制作等行业企业，典型的企业有谷歌、脸书、苹果公司等大型互联网企业或高科技公司。这些企业具有高度的外向性，敢于冒险。科技行业的"基因"中本身就有不断创造和创新的驱动力。

2. 市场型文化

市场型文化的兴起始于20世纪60年代后期，拥有市场型文化的企业以结果为导向，并强调竞争力。它们通过与利益相关方进行有效交易获取竞争优势，主要目标是实现市场扩张，并通过扩大市场份额实现用户数量的持续稳定增长。优秀的领导者通常具有强烈的自驱力，是出色的贡献者与竞争者，可以推动企业实现更高的生产力、效益和利润。

拥有市场型文化的企业之所以有凝聚力，是因为企业中的人拥有共同赢取胜利的信念。这类企业重视竞争性策略的制定和目标的实现。

市场型文化的优势：拥有市场型文化的企业往往占据良好的市场份额，并能获得丰厚的利润；整个企业致力于实现共同的目标，具有强大的战斗力。

市场型文化的劣势：由于企业文化过分注重以数据为基础的结果导向，可能会损害企业的创新能力；在追求短期经营成果与长期转型变革、探索第二曲线商业模式的平衡中，企业往往偏向于前者。

市场型文化适合的企业：目标是成为行业领先者的企业。这些企业通常规模较大，拥有明显的领先优势。大多数《财富》500强企业拥有市场型文化。

3. 部落型文化

拥有部落型文化的企业内部拥有浓厚的"家文化"，组织氛围和谐。在这种文化中，领导者不仅是导师，还扮演着大家长的角色。这种文化强调人性化的工作环境和团队合作精神，工作成果往往以团队为评价单位。企业鼓励员工提出改进建议和意见，并给予员工充分的授权，同时强调员工的参与感、敬业精神和对企业的忠诚度。

拥有部落型文化的企业之所以有凝聚力，是因为企业中的人看重忠诚和传统价值。这类企业十分重视团队合作、员工参与和达成共识。

部落型文化的优势：在部落型文化中，员工的投入度很高，他们的敬业精神会提升客户体验。拥有部落型文化的企业对外部变化的适应性较强。

部落型文化的劣势：随着企业规模的扩大，保持部落型文化变得日益困难；在横向领导结构下，企业的日常运营可能会显得有些混乱，缺乏清晰的方向。

部落型文化适合的企业：小型企业或初创公司。对于正处于起步阶段的企业，需要强调团队的团结合作和充分沟通。领导者需要频繁地与员工互动，积极寻求反馈，建设团队成为企业的首要任务之一。

4. 层级型文化

拥有层级型文化的企业内部非常正规，拥有明确的层级和架构。企业依据详细的流程和条款来管理员工的工作。一方面，企业强调规则意识，等级制度分明，采用自上而下的决策方式；另一方面，企业强调标准化的流程。在这种文化中，优秀的领导者具有良好的协调和组织能力，以保证企业运行顺畅。

拥有层级型文化的企业之所以有凝聚力，是因为企业中的人共同遵循规章制度和政策。这类企业注重组织的稳定性、可预测性和效率。

层级型文化的优势：因为高度重视企业内部结构，所以层级型文化的方向极为明确；所有工作流程都设计得井井有条，旨在服务企业的总体目标。

层级型文化的劣势：企业文化可能过于保守和刻板，严重缺乏创新精神，对市场变革的响应不够及时；对员工而言，此类文化更多地强调服从和执行，对员工的个人发展不够关注。

层级型文化适合的企业：大型国有企业和央企，以及对操作规范要求严格、更重视日常运作稳定性而非变革创新的消费服务业，如快餐连锁店等。

二、文化差距诊断

组织文化评估量表（Organizational Culture Assessment Instrument，OCAI）是基于对立价值观模型开发的一种企业文化评估工具。它能协助企业诊断和评价其现行及期望的组织文化状况。在具体的应用中，OCAI要求参与评估的企业员工从六大维度进行组织氛围评价，旨在输出关于组织文化倾向性的定量分析。这六大维度包括主导特征、组织领导风格、人员管理方式、组织凝聚力、战略重点与成功评判标准。

评估过程简明易行。员工根据自己对现有组织文化的认知和未来文化的期望来完成问卷调研。OCAI问卷设有6个评价维度，每个维度下有4个选项。参与者需要根据自己所在企业的特点，将100分按比例分配到这4个选项上。填写问卷时，参与者需要针对两种场景做出评估：评价现行文化和描绘期望文化。收集并汇总所有问卷，对每个维度计算出各文化类型的平均分，为管理层提供现行文化与期望文化的对比视图。最终，企业的关键成员与团队针对OCAI问卷调研结果展开讨论，收集参与者的反馈并形成见解，在此基础上确定并实施相应的措施，以优化或转变企业文化。OCAI问卷调查示例如图5-9所示。

1. 主导特征	现行文化	期望文化
A. 组织是非常私人化的地方，就像一个大家庭。人们彼此之间分享大量个人话题	20	20
B. 组织充满活力和创业精神。人们乐于冒险，也愿意承担风险	10	50
C. 组织高度强调结果导向。人们主要关心工作完成情况，以成就为导向，富有竞争意识	20	10
D. 组织管控严格，组织结构清晰。人们的工作通常以正规程序为指导	50	20
合计	100	100

图5-9　OCAI问卷调查示例

对某家特定企业而言，其在特定时期的企业文化通常是4种基本文化类型的组合，其中必然有一种文化占据主导地位。例如，一项调研结果显示，某企业目前主导的文化类型是市场型，而该企业期望转变成以创业型为主导的文化类型，这便形成了现行文化与期望文化之间的差距。

在企业变革过程中，这种文化差距是非常普遍的，它是战略实施过程中的一个显著障碍。因此，管理者必须对文化变迁保持高度敏感并予以足够重视。管理者不能忽视文化重塑的必要性而单方面强推业务变革。原因很简单：如果不能让每位员工内心都认同并逐步适应新的工作方式，又如何顺利地让员工接受和贯彻执行变革呢？

管理者应该秉承的理念和行为是：变革推行，文化先行。企业应在全公司范围内组建文化变革专项小组，该小组的首要任务是完成对现行文化的诊断，形成对未来期望文化的共识。通过这一过程，企业可以明确现行文化与期望文化之间的关键差距，然后依照预先设定的、系统的步骤，如找故事、立标杆、小范围试点成功、扩大影响力、逐层沟通等，有序推进文化变革。

若调研结果表明现行文化与期望文化之间的主要差距来自企业的灵活性和自主性不足，则企业需要增强部落型和创业型文化因子，同时减少层级型和市场型文化因子，具体如图5-10所示。具体内容应结合OCAI问卷调研揭示的结果和管理层的深入讨论来明确。

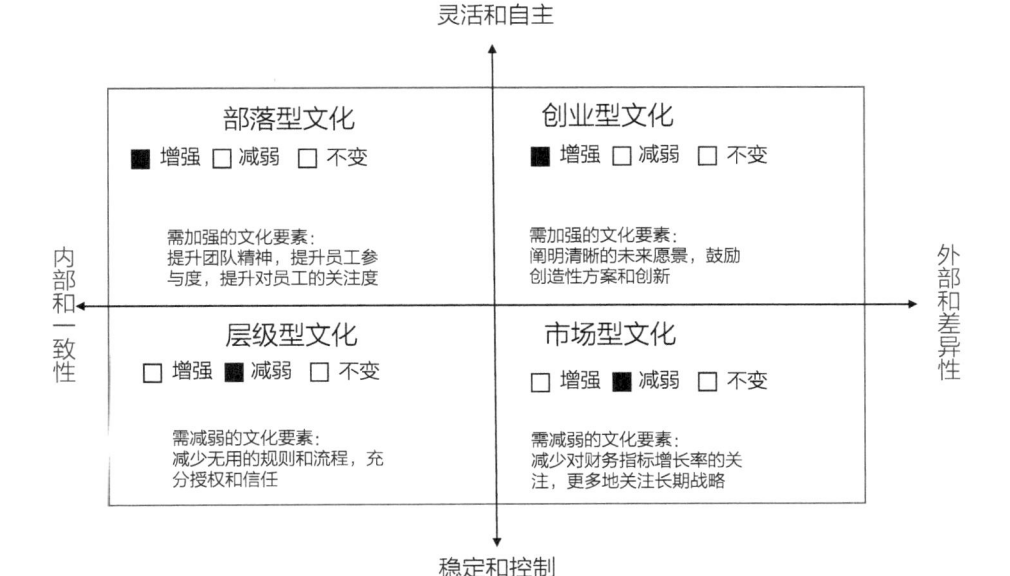

图5-10 文化变革示例：识别文化差距

利用OCAI对企业文化进行诊断，可以看到企业文化氛围对实现关键任务的显著影响。对于一家成立数十年且层级分明的企业，若新的战略方向要求员工发挥创新能力，并期望高层管理者重燃创业精神，则该企业的文化必须从根本上向创业型文化转型。这一转变对企业来说是一个巨大的挑战，因为文化变革是一个缓慢的过程，需要花费时间进行沟通与适应。与此同时，外部市场对新业务的落地往往有紧迫的时间要求。因此，企业的管理团队必须从高层到基层全体展现出坚定的决心和执行力，确保文化转型策略得到有效实施。否则，新战略的推行势必会在企业内部遭遇重重阻碍。

三、撬动文化氛围的杠杆

明白文化在战略执行过程中扮演的关键角色，并识别出现行文化与期望文化之间的差距后，需要思考是否存在可以快速促进文化变革的方法。IBM的研究和经验表明，塑造和改变文化氛围主要有4个关键杠杆，即参与、领导者行为、信息沟通、奖励。

1. 参与

现代组织结构正逐步从传统的正金字塔形向更加扁平化的倒金字塔形转变。依赖中央集权式的命令和控制已经难以适应激烈的市场竞争，也无法满足Z世代（1995—2009年出生的一代）员工的个性化需求。Z世代员工期望能够更多地参与到决策、问题解决和客户关系管理中去，他们不仅要知道事情是怎样的，更要理解背后的原因。

参与意味着鼓励员工做出选择、积极参与并在组织内部建立人际关系，通过团队共识和反馈加深承诺。研究显示，提高组织内员工和团队的参与度可以增强组织文化的3个关键要素：责任感、适应性和团队承诺。通过参与相关决策和行动，员工能够有更多自主权决定如何完成工作，而不是只执行命令。参与能激发员工提出新想法和新方法。此外，参与有助于增进团队成员之间的互助、信任和归属感，从而使员工更愿意付出额外的努力，达到甚至超越预期的业绩。

2. 领导者行为

领导者的行为对组织文化和氛围的影响至关重要，因为员工更倾向于相信他们所看到的行为，而非所听到的话语。如果领导者的实际行为与其宣扬的价值观及文化相悖，那么任何为文化变革所做的努力都将是徒劳的。

如果领导者（特别是员工的直接上级）能够始终如一地展现明确的言行且确保言行一致，将有效提升组织文化中的明确性和团队承诺这两个关键要素。通过领导者的示范，员工可以更深刻地理解组织的愿景和发展方向，并愿意为此投入努力。同时，在一位可以信赖的领导的指导下工作，将极大地增强员工之间的互助、信任与团队自豪感，激发员工投入额外的努力，以达到甚至超越预期的业绩。

3. 信息沟通

信息沟通对于保证组织内部信息畅通无阻、提高组织内部信息传递与沟通效率至关重要，它是不断传递组织文化和价值取向的基石。这里所说的信息沟通不单指技术层面的交流手段，如邮件、通告、会议和办公软件等，还涉及组织软实力方面。例如，在一家集团公司，总部是否能够及时通过多种渠道将战略目标和年度重点工作方向传达至每名基层员工，确保他们清楚自己工作的方向和意义？

强化信息沟通有助于提升组织文化的明确性和奖励感知。员工能够通过组织中不断传递的组织战略、业务重点和其他关键信息，更准确地理解组织的愿景与发展方向，并为此付出努力。同时，高效流畅的信息沟通能够确保员工因为绩效优秀而及时获得组织的认可，从而增强员工对付出与回报之间正相关性的信念。

4. 奖励

组织内并不缺乏奖励，但往往缺乏"正确的"奖励。所谓"正确的"奖励，指的是管理者需要明确哪些行为应该被鼓励，哪些应该被杜绝。这种标准必须是清晰且一致的，它反映了组织所倡导的价值观和文化。只有当奖励与所倡导的价值观和文化正相关时，员工才会更频繁地展现出正确的行为。假设一家倡导高绩效文化的企业在绩效考核时总是"一碗水端平"，或者领导层对那些资历深但业绩平庸的老员工格外关照和表扬，那么所谓的高绩效文化只是空谈，无法真正落到实处。

正确且具体的奖励可以强化组织文化中的明确性和标准。通过组织的奖励机制及其实施，员工会更加坚定地执行与组织战略方向一致的工作。同时，奖励与鼓励的行为之间的正相关性可以使员工更放心地专注于提升业绩，并尽最大的努力去实现更具挑战性的目标。

通过深入理解上述4个杠杆的含义，可以认识到，如果找到恰当的切入点，调整组织的文化氛围将变得高效而直接。尽管文化的转变需要时间积累，但正确运用这4个杠杆的撬动效应，能够明显加速这一过程。同时，持续运用这些杠杆有助于巩固已经取得的初步成果。

例如，某文化变革小组选择了一个部门作为新文化的试点。通过3个月的努力，该部门的员工逐渐适应主动协同和团队合作的文化，而不是像过去那样仅等待指令和单打独斗。该部门的文化氛围有了明显的正向改变。然而，如果管理层陷于原有的行为模式，那么该部门的文化氛围极有可能迅速恢复到之前的状态。例如，一味命令与控制，忽视鼓励员工参与和达成共识；管理者言行不一，失去诚信；长期不与员工沟通，忽略员工的意见和感受；奖励发放基于个人偏好而非员工的实际绩效；等等。

第三节
组织机制与流程

在决定了适应组织战略与业务需要的架构之后,管理者必须明确组织的纵向管控和横向协同的机制及流程与战略相匹配,以确保关键任务能够顺畅执行并有效传达。

组织的流程通常分为运营管理流程和业务作业流程两大类。

运营管理流程的核心是明确如何在组织内部进行有效的决策传递与授权,确保管理层的决策能够通过层级、政策和控制手段得到纵向贯彻,并在不同职能部门和业务单元之间实现横向的决策权配合与协调。运营管理流程可能是经过精心设计的,也可能是随着时间逐渐形成的,其核心目的在于合理分配组织内的权力和责任。

业务作业流程关注组织在业务运作中的各个具体环节,如信息与技术管理、供应链管理、客户关系管理、产品研发与创新管理等,这些流程直接关系到组织的日常经营和市场竞争力。

本节将重点梳理运营管理流程中的决策与授权、沟通与协调、绩效管理,以及业务作业流程中的信息与技术管理这4个核心子流程。其他重要的子流程如风险管理、知识管理、供应链管理和客户关系管理等,本节不再逐一详细探讨。

一、决策与授权

组织中的管理者经常面临众多机会与风险,但其可以支配的时间和精力十分有限。管理层注意力的有限性往往成为业务执行的一个根本制约因素。应当将管理者的时间和关注力视为稀缺而宝贵的资源，以确保其得到有效运用，从而获得最大的回报。若组织内的决策与授权流程设计不当，会导致决策时间拉长、错失良机，甚至由于多重任务竞争优先权而引发内部矛盾。设计以客户价值创造为核心导向的优质决策流程，能够助力组织做出高效、可靠且精确的决策，从而真正实现积极的管理效益。

在探讨决策问题时，常涉及集权与分权两个概念。如果一个组织将所有决策权集中在一个人手中，便形成了集权式决策模式；如果一个组织将决策权广泛分散给多位成员，便形成了分权式决策模式。

集权式决策模式作为传统科层制组织结构的特点，其优势在于流程简单、效率较高。然而，面对当今日益复杂、多变和不确定的外部环境，单一决策中心难以全面理解组织面临的所有变革。集权式决策模式需要层层上报和传达，限制了一线团队根据自身情况做出迅速反应的能力，严重削弱了一线员工的主动性和积极性。因此，许多优秀的组织目前采用分权式决策模式。这两种决策模式的典型例子出现在伊拉克战争中。美军是一支规模庞大、纪律严明、指挥统一的传统军事组织；对手伊拉克基地组织更加灵活，尽管缺乏统一指挥，但能熟练运用信息技术进行快速决策和协调，呈现出网状的组织形态。双方在多次战役中的战斗力表现出明显差异。

在分权式决策模式下，最高管理层将权力和责任下放给不同层级的管理者与员工，以提升组织的适应性和决策效率。此时，决策与授权通常是紧密相连的：不同重要性、不同优先级的事项，需由不同层级、不同职能的管理者来决断。亨利·明茨伯格提出了分层系统理论，该理论把组织的分权模式分为纵向分权和横向分权两种。

1. 纵向分权

纵向分权是指根据组织层级划分权力和责任，将决策权从顶层逐级下放至基层。在纵向分权模式中，组织应根据各层级的职能和责任合理划分权力，以达到有效的分权与协调。各层级都有自己的职责和目标，相互之间需要协调和配合，以保证组织的高效运作。明茨伯格强调，不同层级之间的沟通和协调很重要，应建立有效的沟通机制和协作平台，促进组织内外部的协同与合作。他将组织的纵向分权分为以下5个层级。

（1）细胞层级。这是组织的基本单元，人数为2~20人，具有较大的灵活性和自主性。负责人通常由一名管理者或团队负责人担任。

（2）一线层级。这一层级由若干细胞层级组成，人数为5~30人。负责人需要具备特定的专业知识和技能，一般由一名管理者或主管担任。

（3）中层层级。这一层级由多个一线层级构成，人数为20~300人。负责人需要承担复杂的职能和较重的责任，因此应具备一定的管理和领导能力，通常由一名高级管理者或部门管理者担任。

（4）高层层级。这一层级由多个中层层级组成，人数为几百人至几千人。负责人需要承担重要的战略决策职责，因此应具备极强的管理和领导能力，通常由一名CEO或总管理者担任。

（5）顶层层级。这一层级由多个高层层级组成，包括整个组织的最高领导团队。负责人拥有最高级别的权力和决策责任，因此需要具备极高的战略洞察能力和领导力，通常由一名董事会主席或总裁担任。

明茨伯格的分层系统理论为组织内部的分权提供了一套较为系统和科学的框架，可以帮助组织更深入地理解和应用分权原则，从而推动组织高效地运作与发展。

纵向分权的主要优势在于促进组织内部的协调与合作，明确各层级的职责与目标，使决策更科学、更精确。此外，纵向分权有助于激发组织内的创造力与创新精神，提升员工积极性，提高工作效率。

2. 横向分权

横向分权是指根据组织的职能和责任划分权力与决策，实现从中央集权到将权力分散至各个部门和团队的转变。在横向分权模式中，根据职能和责任的不同，内部权力和决策得到合理的分配，以促进有效分权和协调。

可以将横向分权进一步细分为3种模式：功能分权、流程分权和项目分权。

（1）功能分权。功能分权将组织内不同的职能和部门边界划定明确，并下放相应的权力与决策权。在这一模式下，各部门可以自主决策和处理日常事务，并对自己的决策与行为负责。

（2）流程分权。流程分权将权力和决策权分散至各个业务流程，使相关流程能够独立做出决策并执行相关事务，同时对其决策和行为承担责任。

（3）项目分权。项目分权将权力和决策权下放到各个项目组中，各项目组根据项目需求自行决策和管理事务，并对其决策和行为负责。项目组成员往往拥有多样化的专业技能和知识结构，需要协作与配合以高效完成项目目标。

横向分权的主要优势在于提高组织内部的灵活性和响应速度。它强调权责分明、职责清晰、信息流通等的重要性，使各部门和团队能够根据实际需求与具体情况独立做出决策，有效地处理各类问题。这样不仅能提高组织的创新能力和适应性，还能促进内部沟通和协作，减少信息不对称和内部摩擦。

需要注意的是，纵向分权和横向分权并非孤立存在的，它们可以相互结合，形成互补关系。组织应根据自身特点和需求，选择最合适的分权模式以提高效率和管理质量。在选择分权模式时，应全面考虑组织规模、业务特性、人员构成、管理能力及外部环境的变动和要求，以确保选定的分权模式能在最大程度上促进组织高效运作和持续发展。

3. 决策流程控制

在组织运营流程设计中，控制决策的目的不仅在于做好决策，更在于确保在整个决策过程中权力被有效共享。参照明茨伯格的分层系统理论，决策流程包括以下几个步骤：①收集信息，并将信息传递给决策者，其间不对应采取的行动做出评论；②处理信息，并向决策者提出行动建议；③做出决策选择；④授权他人，并指导他人应如何行动；⑤执行决策。具体如图5-11所示。在这一系列步骤中，个体的权力大小取决于其对各个步骤的控制权。

现状 ➡ 信息 ➡ 建议 ➡ 选择 ➡ 授权 ➡ 执行 ➡ 行动

能够做什么　　应当做什么　　决定如何做　　授权做什么　　实际完成了什么

图5-11　决策流程

如果一位管理者能够控制上述所有步骤，那么其权力将得到最大化，相应地，决策流程将变得高度集中。相反，如果在这些步骤中有多人参与，那么决策流程将更加分权化。当决策者仅控制第3步（做出决策选择）时，决策流程则呈现出最大程度的分权特征，在决策过程中需要信息收集者、专业顾问、执行人员等多个角色共同协作。现代组织的决策流程越来越倾向于分权化。

4. 纵向授权

在分权式决策模式下，纵向授权是一个关键机制。管理者向下属下放一定的权力和职责，同时保留最终决策的权力。这种管理方式旨在提升下属的责任感和主动性，并减轻管理者的工作负担。纵向授权通常包括以下几种典型做法。

（1）权力下放。管理者将一部分权力下放给下属，如制订计划、制作预算、分配资源、做出决策等。

（2）职责分配。管理者将一部分职责分配给下属，如管理团队、监督项目、执行任务等。

（3）自主性。下属在执行任务时享有一定的自主权，能够依据自己的判断和能力做出决策，无须事先得到管理者的批准。

（4）意见征询。管理者主动征求下属的观点，让他们参与到决策过程中,以提升其参与感和归属感。

(5)信息共享。管理者与下属共享重要信息,确保下属掌握组织动态和决策依据,从而增强下属的理解和支持。

(6)监督和反馈。管理者对下属的工作进行监管并提供反馈,及时指出其不足之处,肯定其优秀的表现,旨在帮助下属提高工作质量和效率。

综上所述,纵向授权有助于激发下属的积极性和创造力,提高组织运作的效率和竞争力。然而,管理者需要注意适度授权,以防止产生管理混乱和责任不清的问题。

在设计决策与授权流程时,应当遵循组织战略,并以客户价值创造为核心,平衡效率与成效,以确保流程设计能够最大限度地支持企业关键任务的完成。

二、沟通与协调

沟通与协调作为组织运营的核心流程和机制,赋予了组织跨边界的能力。这一点尤为重要,特别是在各职能部门需要协同成为一个整体来构建品牌或满足特定客户的需求时。在沟通与协调过程中,组织通常会指定特定职位的人员负责一个业务单元的整体成果,确保该过程闭环且能跨越不同的业务和地域单元。此外,组织还会通过制定流程、确定衡量标准和明确汇报关系加强横向沟通与协调。例如,统一的业务结果衡量标准可以帮助不同的业务单元协调其优先事项。在矩阵结构中,双向汇报机制有助于不同职能部门在追求共同的业务目标或项目时保持步调一致。

1. 沟通机制

组织内不同部门的横向协同依靠明确设立的沟通机制来实现。沟通机制是指组织内部不同部门或个体之间相互联系和协调的方式。典型的组织内沟通机制包括如下4种。

(1)联络职位。联络职位是组织中为促进部门间沟通与协调而专门设立的，负责信息和资源的共享与交流。承担这一角色的通常是经验丰富的员工，称为"联络官"。他们跨越纵向管理层级，直接在各部门之间搭建桥梁，增强内部合作。尽管联络职位没有正式的权力，但其凭借自己在沟通节点的关键位置，能够发挥强大的非正式影响力，这种影响力来自专业能力而非职位高低。

（2）特别工作组。针对组织内部的特定问题，成立特别工作组，由来自不同部门或背景的成员组成一个临时团队。特别工作组的成员根据任务需求彼此协作，利用自身的专业技能共同解决特殊问题。他们通常具备高水准的专业知识和工作能力，并能在限定时间内高效地完成目标，任务完成后，特别工作组便解散。

（3）整合管理者。整合管理者主要负责协调和整合各个部门之间的工作。他们一般在组织中承担高层管理职责，制定战略和决策，并在各部门之间建立联系，确保内部协作顺畅。与联络职位和特别工作组不同，整合管理者是一个拥有正式权力的联络角色。组织在现有部门结构之上增设该职位，并向其转移一部分原属于其他部门的权力。尽管整合管理者拥有对相关部门进行决策调控的正式权力，但其影响力更多地依赖个人的说服力和谈判力。整合管理者面临的最大挑战在于，他们需要对自己无正式管理权的部门成员产生影响，这就要求他们具有卓越的专业影响力。

（4）矩阵结构。矩阵结构是一种组织形式，可以说是组织横向联络机制的高配版。矩阵结构以项目为中心，将来自不同部门的人或其他个体组成团队，聚合在一起，共同完成项目任务。它通过复杂的矩阵图展现各部门或个体之间的联系与协作。矩阵组织特有的双重权力结构打破了统一指挥的原则，其优势在于能最大限度地发挥不同部门或个体的专业能力，并提升组织的灵活性与适应性。在矩阵结构中，业务管理者需要共同承担决策责任，并寻求妥协与共识。矩阵结构的标志性特征是职能管理者与项目管理者之间的协同和权力制衡。这种正式的权力制衡是矩阵结构区别于其他3种沟通机制的关键。矩阵结构适用于用平等的非正式协商方法解决冲突的组织，而对于重视正式权威和层级服从性的组织可能不太适用。

总之，组织建立内部沟通机制的目的是协调不同部门或个体之间的工作，以实现组织的整体效率与绩效。管理者应根据不同关键任务的需求和特点，灵活选择合适的沟通机制。例如，在面对时间紧迫和需要多专业协作的关键任务时，可能需要成立特别工作组来应对。

2. 协调机制

明茨伯格提到了3种组织协调机制，分别为工作流程标准化、工作输出标准化和员工技能标准化。这些机制旨在促进组织内部不同部门或个体的协调与合作。

（1）工作流程标准化。该机制注重制定和执行标准化的工作流程，以确保各部门和个人执行任务时能够遵循统一的标准。这有助于提高组织效率和协同工作能力，减少工作重复，降低差错率。

（2）工作输出标准化。该机制通过确立统一的工作结果标准，保证所有工作产出均符合既定质量标准，以满足客户和市场需求。这有利于提高产品和服务的质量与一致性，增强组织竞争力。

（3）员工技能标准化。该机制强调对员工技能和知识的标准化要求，包括培训计划的实施。这可以确保员工技能水平的一致性，有助于加强团队合作，提高工作效率，减少误解和不协调现象。

以上3种机制可以根据不同的组织类型和工作环境的特点进行选择与应用。特别需要强调的是，组织的业务类别会在极大程度上决定哪类协调机制更合适。例如，在制造业，生产线工人需要遵循工作流程标准化机制以实现协调；餐饮业则侧重工作输出标准化，如菜品的味道和外观；而医疗和教育等专业领域则需要员工具备标准化的专业技能，以确保胜任工作。

3. RACI矩阵

为了促进组织内部的沟通与协调，人们设计了众多管理工具来提高工作效率。其中，RACI矩阵是一种被广泛使用的工具，它能够明确和定义不同角色在项目或任务中的职责及参与程度，有助于协调和管理组织中不同部门与个人之间的工作关系。RACI矩阵通过将工作任务分配给不同角色，并明确每个角色在任务中的职责，可以有效地协调和管理组织内部的工作流程。RACI矩阵包括以下4个角色。①负责者（Responsible）：执行任务的人，负责具体的行动并完成任务。②当责者（Accountable）：对任务的最终结果负责的人，担当最终权责，并确保任务的完成能达到组织的目标和标准。应该为每项任务指定单一的当责者。③咨询者（Consulted）：与任务直接相关的人员，他们的职责是提供反馈和意见，为任务的完成提供技术和专业支持。④知情者（Informed）：需要掌握任务进度和结果的人员，即使他们可能不会直接参与任务的具体执行。

管理者在组织协调中灵活运用RACI矩阵，可以发挥以下几个作用。

（1）明确责任和职权。RACI矩阵可以明确每个角色在任务或项目中的责任和权限，有助于避免责任不清和权限不明的情况，提高组织协调的效率与质量。

（2）提高沟通效率。RACI矩阵有利于不同角色之间的沟通和协调。了解各自的责任和权限后，各角色就知道需要与哪些人沟通和协调，从而提高沟通效率。

（3）减少决策时间。通过明确当责者角色，RACI矩阵有助于组织在决策方面变得更迅速和更高效。当责者能够快速做出决策，并将决策结果通知给相关角色。

（4）增强责任感。RACI矩阵有助于增强每个角色对自己所负责的任务或项目的责任感和归属感。明确了责任和权限，各角色就能够更专注地完成任务。

在关键任务的落实过程中，管理者有效运用RACI矩阵可以澄清不同角色的权责。这样不仅能显著提高沟通效率和决策速度，而且能确保每项任务都有明确的责任人和角色分工，避免任务的重复与遗漏，从而提高整体组织的绩效和竞争力。

RACI矩阵的应用

一家公司要开发一款新产品，该产品的开发过程包括市场调研、设计、生产和销售等多个阶段，需要不同部门和个人之间的协作与配合。该公司可以使用RACI矩阵来协调和管理任务的执行，确保每个环节顺利完成。

1. 市场调研阶段

（1）任务：进行市场调研，分析市场需求和竞争情况。

（2）角色：市场部门。

① 市场部门相关员工：负责市场调研，分析市场需求和竞争情况。

② 市场部经理：确定市场调研的目标和标准，审核市场调研结果。

③ 设计部门和生产部门：需要提供产品技术支持和生产情况反馈。

④ 销售部门：需要了解市场调研结果，以便制订销售计划。

2. 设计阶段

（1）任务：进行产品设计，确定产品规格和样式。

（2）角色：设计部门。

① 设计部门相关员工：负责产品设计，确定产品规格和样式。

② 设计部经理：负责审核产品设计方案，确保符合市场需求和标准。

③ 市场部门和生产部门：提供市场需求和竞争情况反馈，提供生产技术支持。

④ 销售部门：了解产品设计方案，以便制订销售计划。

3. 生产阶段

（1）任务：进行产品制造和组装。

（2）角色：生产部门。

① 生产部门相关员工：负责产品制造和组装。

②生产部经理：负责审核产品质量和生产进度，确保符合产品规格和样式。

③设计部门和市场部门：提供产品规格和样式，提供市场需求和竞争情况反馈。

④销售部门：了解生产进度和产品质量，以便制订销售计划。

4. 销售阶段

（1）任务：进行产品销售和推广。

（2）角色：销售部门。

①销售部门相关员工：负责产品销售和推广。

②销售部经理：负责审核销售计划和销售结果，确保符合销售目标和标准。

③市场部门和生产部门：提供市场需求和竞争情况反馈，提供产品技术支持和生产情况反馈。

④设计部门：了解销售情况和产品反馈，以便进行产品改进和优化。

通过这样的方式，公司可以清楚地定义和传达每个部门与个人在产品开发过程中的角色及责任，从而确保整个流程的顺畅和有效。

三、绩效管理

绩效管理是指在组织设计中考虑如何评价和提升组织、团队、个人的绩效，以实现组织设计的目标和预期效果。绩效管理在组织设计中的应用通常包括以下几个方面。

1. 设计绩效指标

管理者和人力资源部门根据组织的目标和战略设计合适的绩效指标，以衡量组织、团队和个人的绩效。这些指标应该与组织的战略和目标保持一致，并能够反映出组织的价值和贡献。

2. 管理绩效周期

管理者和人力资源部门需要明确绩效管理的周期与时间安排，保证绩效管理的有效性和持续性，包括定期的绩效评估、反馈和改进。

3. 确定绩效标准

管理者和人力资源部门应该明确量化的指标和质化的绩效标准，用于评估和比较组织、团队、个人的绩效。量化的指标包括销售额、客户满意度等；质化的绩效标准包括工作质量、创新能力等。

4. 鼓励员工参与

员工应该被鼓励参与绩效管理的过程，包括绩效目标的设定、评估和反馈等环节，以增强其归属感和责任感。

5. 建立绩效管理文化

绩效管理文化的建立是整个绩效管理的"魂"，它可以促进员工绩效的提高和组织效益的最大化。具体包括强调绩效管理的重要性、明确绩效管理的目标和标准、建立奖惩机制等。

总结而言，绩效管理的目的是调整和提升特定单位的总体成果，尤其是对市场导向的企业来说，实施绩效管理是不可或缺的。同时，绩效管理的实施旨在实现两个核心目标：衡量和激励。绩效标准不仅是管理层用以衡量业绩的尺度，也是激励管理者和全体员工达成更高成就的动力。绩效的高低通常与相应的奖励直接相关。

作为实现从战略规划到执行落地的关键环节，绩效管理的详细内容和方法将在后续章节中展开详细讨论。

四、信息与技术管理

在信息技术迅猛发展和被广泛应用的当下，信息与技术管理已经成为组织设计中必不可少的组成部分，其目的是确保组织能够高效运作并适应

第五章
促进执行的落地保障：组织与资源

市场与环境的持续变化。

信息管理涉及组织如何从各种内外部来源收集、处理和运用信息。在组织设计领域，信息管理对组织了解市场趋势、客户需求至关重要，它支持组织制定有效的策略，做出明智的决策，并促进内外部利益相关方的协调与沟通。

技术管理关注组织如何选择、部署和维护各类技术及信息系统，以支撑业务运营。在组织设计中，技术管理能够提高运营效率、降低成本，并为客户提供优质的服务和体验。此外，技术管理对于提升组织数据和信息的安全性、可靠性也发挥着关键作用。

大数据、云计算、人工智能等技术是推动企业信息与技术管理流程升级的重要驱动力。企业管理者虽然不必深入了解每项技术的具体细节，但必须关注并掌握如何利用最新的科技来推动业务发展、优化流程、提高效率及提升竞争力。

1. 大数据

如果说传统的信息与技术管理是为了帮助企业提高管理和运营效率，那么大数据时代的技术应用就是企业生存和发展的必选项。

大数据是指规模庞大、类型多样、处理速度快的数据集合，这些数据集合的规模已经超过了传统数据处理软件的处理能力。大数据通常包含结构化数据、半结构化数据和非结构化数据，如传感器数据、社交媒体数据、日志数据等。对企业来说，大数据可以帮助它们更好地了解市场和客户需求，提高业务效率和效益。

大数据的应用可以在以下几个方面帮助企业开展业务，管理者应该根据战略意图和关键任务思考与决策是否需要布局大数据，以及在哪些业务流程上布局大数据。

（1）市场分析和预测。分析市场需求和发展趋势，预测其发展方向和变化，从而帮助企业做出更明智的决策，优化产品和服务的定位与推广策略，提高市场占有率和利润率。

（2）客户分析和个性化推荐。分析客户的购买历史、偏好和反馈，了解客户的需求和行为，从而为客户提供个性化的产品和服务。

（3）营销和广告优化。分析广告的投放效果和消费者的反馈，优化广告的投放策略和内容，提高其转化率和效益。例如，对消费者行为和偏好进行分析可以优化营销策略与渠道，提高销售效率和收益。

（4）供应链管理和物流优化。分析供应链的流程和数据，优化采购、生产和物流等环节，提高供应链的效率和可靠性。例如，分析物流数据可以优化配送路线和运输方式，提高运输效率，节约成本。

（5）产品和服务创新。分析市场和客户需求，发掘新的产品和服务机会，提高产品和服务的创新性与竞争力。例如，分析消费者的反馈和评价可以改进产品功能与体验，提高产品质量和用户满意度。

2. 云计算

云计算是一种基于互联网的新型计算模式。它通过网络将计算资源和服务交付给用户，具备按需获取、快速部署、灵活扩展及按实际使用量付费的显著特点。云计算服务通常分为3种模式：基础设施即服务（Infrastructure as a service，IaaS）、平台即服务（Platform as a Service，PaaS）和软件即服务（Software as a Service，SaaS）。企业能够通过云服务提供商按需购买必要的计算资源和服务，实现远程访问和管理。

云计算为企业提供了高效、灵活且具有成本效益的技术解决方案，极大地促进了企业适应快速变化的市场环境的能力。这种模式可以显著降低企业的资本开支，免去对昂贵硬件设施的投资和对持续维护的需求。云计算提高了企业的敏捷性和可扩展性，使其能够迅速响应业务需求的变化。云计算还简化了远程工作和协作，提高了团队的工作效率。此外，云计算使数据备份和恢复更加简便、经济。因此，在规划和执行关键业务时，管理者应当充分认识到云计算作为企业重要资源的价值，并予以适当的重视和应用。

3. 人工智能

人二智能（AI）是利用计算机技术和算法模拟人类智能的一系列技术与方法。它涵盖机器学习、深度学习、自然语言处理、图像识别、语音识别、智能推荐等众多技术领域和实际应用。AI能够辅助计算机实现人类智能的模拟，从而达到更高水平的智能化和自动化，提高工作效率，为企业创造更大的价值。同时，AI将导致一些职位逐渐被机器取代，如生产线操作工、库存管理者、客户服务代表等。

管理者应当积极掌握AI在相关行业内的应用案例，并结合企业战略目标和关键任务，有策略地将AI融入合适的业务流程中，以提升企业的竞争力。以下列举了AI在企业业务发展中可能实现的突破。

（1）自动化客户服务。众多企业，如银行、电信公司和零售商，已经开始利用AI聊天机器人提供全天候的客户服务。这些聊天机器人能够响应并解决客户的常见疑问，处理一些简单的请求，如查询账户余额、追踪订单等。

（2）推荐系统。亚马逊和奈飞等企业运用AI算法来分析用户的行为和偏好，为用户提供个性化推荐，不仅提升了用户满意度，也带来了销售额的增长。

（3）预测分析。许多企业依托AI技术进行销售趋势、市场需求、股票价格等的预测。例如，沃尔玛利用AI优化库存管理；Uber利用AI预测打车需求。

（4）欺诈检测。银行和信用卡公司可以运用AI技术检测欺诈行为。AI系统能够分析大量交易数据，实时识别异常行为，帮助企业防范风险、减少损失。

（5）人力资源管理。许多公司采用 AI 系统辅助进行招聘和员工评估。AI 系统能自动筛选简历，预测候选人的工作表现，帮助企业挑选合适的人才。

（6）供应链优化。许多生产企业和零售公司使用 AI 系统来优化供应链。AI 系统可以分析复杂的供应链数据，准确地预测需求，优化库存管理，降低物流成本。

大数据、云计算、人工智能已经成为企业进行变革和实现竞争优势的关键技术。因此，在组织流程的设计与优化中，管理者必须重视科技的力量对业务发展和转型的深远影响。企业应加强在科技领域的战略部署和能力构建，尽早为自己构建"科技护城河"。

4. 典型案例

在大数据、云计算、人工智能等新兴技术成功应用于企业管理和业务扩展的众多案例中，亚马逊的实践尤其值得一提。以亚马逊的网络书店业务为例，其在信息技术的突破方面构筑了一道强大的竞争壁垒。

作为一家具有全球影响力的电子商务企业，亚马逊创业早期的核心业务是网络书店。亚马逊不仅在该业务领域深入应用了多项信息技术，而且成功地推进了业务发展。

1）云计算和分布式系统领域

在云计算和分布式系统领域，亚马逊采用先进的云计算和分布式系统技术，实现了数据存储和处理的云端迁移，有效提升了系统的可扩展性、可靠性和安全性。此外，亚马逊的云服务平台AWS为其他企业提供了全面的云计算和分布式系统解决方案。

2）大数据处理和分析领域

在大数据处理和分析领域，亚马逊拥有庞大的商品信息和购买历史数据等资源。通过高效的大数据技术，亚马逊实现了以下几个方面的优化。

第五章
促进执行的落地保障：组织与资源

（1）个性化推荐。亚马逊的个性化推荐系统可以深入分析用户的购买习惯和趋势，提升用户的购物体验和购买意愿。例如，针对经常购买科幻类图书的用户，个性化推荐系统会推荐最新的科幻小说或其他拥有较高的用户评价的相关书籍；对于《哈利·波特》系列的读者，个性化推荐系统可能会向其推荐《饥饿游戏》系列图书。

（2）存货优化。亚马逊利用先进的算法和机器学习模型分析历史销售数据、用户行为、季节性趋势及节假日等因素，从而预测产品需求。这使亚马逊能够保持适量的库存，既满足了用户需求，又避免了资源浪费。亚马逊还采用大数据平台进行实时库存管理，确保即时监控并应对库存问题。

（3）价格和促销策略。亚马逊通过大数据分析监控商品销售情况、库存状况、市场需求和竞争对手的定价动态，灵活调整产品的价格和促销策略。例如，对热门图书适时提价，而对库存积压的商品进行降价促销。亚马逊还会分析节日和特殊事件（如"黑色星期五"、圣诞节等）对销售的影响，制订相应的促销计划，并根据用户的历史行为发送个性化的促销信息。

（4）客户服务改进。亚马逊通过分析用户的购买历史、浏览历史和搜索历史等数据了解用户的需求与偏好，提供更加个性化的服务。同时，亚马逊通过分析用户评价和反馈来改善产品与服务质量。例如，针对用户对书籍质量的反馈，亚马逊会进行深入调查并采取改进措施。此外，亚马逊会利用机器学习算法预测和解决用户可能遇到的问题。例如，如果系统预测一笔订单可能会延迟，亚马逊可能会提前通知用户，并提供相应的解决方案。

3）人工智能领域

在人工智能领域，亚马逊开发的语音助手Alexa能够帮助用户进行商品搜索、下单、播放音乐等操作，从而提升用户体验和销售额。同时，亚马逊将计算机视觉技术应用于图书和封面的识别与分类，使平台能够自动识别图书并提供更精准的搜索结果和推荐。

4）仓储和物流领域

在仓储和物流领域，亚马逊广泛应用机器人和人工智能技术。例如，亚马逊运用无人机和机器人实现仓库库存管理、包装和配送工作的自动化。

通过综合应用大数据和人工智能，亚马逊不仅深入洞察了用户需求，还显著提高了业务运行效率，降低了运营成本，提升了用户满意度和企业盈利能力。亚马逊不仅在网络书店业务方面取得成功，还逐步拓展到其他领域，成为全球最大的在线零售商之一。亚马逊充分利用新技术构筑的竞争优势为其战略布局和业务突破打下了坚实的基础。其成功经验为其他企业在信息技术应用方面提供了宝贵的借鉴和参考。

第四节
人才管理战略设计

人才是组织战略落地、实现转型、赢得竞争等的关键因素。有人将人才管理比作国际象棋对弈，因为它们都涉及复杂的策略，并且需要提前思考和预判竞争对手的行动。人才管理的预期结果是吸引并留住与组织相匹配的高绩效员工。

人才管理战略对于保持业务竞争力至关重要。招聘、培养和留住高素质员工是企业成功的关键。制定人才管理战略涉及人力资源的多个方面，包括根据关键任务需求预测和评估人才、识别当前团队的差距、吸纳合适的人才、培养人才及助力人才在组织中发展。成功的人才管理策略还应分析和评估员工生命周期的每个阶段，确保企业拥有合适的员工来支持业务成就的实现。

一、人才管理战略的 6 个模块

人才管理不只是人力资源部门的事，企业各层级的管理者都应该成为人力资源专家和人才管理专家。人才管理战略的制定需要与组织的整体战略目标对接，由企业高层发起，而非仅是某位人力资源专员的责任。一项完整的人才管理战略应该包含6个关键模块，如图5-12所示。

图5-12 人才管理战略的6个模块

1. 人才需求分析

人才需求分析是构建人才战略的首要步骤，其目的在于深刻理解组织当前及未来对某种技能和能力的需求。此过程应从以下两个层面展开。首先，在宏观层面，结合组织的业务战略和发展规划，预测未来人才需求的变化趋势。其次，在微观层面，对每个职位及职能领域进行具体分析，明确对人才的具体需求。这包括确定未来几年内所需人才的数量、类别、技能及经验水平。这样的分析有助于为组织在招聘、培训和人才发展方面提供清晰的指导。

2. 人才获取

在进行人才需求分析的基础上，组织需要设计高效的招聘和选拔策略，以吸引和筛选出合适的人才。这一策略包括确定合适的招聘渠道、设计科学的选拔流程、制定全面的面试评估标准等。

3. 人才盘点和评估

人才盘点和评估涉及对组织内现有人才进行全面而系统的评估，旨在深入了解每位员工的能力、潜力、经验及绩效。这一过程是发现人才优势和不足的关键，有助于确定哪些员工有能力担任将来的关键职位，以及预见未来可能出现的人才缺口。对现有员工进行评估不仅能帮助组织了解内部人才池的规模和质量，而且能为组织制订未来的晋升与发展计划提供数据支持。

4. 人才发展和培训

组织应依据人才评估结果制订针对性的发展与培训计划，帮助员工提升其技能和能力，满足组织未来的需求。人才发展和培训可以采取多种形式，包括内部培训、外出研修、在线学习、行动学习、课题研究和在岗学习等。

5. 人才激励和保留

为维持员工的积极性和忠诚度，组织需要设计高效的激励机制来吸引并留住优秀人才，具体包括提供有竞争力的薪酬福利、职业发展机会和工作灵活性等。提供培训和发展机会可以激发员工的积极性，帮助他们提升技能、累积经验，为未来的职业发展打下坚实的基础。此外，组织还需要建立高效的员工关系管理体系，以妥善解决员工提出的问题并满足其需求。

6. 人才流动和规划

组织需要制定明确的人才流动和规划策略，涵盖晋升路径、轮岗安排、继任规划等，旨在确保关键岗位人才储备充足，并满足员工职业发展的需求。组织应为员工规划清晰的职业发展轨迹，以帮助他们实现个人职业目标，同时为组织培养稳定的人才队伍。职业发展的途径包括晋升、跨部门任职、参与多元项目等。组织还应通过提供专业培训、实施导师计划及开拓晋升渠道等多种方式，全方位支持员工的职业成长。

二、人才需求分析

人才需求分析是制定人才战略的起点，它有助于明确组织在当前与未来发展中所需的关键能力和人才。人才需求分析通常包含以下5个步骤。

1. 明确组织的战略目标

明确组织的战略目标是人才需求分析的首要步骤。组织需要明确在未来一段时间内（一般为3~5年）的战略目标和业务发展方向，据此拆解关键任务，明确所需人才的具体要求。例如，若组织需要拓展新的线上业务，则必须招募具备线上经验与技能的人才。

2. 识别关键岗位和关键能力

识别关键岗位和关键能力旨在分析组织的工作流程与结构，识别对实现战略目标至关重要的岗位和能力。例如，若组织计划进军国际市场，则需要招聘拥有多语言能力和跨文化沟通技巧的人才。

3. 评估现有人才

评估现有人才是指对现有员工的技能、知识、经验和潜在发展空间进行评估。通过对现有人才能力与关键职位要求进行对比，识别人才缺口与过剩情况。

4. 预测未来的人才需求

预测未来的人才需求是指基于组织的战略目标和业务发展趋势，预测未来对人才技能、知识和经验的需求，同时预估未来人才的数量。

5. 制订人才需求计划

综合上述分析，制订人才需求计划，涵盖招聘、培训、人才发展等方面。此计划应明确各职位的人才需求和能够满足这些需求的具体策略。

人才需求分析是一个动态循环过程。它需要根据市场环境和组织战略的不断变化进行相应的调整。因此，组织应定期开展人才需求分析，以确保人才战略与组织的实际需求相匹配。同时，不同层级的管理者在对各自负责的职能或部门进行人才规划时，也可以参照以上5个步骤。

亚马逊的人才需求

亚马逊的主营业务从线上书店逐步扩展到云计算领域，这一转变对人才提出了新的要求。

在推进云计算业务发展的过程中，亚马逊确立了战略目标，并预见了云计算技术的潜力及其对企业增值的重要性。为了达成战略目标，亚马逊招募了一批具备云计算专长的人才，如云解决方案架构师、云产品经理和云安全专家等。这些关键岗位是实现亚马逊战略目标的核心。

同时，亚马逊评估了为支持业务扩展所需的人才规模。评估内容涉及市场需求、客户规模和项目复杂性等。

明确了人才需求后，亚马逊采取了发布招聘广告、参与高校及技术研讨会招聘、内部推荐等多元化招聘策略。除此之外，对现有员工进行云计算技能培训也是亚马逊策略的一部分，以便内部人才满足未来业务的需求。培训形式包括但不限于内部培训、在线课程学习和职业认证等。

综上所述，亚马逊通过明确战略目标（发展云计算业务）、识别关键岗位（与云计算相关的职位）、评估人才规模（基于业务需求）并实施招聘与培训计划，有效地满足了新业务领域的人才需求。

三、人才获取

人才获取与常见的人才招聘有所不同。根据IBM的方法论，人才获取有外部招聘、内部选拔和及时培养3种途径，旨在综合组织内外部资源；选择最合适的途径招募最佳人选，以满足业务目标和关键任务的需求。同时，人才获取的内涵比人才招聘更广泛，包括为获取人才而开展的一系列前期和后期工作。

人才获取强调利用长期战略来建立和开发候选人库，以应对未来的人力配备需求。它不仅具有战略性和前瞻性，而且是一个持续的过程。人才获取策略通过雇主品牌塑造、内部员工流动及其他技术手段，如候选人关系管理、数据分析、劳动力细分和管理系统学习等，为关键人才的寻找和匹配提供长期支持。在医药、制造、信息技术等人才短缺的行业，人才获取策略尤其重要。

1. 不同规模组织的人才获取策略

根据组织的规模和发展阶段，人才获取策略呈现出不同的倾向。

大型组织，如微软、谷歌或IBM等员工人数众多的顶尖组织，通常更侧重现有人才的培养和保留，因为它们拥有庞大的人才库，拥有很大的人才选拔空间。

中等规模的组织，如员工人数为500~1000人的企业，可能没有足够大的候选人库或充足的薪酬福利预算。这类组织可以采取双轨策略：一方面，招聘在行业内已经小有名气并具有一定经验的专业人才；另一方面，招募行业新人，他们虽然缺乏经验，但具有成长潜力。这两类人才的结合使用有助于组织构建均衡的人才结构。

小型组织和初创企业在吸引顶级人才时可能面临预算限制。在这种情况下，它们可以选择雇用自由职业者或与高校合作。值得借鉴的实践有：为员工提供忠诚奖励计划；基于业务发展需求，与员工展开项目制合作。

2. 有吸引力的雇主品牌

构建一个定位清晰的雇主品牌对于吸引高质量人才至关重要。雇主品牌涵盖一系列有助于明确和定义组织形象、文化、差异化特点、声誉及产品和服务的活动。同时，它能提高组织的市场竞争力，吸引优秀的候选人，并展现加入组织工作能获得的独特体验。具有强大雇主品牌的组织在招聘市场上通常拥有更大的吸引力,能够吸引并留住更多杰出人才。

根据领英(LinkedIn)的研究,强大的雇主品牌能够显著降低组织的招聘成本,最多可降低50%,同时降低员工流失率,最多可降低28%。一个出色的雇主品牌不仅能吸引杰出人才,还能提高他们加入组织后长期留存的概率。因此,优秀的管理者需要学会并善于向其心仪的人才讲述组织的故事。

3. 数据分析的应用

数据分析在人才获取领域扮演着关键角色。组织通过分析招聘数据,不仅能够精准地掌握招聘过程的效率和成效,还能识别潜在问题并发现改进的空间。

组织通过追踪和评估不同招聘渠道的成果,能够优化招聘策略,识别出吸引高质量候选人的有效渠道和投资回报率较高的招聘途径。

此外,通过分析求职者的反馈和行为模式,组织能够洞察自身的雇主品牌在市场中的形象。如果某个组织收到的求职申请数量不足,或者优秀候选人在面试后选择拒绝该组织的工作邀请,则可能表明该组织需要提升雇主品牌形象。

数据分析还能帮助组织预见未来的招聘需求,为提前做好招聘准备提供依据,这可能涉及对业务发展趋势、员工流失率及其他相关数据的分析。

总体来说,数据分析为人才获取提供了丰富的洞见,可以让组织更全面地理解招聘过程,并发现优化与改善的机会,以提升招聘工作的整体效果。

4. 内部发展和选拔

内部发展和选拔是组织获取关键岗位人才的一种极为有效的策略。该策略不仅能够维护组织的稳定性,提高员工的满意度与忠诚度,还能提高员工的技能，增加员工的知识和经验，同时有效降低招聘的成本和风险。

内部发展的核心在于提供持续的培训和教育，使员工不断提高技能和知识水平。组织可以通过在职培训、在线课程、研讨会、大师班等形式，帮助员工准备好承担更高级别或更具挑战性的职位，从而提高员工的工作满意度和留任率。

内部选拔是指在现有员工中筛选合适的人才填补关键岗位的空缺。这一做法的优势在于，被选拔的员工对组织的运作、文化和价值观已有深入了解，相较于新员工，他们的适应期往往更短。实施内部选拔需要建立明确、公正的流程和标准，确保选拔出最具能力和最匹配的人才。

组织还可以通过实施导师制度、领导力发展项目、员工轮岗和转岗等多种方式促进内部发展和选拔。导师制度旨在为员工提供职业指导、反馈和支持，这对那些准备担任关键岗位的员工来说至关重要。领导力发展项目旨在通过系统的培训和教育，培养有潜力的员工成为未来的领导者。员工轮岗和转岗可以提供多样化的工作经验，有利于员工在不同角色和部门中发展，同时帮助组织解决关键岗位的人才短缺问题，这对员工和组织都有益。

四、人才盘点和评估

人才盘点和评估是人才管理战略中极为重要的一步，它是组织内部对员工能力与潜力进行深入评估和认识的过程。此过程通常涵盖对员工的知识、技能、经验、业绩及发展潜力的全面评估。人才盘点的目的在于辅助组织深入了解人力资源现状，发掘和培育具备潜力的人才，以促进组织的发展与成功。

人才盘点主要包括以下几个方面。

- 人员基本信息：包含员工的姓名、性别、年龄、学历、职称、工作经历等基础数据。

- 能力和素质评估：涉及对员工的专业技术、领导力、沟通能力、团队合作精神、创新能力等方面的评价。
- 经验评估：分析员工在职业生涯中积累的经验，并判定这些经验与其当前或潜在职位的适配性。
- 绩效评估：对员工在当前岗位上的表现进行评估，评估内容可能包括工作成果、目标完成情况等。
- 潜力评估：判定员工是否具备在更高层级或更复杂岗位上成长的潜力，这可能涉及对其领导力、学习能力、适应能力等的评价。
- 岗位匹配度评估：考察员工的能力和素质与岗位需求的匹配程度及适应性等。

人才盘点的流程一般涵盖确定目标、收集数据、分析数据、反馈结果、制订发展计划5个关键步骤。常用的成熟人才盘点方法包括九宫格模型、四维度模型和人才评鉴中心等。

1. 九宫格模型

九宫格模型是一种应用广泛的人才评估工具。它依据对员工绩效和潜力的评估进行人才定位，旨在识别组织中的关键人才（如表现突出且潜力巨大的明星员工），并对人才风险（如绩效和潜力均较低的员工）进行管理。九宫格模型如图5-13所示。该模型将员工根据绩效（横轴）与潜力（纵轴）的不同划分为9个不同的类别，帮助管理者制定相应的管理和发展策略。

绩效是对员工在一定历史时期（如过去一年）的工作表现的评价。通常通过年度绩效评估测定员工绩效。潜力则涉及员工未来发展的可能性，包括但不限于学习能力、领导能力和适应能力等。

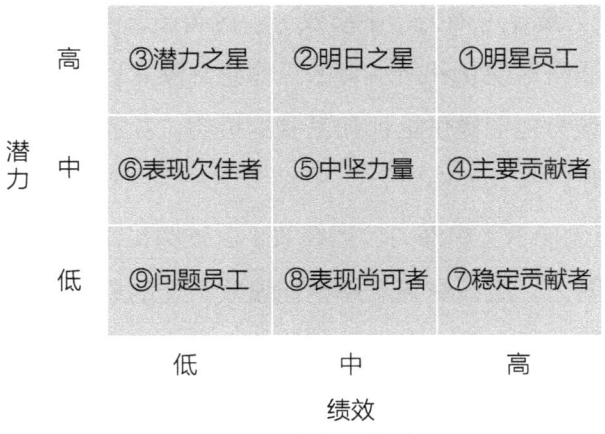

第五章
促进执行的落地保障：组织与资源

	低	中	高
高	③潜力之星	②明日之星	①明星员工
中	⑥表现欠佳者	⑤中坚力量	④主要贡献者
低	⑨问题员工	⑧表现尚可者	⑦稳定贡献者

潜力（纵轴）　绩效（横轴）

图5-13　九宫格模型

（1）明星员工（高潜力、高绩效）。这类员工是组织的关键人才，他们不仅目前的绩效出色，还拥有巨大的成长潜力，堪称组织中的超级明星。对这部分员工应赋予更多责任，并让他们参与具有挑战性的项目，推动他们走出舒适区。同时，确保他们得到适当的薪酬和长期激励，并为他们提供进一步的职业发展机会，如高级培训和领导力培养等。

（2）明日之星（高潜力、中绩效）。这类员工具备较大的成长潜力，尽管他们当前的绩效可能处于中等水平。组织应为他们提供更多的指导和培训，尤其是给予频繁的反馈，帮助他们提高绩效，同时为他们提供发展机会。

（3）潜力之星（高潜力、低绩效）。这类员工虽然当前绩效不高，但拥有较大的成长潜力。组织应深入了解他们绩效不佳的原因，并提供必要的支持和培训，以便发挥他们的潜力。若因岗位不适合导致他们绩效不佳，应通过调整岗位确保他们能够胜任。

（4）主要贡献者（中潜力、高绩效）。这类员工表现出色，是组织业绩的主要贡献者。组织应认可他们的贡献，并确保他们在现有岗位上感到满意、得到激励。对这类员工的培养应专注于其长期发展，并通过辅导或指导实现培养目标。同时，组织要确保他们的薪酬具有市场竞争力。

（5）中坚力量（中潜力、中绩效）。这类员工的绩效和潜力均属于中等水平。他们通常对现状和所从事的工作感到满意。建议组织不要强制他们进取，而应该为他们提供培训和发展的机会，并通过指导或辅导帮助他们实现技能提升。

（6）表现欠佳者（中潜力、低绩效）。这类员工当前绩效不佳，但具有一定的成长潜力。组织需要了解他们绩效不佳的原因，并考虑是否需要对他们的角色进行重新配置或提供额外的支持。组织应更加关注他们的绩效提升，而非单纯的职业发展。

（7）稳定贡献者（低潜力、高绩效）。这类员工是一个相对稳定的群体，通常资历较深。组织应确保他们对当前岗位的满意度，并认可他们的工作贡献，同时提供定期反馈，以帮助他们维持良好的表现。组织应关注他们的工作动机，并考虑为他们提供新的机会以保持工作热情。

（8）表现尚可者（低潜力、中绩效）。这类员工的表现处于合格水平。组织需要考虑他们是否被正确地安置在合适的岗位上，并提供反馈以帮助他们提高绩效。鉴于这类员工的成长潜力有限，组织应给予他们适当的提醒或警示，并提供具有挑战性的机会以激发他们的活力。

（9）问题员工（低潜力、低绩效）。对于这类员工，组织应关注他们的表现而非发展潜力。组织应深入分析他们绩效低的原因，并考虑采取相应的措施，如调整岗位、提供必要的培训，或者在某些情况下考虑终止雇佣关系。

2. 四维度模型

首先，我们需要理解，在成熟的企业中，人才梯队建设通常会采用管理通道和专业通道这样的双通道制度。管理通道是指通向管理层的职业发展路径，而专业通道是指通向专业技术方向的职业发展路径。这样的人才梯队建设不仅有助于企业从内部团队和外部市场中发掘优秀人才，还可以在实践中培养他们，激发人才的创新精神，并最终形成可持续供给的继任

第五章 促进执行的落地保障：组织与资源

者人才池。这为企业实现愿景和战略目标提供了坚实的人才保障。

在关键任务的承接和落地过程中，至关重要的是识别出与这些任务相匹配的组织内的关键岗位和人才。

所谓关键岗位，是指那些在企业运营、管理、技术、生产等方面具有重要影响，与实现企业战略目标紧密相关，承担重要工作职责，掌握关键技能，并且在短期内难以通过内部替换或外部招聘替代的一系列重要职位的总和。

与其他岗位相比，关键岗位具有以下特征：责任重大，工作内容复杂，可支配资源多，对任职资格要求高，数量有限，以及对企业的经营和战略目标有着显著的贡献。关键岗位的职责直接与实现组织目标的活动相关联，其工作成果也可以与组织的业绩直接挂钩。

对于关键岗位的人才要求，本书结合IBM的理论与实践，总结了四维度模型，如图5-14所示。

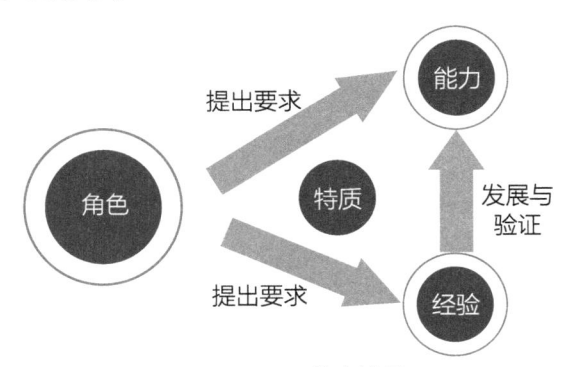

图5-14 四维度模型

第一个维度是角色，它明确了岗位对组织的独特价值和关键责任，这与岗位说明书是不同的，岗位说明书是对该岗位任职的最低要求。

第二个维度是任职者必须拥有的经验，第三个维度是关键能力。这两个维度都是针对特定角色而定的，目的是明确履行岗位职责必须具备的经验水平和能力素质。我们需要考虑的问题包括：有效执行这些角色所需要的核心专业技能和领导力是什么？这些技能和领导力如何直接促进业绩提升？为了达到组织的期望，个人需要具备关键的能力和足够的经验，从而稳定地实现可靠的业绩。

第四个维度是特质，它与潜力互有关联，它关注个人的稳定属性与岗位的适配性，尤其是在进行晋升考量时，评估被考量者的特质是否适合未来的岗位至关重要。根据管理学家劳伦斯·彼得的理论，员工往往因其在当前职位上表现出色而获得晋升，但最终可能被晋升到一个他们无法胜任的职位。这个现象通常被称为"彼得原理"，表明组织无法准确评估一个人在组织中能够胜任的最高岗位。因此，从人力资源发展的角度来看，预测并预防这种不匹配现象是至关重要的。

（1）角色。角色指的是岗位在组织中所承担的关键责任和其带给组织的独特价值。随着组织战略或业务需求的变化，岗位的角色及其重点也会相应改变。例如，在A公司，人力资源管理者目前的角色主要是人事管理，但未来公司希望将其转变为战略伙伴和变革推动者。

同样的岗位，在不同的公司或同一公司的不同发展阶段，所扮演的角色也会有所不同。这种差异源于公司对该岗位在战略方向和业务发展中所期望的责任与价值贡献不同。以某家银行为例，它定义大堂经理的角色包括优秀服务的示范者、业务经办的引导者、金融产品的推销者、优秀客户的挖掘者。这些角色的设定反映了银行希望大堂经理在业务发展中承担的关键责任和所贡献的价值。

（2）经验。确定某岗位所需的关键经验通常涉及角色分析、挑战评估、调研、类似岗位比对和高层管理的审核等多个步骤。关键经验对个人能力的提升至关重要。对于关键岗位，不仅需要正向的成功经验，逆境中的经历也同样重要。例如，房地产行业的项目总经理不仅应具备管理一定规模项目的经验，还应具备处理业主投诉、应对复杂政府关系等情境的实践。

（3）能力。在能力的要求上，组织通常引入素质能力模型，并通过科学的建模确保所识别的关键能力与岗位需求高度匹配。素质能力受组织需求的影响，因此不同组织会有不同的素质能力定义。这种能力追求的不仅是胜任工作，更是实现卓越绩效。

素质能力能够区分岗位上表现杰出的员工与表现一般的员工，它是个体潜在的、较为持久的行为特质。高绩效员工的特点并非仅完成更多相同的工作，而是以不同的方式行事，素质能力模型便是对这些行为模式的反映。

组织中的素质能力通常可以分为三类：核心素质能力、领导素质能力、专业素质能力。

核心素质能力是组织每位员工都需要展现的基本行为，反映组织的核心价值观，如IBM所倡导的"成就客户、创新为要、诚信负责"。

领导素质能力则是组织期望其领导层拥有的关键行为，反映的是高绩效的领导在组织的不同层面如何行事，如IBM的"拥抱挑战、横向思考、赢得信任、建立客户伙伴关系"。

专业素质能力指有效完成某一类型工作所必需的知识和技能，它对团队或职位族群来说是独特的，反映在经验、技能和知识中，如"客户关系管理、营销品牌战略、产品创新研发"等。

在识别关键人才的四维度模型中，能力是指为了在关键岗位上达到高绩效所需的以上三类素质能力的综合。在评估素质能力时，评估者应专注于观察员工在日常工作中的具体行为，避免仅依赖抽象的能力词条描述或对员工进行笼统的假设，否则很容易导致评估结果受到个人主观判断的影响，从而失去公正性。

（4）特质。特质是指个体在行为、思维、情感方面所表现出的相对稳定的属性和趋向。特质构成了一个人的内在心理结构，涵盖价值观、态度、兴趣、情绪稳定性、社交互动方式等多个维度。通过对关键特质的评估，组织可以深入了解员工的工作风格、行为习惯和适应能力，进而预测员工在关键岗位的持续发展潜力及在特定环境中的表现，据此形成的人才画像对人才选拔、岗位匹配、团队配置等人力资源管理决策具有重要的参考价值。

3. 人才评鉴中心

人才评鉴中心（Assessment Center，AC）是一种系统化、结构化的评估方法，专门用来评估应聘者或员工在特定工作角色或职位上的潜在表现。该方法通常能全面评价员工的技能、知识、能力及潜力。通过在模拟的工作环境中进行一系列练习和观察，人才评鉴中心能有效评估个人的能力和发展潜力。

人才评鉴中心可以评估个人行为模式的质量和技巧水平，预测个人在面对新情境时的行为表现。因此，人才评鉴中心是人才评估非常有效的方法，它不仅能选拔出适应当前业务模式的优秀人才，还能选拔出适合组织未来转型和业务模式的潜在人才。

人才评鉴中心的设计基于在一定条件下的系统观察，它不是一项单一的技术，而是多项技术的集成。它通常以一系列具有内在关联的情境模拟为核心，配合访谈、问卷和测验等，建立候选人的综合评鉴档案。参与者在人才评鉴中心接受现场模拟测试后，将得出一个综合的评估结果。人才评鉴中心具有全面性、预测性和公正性等典型优势。

由于开发和实施成本较高，人才评鉴中心通常用于组织中关键人才的选拔与评估。例如，在中高层管理岗位的选拔中，人才评鉴中心能够帮助组织更准确地评估候选人在解决复杂问题、领导团队和制定策略等方面的能力与潜力。对于关键业务岗位，人才评鉴中心有助于组织识别那些具有高发展潜力的员工，特别是那些在未知业务场景中能够灵活应对并整合各方资源以确保业务成功的员工。

复星集团的人才评鉴中心

在我担任复星集团复地学院院长期间，我所领导的人才评鉴中心为该

第五章
促进执行的落地保障：组织与资源

集团的关键人才识别和管理梯队建设提供了支持。这种支持助力了地产集团从实现传统营收增长的战略目标，到转型为蜂巢战略下的多元投资的战略变革。该人才评鉴中心因其突出的贡献而获得了众多行业荣誉，并使复地学院在地产行业享有较高的声誉。

复星集团人才评鉴中心每年根据公司战略和业务模式进行中高端人才评估，为人才的招聘和培养提供方向。公司高层直接参与中高端人才的选拔和培养，这一工作已被纳入绩效考核体系，确保高层能全面、深入地参与人才盘点与决策。相关测评涵盖专业知识、关键经历、素质能力、个性特质和潜力五大维度，实现对候选人的"立体扫描"，测评结果作为次年人才任免的重要依据。

在专业知识维度，测评范围广泛，涵盖房地产项目规划与设计、开发流程与管控要点、成本控制、相关的公司制度与流程、市场营销、消费者行为、公共关系、政府谈判、供应商管理及房地产开发方面的政策法规等。复地学院联合各专业条线的技术骨干，共同开发并维护一个专业知识题库，保持每季度更新，以反映最新的行业发展情况和知识。专业知识的测评采用多种方法，包括书面考试、多角度测评、专业论文答辩、产品设计缺陷分析和主管深度访谈等。

在关键经历维度，人才评鉴中心明确了复星集团核心人才需要具备的关键经历。这些关键经历不同于传统的工作简历，是基于目标岗位所需核心能力的经历建模的。其背后的逻辑是，要在岗位上实现持续可靠的绩效，除了需要具备合适的关键能力，这些能力还应经过相关工作经历的验证，而不是完全从培训或试验中获得的。同时，合适的经历本身也是提升相关能力的最主要途径。人才评鉴中心要求复星集团的核心人才不仅拥有标准的项目和管理经验，还要拥有经历过逆境和风险的经验。人才评鉴中心将这些经验分为一级维度和二级维度，并利用经历问卷和360度访谈，为被测评者绘制经历雷达图。

在素质能力维度，复地学院构建了适用于集团全员的分层分级素质能力模型，共4套子模型，分别针对普通员工、中级管理层、高级管理层和决策层。这些模型的架构基于复星集团的价值观"修身、齐家、立业助天下"，并匹配地产业务对人才的要求进行设计。以中级管理层素质模型为例，该模型包含6项核心能力：狼性精神、情绪管理、团队塑造、资源整合、卓越执行和专业研判。每项能力都明确了其发展难度，并设有L0~L5 6个层级。素质能力层级越高，代表在该能力上的掌握程度越高。素质能力的评估方法包括360度反馈、360度访谈和情景模拟等，最终结果为各渠道评估得分的综合。

在个性特质维度，核心目标是分析被测评者的天生个性和行为倾向，以确定其个性特质与岗位要求的匹配程度及其对集团未来发展的适应性。个性特质评估方法选用的是国际通用的标准问卷。复地学院人才评鉴中心基于标准问卷，结合集团核心岗位（如项目总经理和城市总经理）的岗位需求，进行了专门的岗位特质建模。这意味着人才评鉴中心可以通过对比被测评者特质图形与理想岗位特质图形，快速识别出需要关注的维度，予以针对性的提升，或者从人力资源的角度进行配置。例如，在中国地产行业转型期，城市总经理的角色已经从以往的传统开发职责转变为需要具备更高的开拓性、外向性和支配性。那么，城市总经理的岗位特质就会发生变化，若某位在岗城市总经理的测评结果与理想特质不太匹配，但其具备专业强、管理能力强的优势，那么直接将其换岗并非最佳选择。此时，人才评鉴中心会建议人力资源部门对该城市的领导班子搭配进行调整，配备一位投资经验丰富的投资副总，与该城市总经理共同工作。

在潜力维度，人才评鉴中心采用"智商–情商–成商"模型，通过上级评估和情景模拟测评相结合的方法，综合得出评分。其中，"智商"强调通过不断学习和实践提高解决问题的能力；"情商"关注于敏感识别自我和他人情感，有效地激励自己并影响他人；"成商"指具有坚定的理想和抱负，拥有持续追求卓越成就的动力。

整个评鉴体系的框架相对稳定，但其内容需要持续更新，以保持与时俱进。这种不断进化的机制是人才评鉴中心帮助复星集团精准甄选人才的核心所在，避免了流于形式的官僚作风。

例如，人才评鉴中心负责编写情景案例，这是一个涉及各专业条线和城市公司核心骨干的年度任务。在过去，案例的编写主要基于已经完成或正在进行的项目。然而，自2015年起，复星集团实施了"蜂巢"战略，将地产业务的定位从开发转型为投资和资产管理，对关键岗位如城市总经理和项目总经理提出了新的要求。他们需要具备较丰富的投融资和资产管理经验，并整合地产、娱乐、商业、医疗、文旅等多元素，共同打造新项目。

鉴于此类项目的案例积累不多，而且复星集团在整个行业中处于领先地位，缺乏可供对标的案例，人才评鉴中心灵活调整方法，开始参与集团正在谈判的项目，并从中提取所有关键条件，将其转化为情景案例。被测评者需要在这些案例中提出解决方案。由于案例涉及未来项目，评委的打分随之变得困难。因此，人才评鉴中心采取"踩点打分"的方法，即专注于未来业务场景中的核心问题，评估被测评者在业务转型后的研判能力、专业能力和应变能力等。

人才评鉴中心以上述5个维度的人才评估标准为基础，建立了多手段、多层级的评估方法，遵循"立足过往，考察储能；瞩目未来，评估潜力"的人才评鉴理念，在集团逐步建立了权威地位，并构建了一个动态的中高端人才库。这样，人才评鉴中心就能为业务发展提供经过严格筛选的优秀人才。

五、人才发展和培训

人才发展是人才管理价值链中的关键环节，它不仅推动员工的成长，也是实现组织成功的基石，体现了真正的双赢理念。通过人才发展和培训，员工能够掌握和提升完成企业业务所需的关键能力与技能。这不仅可以提高员工的工作效率和成效，而且对组织留住关键人才具有至关重要的作用。

组织要取得成功，最重要的是拥有一支合适且优秀的人才队伍。内部发展和系统培训是获取人才的有效途径，其重要性日益凸显。因此，管理者和人力资源团队负责人需要在企业内部建立一个结果驱动的人才发展计划，确保人才战略与组织目标同步。具体可以参考以下5种策略。

1. 确定技能差距及填补策略

管理者需要考虑组织的即时需求和长期目标。为此，管理者需要思考以下几个问题：实现这些目标需要哪些角色和技能？组织目前是否有足够的团队成员担任这些角色？他们是否具备合适的经验？以IBM为例，其人才发展工作是从识别员工技能差距开始的。每位员工都需要在系统中评估自身当前的技能水平，并与职位所要求的目标能力水平相对照。系统还会自动收集内部人才市场中所有项目所需的技能集合。这样，系统便实现了对所有员工能力差距的自动化定义。

在填补技能差距方面，除了招聘，内部审查现有团队成员的能力也极为重要。通过提供针对性的培训，现有成员可以迎接新挑战，并具备外部候选人可能缺乏的组织知识和深度参与的优势。

参考世界500强企业的实践经验，针对内部成员的技能差距填补策略通常包括以下3种。

（1）提升技能：通过专业培训和学习，为员工提供其角色或专业领域内更高级的技能。

（2）培训新技能：帮助员工学习完全不同的岗位角色取得成功所需的新技能。

（3）培训复合技能：为员工提供执行多种工作职能时所需多项技能的培训。

管理者和人力资源团队负责人结合使用以上3种策略，有助于组织建立更加强大的员工队伍，以应对不断变化的商业环境所带来的挑战。

2. 表彰积极学习、勇于实践的员工

组织应当给予那些积极学习新技能并将其成功应用于工作任务的团队成员充分的认可。经常表达赞赏是提高员工认可感的关键。相关调研显示，每周都能获得认可的员工，其不跳槽的可能性是从未获得表彰的员工的5倍，是所有受访者平均水平的2倍。

3. 收集项目反馈并解决相关问题

管理者和人力资源团队制订人才发展计划后，应持续获取实际参与者的反馈，这一点至关重要。为了鼓励坦率的交流，建议通过匿名调查的方式收集员工意见，这比直接面对面讨论更能获得真实反馈。如果缺乏真诚的评价，管理层将难以把握员工对人才发展计划的真实态度。

组织收集并分析反馈信息后，应及时按照问题的严重性及其对团队和组织的潜在影响确定优先级，并迅速采取措施，确保员工看到其意见被组织重视并据此做出调整。否则，反馈过程可能变成走过场，逐渐失去其应有的价值。

4. 培养教练辅导能力

过度监督和频繁批评会使团队成员的依赖性增强，导致他们压力大、信心不足、士气低。虽然这种微观管理在短期内可能产生积极的结果，但长期来看，它会限制员工和管理者的生产力。

现代领导力培养强调管理者应发展教练技能。教练型管理者通过协作和建立信任，帮助团队成员达成个人目标并提升完成工作所需的技能。这种方式能够营造积极的组织文化，增进团队关系并减轻工作压力。教练型

管理者会对团队成员的个人经历、技能和目标有更深刻的理解，这些理解将有助于组织内各种人才发展计划的落地执行。

5. 将发展融入员工生命周期的每个阶段

员工生命周期反映了员工在组织中工作期间经历的各个阶段，描绘了员工的职业旅程，包括吸引、招聘、入职、保留、发展和离职。管理者和人力资源团队负责人可以员工生命周期为指导，关注并提升员工在职业生涯各阶段的绩效表现，并在每个阶段融入发展机会。

员工通过努力工作为组织创造绩效，同时在组织内持续获得自我发展的机会，这将构成一种良性循环。这种良性循环对于吸引顶尖人才至关重要，对于提升离职员工对前雇主的正面评价也具有显著效果。

六、人才激励和保留

组建一支强大的员工团队只是组织成功的一部分。大约63%的组织认为，相比招聘新人，留住人才更具挑战性。员工保留问题一直是管理者面临的难题。统计数据显示，更换一名团队成员的成本高达其年薪的2倍。同时，有52%的主动离职员工认为，在他们离职前，其直接上级或企业本可以采取措施留住他们。

为了提高员工保留率，管理者必须更深入地了解员工，尤其是了解他们的工作动机。工作动机包括外在和内在两种类型，对员工的成功至关重要，对提高员工的敬业度和满意度也发挥着核心作用。丹尼尔·平克在他的著作《驱动力》中探讨了保持员工投入的几种动机类型。他指出，尽管薪酬是维持员工积极性的重要因素，但作为激励手段，其效果是有限的。

1. 外在动机

在外在动机方面，丹尼尔建议，企业应向员工提供足够的薪酬，以移除员工的经济压力为前提，专注于对员工敬业度和保留率至关重要的内在激励因素。员工至少应获得足够的薪资，或者获得与同行业的其他人相比较为公平的报酬。否则，他们可能会被提供更丰富的外在激励的其他企业所吸引。

2. 内在动机

在针对员工的外在动机制定有相对竞争力的措施后，管理者应该关注员工的内在动机。丹尼尔总结了有助于提升员工参与度的3个内在动机：自主权、专精和目标感。

1）自主权

丹尼尔认为，人们有控制自己的生活和工作的强烈欲望，这种欲望是一种内在的驱动力。拥有自主权的员工往往更加满意，并且更有可能进行创新和提高工作效率。

自主权主要体现在4个方面：工作时间（何时工作）、工作方式（如何工作）、工作内容（做什么工作）及团队伙伴（与谁一起工作）。企业应当在这4个方面赋予员工更大的自主权。相对于传统的奖惩制度，这种做法不会破坏员工的自主感，并能提高他们的工作热情和创造力。例如，谷歌公司的"20%时间"政策就是一个成功的实践，员工可以选择用20%的工作时间完成自选项目，这一策略孕育了众多创新的产品与服务。

2）专精

丹尼尔提出，人类拥有一种内在的驱动力：追求对某一领域的专精，不断提升个人的技能并掌握新知识。这种追求并不是为了物质奖励，而是源于对挑战的热爱及对个人进步的渴望。专精一技之长往往需要长时间的执着努力，这是一个持续的过程，需要不断学习、实践和吸收反馈。

如果一项工作或任务能帮助人们提升技能和知识，那么它可以成为一个强大的内在激励因素。反之，如果一项工作或任务过于简单或超出能力范围，人们可能会丧失动力。

专精并不意味着一定要成为某领域的专家，而是强调对投入过程的重视。当个人在追求专精的道路上达到"流状态"时，他们会进入一种完全沉浸于工作的忘我状态，这种状态通常伴随着高度的自我激励和高效率。例如，音乐家和运动员通过不断练习与学习，达到他们所在领域的高水平。

3）目标感

目标感是内在动机的核心要素之一。人们追求的不仅是任务的完成，更希望理解这些任务背后的深层意义和更宏大的目标。当个人的工作与其价值观和广泛的目标相契合时，他们通常会体验到较强烈的满足感和成就感，进而激发出更强大的动力和更高的热情。这种对目标的追求本身就是一股强大的内在激励力量。

保持持续的目标感至关重要。个人和组织都应该不断地确认和强化自己的目标与使命，以维持激情和方向感。对管理者来说，构建一个愿景导向的组织意味着不仅追求利润，更追求对社会和环境的积极贡献。明确组织在改变世界中发挥的作用，能有效激发员工的内在动机。

自主权和专精是实现目标的关键工具。当人们能够自主选择工作方式，并持续精进工作技能时，实现个人和组织目标的可能性就会大大增加。

管理者若能充分理解外在激励（如金钱、奖励、评价）与内在激励（如自主权、专精、目标感）之间的差异，就能更有方向性和策略性地与员工沟通。通过深入了解每位员工的真实需求和激励点，管理者可以提供更具针对性的支持，从而发掘并增强员工的内在动机。

七、人才流动和职业发展规划

在人才管理战略中，人才流动和职业发展规划作为最后一个关键模块，其核心在于合理的人才配置。企业需要根据对人才需求的预测和供应分析，动态地进行人员调配，具体包含晋升、调岗或裁员等决策。定期评估人才流动和职业发展规划的成效，对于判断企业是否达成预设目标、确定是否需要调整策略至关重要。

晋升是职业发展中最常见、员工最期待的途径之一。企业应为员工设定明确的晋升通道，并设定具体的晋升标准和条件，同时确保晋升决策与员工的绩效和能力相符，以防止员工被提拔至超出其能力范围的职位。

轮岗能够帮助员工获取跨领域的工作经验，提升技能，增加知识，同时提高职业满意度。企业需要制订并执行高效的轮岗计划，保障员工在轮岗期间得到充分的支持与指导。

继任计划是企业为关键职位预备接班人制定的策略。在这一过程中，企业需要识别并培养有潜力的员工，为他们提供必要的培训和发展机会，并在合适的时机安排他们担任关键职位，这对企业的长期发展至关重要。

尽管淘汰是一件敏感且企业通常不愿面对的事，但在必要时对低效或不符合企业需求的员工进行淘汰是不可避免的。企业应确立公正且公开的淘汰标准和程序，保证淘汰过程的公正性和透明度。

企业应将人才流动和职业发展规划机制与自身的具体状况及需求相结合，并考虑员工的期望与能力。管理者需要通过有效沟通向员工讲明白职业发展路径和管理层的期望。管理者还应关注员工的反馈和满意度，以不断完善人才流动和职业发展规划。

小结

管理者在运用人才管理战略的6个模块时，应始终贯彻5个核心原则，具体如下。

（1）战略驱动。人才管理目标的设定应基于企业当前与未来的业务战略和总体目标。

（2）基于技能和能力。企业应更多地关注员工拥有的技能，以及这些技能与企业需求之间的匹配度和差异。

（3）面向绩效。人才管理战略全流程要围绕提高企业总体绩效和员工个人绩效开展。

（4）细分和个性化。企业应认识到不同员工的需求差异。例如，管理者在与销售团队的互动方式和与软件开发人员的互动方式上应有所区别。

（5）基于数据的决策。企业应依据相关数据（如产量、绩效和销售额等）做出决策，避免依赖个人主观判断，并在可能的情况下参考行业最佳实践和基准数据。

人才管理战略的设计是一个全方位且复杂的过程，它在实施组织战略的过程中起着决定性作用。基于关键任务对人才的要求，企业可能需要对人才管理的整个链条或特定环节进行重新设计和优化。管理者不仅是这一过程的主导者，也是这一过程的实践者，因此必须具备人才管理的专业知识和技能。

绩效创造

第三篇

第六章

创建组织的高绩效文化

第六章
创建组织的高绩效文化

第一节
高绩效文化的含义

IBM公司前CEO路易斯·郭士纳在《谁说大象不能跳舞？》一书中这样描述高绩效文化："高绩效的公司文化是一个只能意会、不可言传的东西。一旦你置身于一种成功的公司文化，就会很快感觉到它：公司的高级主管是真正的领导人和做事主动的人；雇员都愿意献身于公司追求成功的事业之中；产品都是一流的；每个人都关心质量问题；败给竞争对手——无论是在大的战斗中还是在小战斗中，都是一件让所有员工很生气的事；中庸之道在这里没有藏身之地；要鼓励、重视、奖励追求卓越的行为。"

郭士纳说："作为IBM的领导人，你当然需要领导的规划和具体的项目。但是你的职责还包括带领员工、建立工作团队，并创立高绩效的企业文化。"

通用电气公司前CEO杰克·韦尔奇也曾经说过："我们的活力曲线之所以能有效地发挥作用，是因为我们花了10年的时间在企业中创立了一种绩效文化。"

通用电气公司的企业文化与IBM的企业文化在文字表述上毫无共同之处，但两位CEO的观点都揭示了优秀企业文化的共同核心——高绩效。

一、高绩效文化的特征

高绩效文化的核心价值是追求卓越绩效。在这种文化中，企业员工共同致力于表现卓越、持续改进和成功实现企业目标。这种文化激励和奖赏那些努力提升个人及整体组织性能的人，并对达到或超越目标的成果给予积极的反馈。高绩效文化的特征包括以下几个。

（1）目标明确：设定清晰、具有挑战性且可衡量的目标，鼓励员工积极追求目标。

（2）期望一致：领导者和员工对工作方式与预期结果有着共同的理解和一致的期望。

（3）绩效评价：定期进行绩效评估，向个人和团队反馈工作结果，为其提供改进和进步的机会。例如，以追求高绩效为核心，明确哪些员工表现优秀，哪些行为应当得到奖励。

（4）激励和奖励：建立明确的激励和奖励机制，对表现出色的个人和团队给予公正、公平的回报；薪酬、员工招聘和晋升等政策都应该以高绩效为导向。

（5）持续学习：鼓励员工持续学习，推动个人和企业不断成长与进步。

在高绩效文化氛围下，员工将主动提高个人能力以提升绩效，企业将根据绩效评价员工，而员工的薪酬、奖励和晋升也将基于绩效，而不是基于领导者的主观判断。一旦高绩效文化成为企业共识，那么围绕绩效提升的各项变革措施就会得到大多数人的支持和执行。

二、高绩效文化的 4 项实战

美国管理学者威廉·乔伊斯等在《4+2：什么对企业真正有效》一书中提出了"4+2"管理框架。作者认为，要想使企业获得并持续保持高绩效，最根本的方法是在"战略""执行""企业文化""组织结构"4项管理实务中都达到精通，并在"人才""领导""创新""兼并与合作"4项管理实务中至少精通2项。

该书的重要贡献之一是将企业文化还原为绩效导向，这正是文化理论创始人和管理大师埃德加·沙因一直强调的观点。企业应当致力于激励每个人全力以赴，通过表彰和金钱奖励认可员工的成就，同时创造一个既具挑战性又令人满意且有趣的工作环境。总结而言，为了创建一个高绩效的文化环境，企业必须在负责、激励、工作环境、价值观这4项实践方面做得出色。

1. 负责：激励人们全力以赴

鼓励员工对企业的成败承担责任，通过授权让他们有机会改进企业运作方式和个人工作表现。激发员工的内驱力可以为企业带来更稳定和更长期的效益，而为员工提供足够的自主权是培养这种内驱力的重要途径。

2. 激励：用赞扬和奖金表彰员工的成就，持续提高绩效目标

通过金钱激励员工追求更高的绩效，并为表现优异的员工进行公开赞扬，提供晋升机会。具有竞争力的薪酬是确保员工高绩效的基础，及时认可和清晰的晋升路径则是持续激励员工保持高绩效的关键因素。

3. 工作环境：创建具有挑战性的、满意的和有趣的工作氛围

企业应避免使用压抑和极端的管理手段，以防工作环境过于沉闷，影响员工的工作热情。例如，微软曾经实行末位淘汰制，导致那段时期被称为"失落的十年"，这种做法被认为导致了微软发展进度的停滞。在强制排名的环境下，员工更多地看重个人利益而非团队合作，这不仅不能激发他们的积极性，反而诱发了内部斗争。

4. 价值观：确立并贯彻明确的企业价值观

企业应清晰地定义并公示其价值观，确保每位员工都能理解并将之内化。在企业的日常运营和员工之间的交流中，这些价值观应当成为引导员工行为的核心原则。

第二节
IBM和华为的高绩效文化

一、IBM 的高绩效文化

在IBM的管理实践中，高绩效文化的构建和实施对IBM的业务发展起到了关键作用。IBM的高绩效文化体现在以下几个方面。

1. 明确的愿景和目标

在不同的历史时期，IBM始终向客户和员工提供明确的企业愿景和战略目标，并确保所有员工都了解和支持这些目标。

20世纪90年代初，IBM从硬件转型到软件和服务，郭士纳带领IBM推出了IBM全球服务，该项业务成为IBM重要的收入来源。到了2000年左右，洞察到互联网将对业务运营产生深远影响的IBM提出了"电子商务""随需而变"战略，开始为客户提供将他们的业务数字化的解决方案。从2010年开始，IBM基于对大数据和分析技术的研究及对未来潜力的认知，提出了全球瞩目的"智慧地球"战略，为全球社会提供智能化的技术解决方案，帮助人们应对全球性挑战。IBM在这一时期推出了很多新产品和新服务，包括Watson人工智能系统、大数据分析和云计算等。2019年，IBM以340亿美元的价格收购了开源解决方案供应商红帽（Red Hat）公司，表明了其全面转向混合云业务的决心。2020年之后，IBM正式进入"混合云和AI"战略时期。这一时期IBM的愿景是成为全球领先的混合云和AI公司，帮助企业更好地实现数字化转型和创新。IBM在这一时期也推出了很多新产品和新服务，包括红帽OpenShift、Watson Studio和Cloud Pak等。

第六章
创建组织的高绩效文化

IBM内部完善的信息系统及企业一直倡导的透明沟通文化确保了在每次转型中，战略方向和业务目标都能被迅速且清晰地传达给从高层管理者到全球员工的所有人。

2. 强调团队合作

IBM鼓励员工相互合作，共同解决问题。团队合作是IBM企业文化的核心，并且被视为对员工素质的关键要求。IBM认为，只有通过有效的团队合作，员工才能充分发挥个人优势，提高工作效率，并且团队整体的战斗力一定大于单兵作战。

团队合作有助于知识共享和学习，促进团队成员之间的讨论和解决方案的分享，从而提高组织的整体绩效和创新能力。在美国，IBM的专利排名长期领先，一部分原因是其出色的团队协作文化促进了知识沉淀。

此外，团队合作可以汇集不同成员的观点和经验，有助于企业做出更全面的决策，提高决策质量和准确性，减少任何单一观点可能带来的局限。

团队合作还能提升成员的责任感和承诺度。每个人都认为自己对团队的成功至关重要，从而增强了团队的凝聚力和协作精神，进一步促进了高绩效文化的建设。

总结来说，团队合作可以提高工作效率和生产力，使团队迅速完成任务，快速响应市场变化和客户需求，为企业带来业务和利润的增长。

3. 持续学习

IBM提供了丰富的学习资源和机会，帮助员工提升技能，适应不断变化的工作环境。

作为全球领先的信息技术公司和企业学习发展的领导者，IBM从1999年起就实现了员工学习和发展系统的数字化。IBM一直致力于将最新的学习理论和技术整合到内部学习系统中。从20世纪90年代的在线学习系统Global Campus，到2001年推出的更加个性化和灵活的Learning@IBM，再到2014年启用的全球学习平台Think Academy，IBM不断强调数字化学习、协作和实践的重要性。作为IBM的一员，员工可以随时、随地、随需地利用内部学习资源不断提升个人的综合素质和专业能力，进而提高工作效率和工作效能。

除了先进的线上学习系统，IBM还提供了全面的培训和发展计划，以帮助员工不断提高技能和能力。这些计划包括在线课程、面授培训、导师带教、完成挑战性任务、行动学习、非正式经验分享、拓展实践项目等，以满足员工多样化的学习需求和期望。

另外，IBM在促进员工知识共享和学习方面也表现出色。IBM很早就引入了Web2.0技术来构建内部社交网络，建立了包括技术和行业社区在内的专业网络。员工可以通过内部维基（Wiki）、内部即时通信软件Sametime、全球知识分享平台Knowledge Sharing Portal等工具分享经验、寻找专家、获取建议，并与同事交流合作等，进而提升专业知识和工作绩效。

IBM还重视对员工（无论是普通员工还是管理者）领导力的培养。IBM认为人人都应该具备领导力，这样可以帮助他们在工作中取得更好的绩效和成果。IBM的领导力培训计划涵盖领导力开发、管理技能、沟通技巧和团队协作等方面。

通过这些机制和资源，IBM不仅能助力员工持续学习和改善绩效，还能促进他们的个人成长和职业发展，使他们为企业的成功和可持续发展贡献力量。

4. 先进的绩效管理体系

IBM的绩效管理体系是一个基于目标管理、定期反馈和持续发展的系统。虽然近些年IBM已经实施了新的绩效管理体系Checkpoint，但在郭士纳时代实施的、成功支持IBM变革的PBC绩效管理体系目前依然是业界持续学习和对标的绩效管理方法。PBC绩效管理体系通过"赢–执行–团队"三层核心结构，以及上下对齐、层层承诺、双向沟通等绩效管理原则，实现了高绩效文化要求的个人目标与企业目标一致、定期反馈、持续改进、强调发展而非事后追责等关键要点。

首先，IBM绩效管理体系注重设定明确的目标，帮助员工明确自己的工作职责和任务，并为其提供明确的衡量标准。这可以帮助员工更好地理解企业目标，并为实现这些目标而努力。

其次，IBM的绩效管理流程非常注重对员工表现进行定期评估，以衡量他们的工作质量和绩效水平。这一过程促进了员工了解自身工作成效，并为他们提供了改进和提升表现的机会。

最后，对绩效评估结果的合理应用是决定一个绩效管理体系成功闭环的关键。IBM的绩效管理体系重视对员工的奖励和认可，以此激励他们为实现企业目标而努力。这不仅能让员工感受到自己的价值和所做的贡献，而且能为他们提供持续的动力。

在应用绩效评估结果时，为员工提供发展计划和机会尤为关键，但这一环节往往被大多数企业忽视，导致员工将绩效管理误解为一种简单的"交易"或事后的责任追究。IBM通过制订积极的员工发展计划，帮助员工不断提升技能和能力，促进个人成长和职业发展，从而为企业的成功做出更大的贡献。

5. 公平的奖励机制

IBM的奖励机制致力于建立一种基于员工表现和贡献的激励系统，以促进企业目标的实现和高绩效文化的形成。

IBM的奖励机制仅考量员工的工作表现和贡献，而非职位或其他因素，从而确保奖励和认可的公平性，促进员工专注于为实现企业目标而努力。

IBM通过多元化的奖励方式（如薪酬、股票、奖金、福利和形式多样的认可）满足员工的不同需求，激发他们为企业目标奋斗的动力。

IBM的奖励机制强调公平和透明。IBM采用一系列明确的标准和指标来评估员工的贡献，确保评估过程的公正性、一致性和透明度。

IBM的奖励机制还涵盖对员工的持续发展和能力提升的支持。对于高绩效员工，IBM会向其提供更多的培训和发展机会，进一步促进其技能提升，为其达成更高的绩效打造正循环。

二、华为的高绩效文化

华为作为全球领先的信息与通信技术解决方案供应商，卓越的企业文化是其成功的关键因素之一。华为以客户至上为核心价值观，以奋斗为核心精神，塑造了独特的企业文化特色。

1. 客户至上的核心价值观

华为坚守"客户至上"的原则，致力于为客户创造持续的价值和成功。这要求每位员工深刻理解客户需求，并不断努力去满足甚至超越这些需求。

数年前，摩根士丹利首席经济学家斯蒂芬·罗奇带领的机构投资者代表团访问了华为深圳总部。任正非先生安排公司的研发执行副总裁费敏接待该代表团。罗奇认为自己没有得到应有的重视，并表示："他拒绝了一个管理着3万亿美元资产的团队。"对此，任正非先生表示，罗奇不是客户，他会优先与任何客户会面，无论客户规模大小。

任正非先生曾强调，华为走到今天，靠的就是对客户需求宗教般的信仰和敬畏，以及坚持把对客户的诚信做到极致。华为的所有决策、产品设计和服务均围绕客户的实际需求展开。例如，华为为满足全球不同电信运营商的特定需求提供定制化解决方案，建立全球服务网络以确保遇到问题时能在24小时内快速响应，在研发上大量投资，确保产品和技术保持行业领先。这些都反映了华为对客户需求的重视。2005年之后，华为与全球数百家客户的合作关系已经超越了简单的甲乙方关系，而是发展成为相互依存、相互促进的战略伙伴关系。

任正非先生在多次演讲中提到，华为的灵魂在于客户，只要客户在，华为的魂就永远在。在2020年的一次会议上，任正非先生指出：在华为，坚决提拔那些眼睛盯着客户、屁股对着老板的员工；坚决淘汰那些眼睛盯着老板、屁股对着客户的干部。前者是公司价值的创造者，后者则不符合公司的价值观念。

2. 勤勉奋斗的"狼性文化"

华为鼓励员工具有敬业精神和坚持不懈的工作态度。这种"狼性文化"要求员工有强烈的责任感和紧迫感。

狼的第一个特性是敏锐的嗅觉。华为员工对市场信息的敏感度极高，能够及时应对各种变化。狼的第二个特性是耐寒。华为员工无畏困难，渴望进步，这种精神让他们能够应对各种复杂的挑战。狼的第三个特性是团队行动。华为拥有特别浓厚的团队合作氛围，鼓励员工之间相互成长、分享观点。"狼性文化"赋予了华为对动荡市场的敏锐洞察力，从而迅速把握和利用现有机会。同时，华为员工之间明确的职责分工与协同合作可以确保所有任务都能被高效、有效地完成。这些因素共同作用，使华为获得了利润和成功的发展。毫无疑问，"狼性文化"是华为成功的基石，助力华为在激烈的市场竞争中实现重大突破。

"狼性文化"强调企业与员工共同奋斗和成长，通过将末位淘汰制和完善的优秀人才激励制度相结合，形成卓越的团队。建立企业与员工的命运共同体，培养员工的归属感和团队协作精神，正是"狼性文化"的精髓。

众所周知，在华为成立之初，每位新员工都会收到一条毯子和一张床垫，他们常常工作至深夜，然后在办公室睡觉。一位华为员工曾表示："过去，这些垫子代表了我们的辛勤工作，现在，这种精神已经转化为我们在任何事情上追求卓越的动力。"

3. 以奋斗者为本的"三高"机制

华为的"三高"机制包括高压力、高绩效、高回报。这一机制是其人力资源和管理策略的核心，旨在激发知识型员工的积极性和承受压力的能力，促使他们全力以赴、持之以恒地创造高绩效，进而成就企业的持续成长。

华为文化始终保持对市场和客户的敬畏之心。员工能够持续感受到外部市场竞争带来的压力，不断为"过冬"储备能量，为生存而奋力工作。此外，华为为员工设定了极高的工作期望和标准。华为倡导健康的内部竞争，员工之间的相互竞争营造了一个高压力的工作氛围。例如，华为经常设立多个团队针对类似的项目进行并行的竞争性研发，这不仅加快了产品的研发速度，也给每个团队带来了巨大的压力，因为只有表现最优异的团队才能够获得项目的最终批准。

在高压力环境下，华为员工通常展现出出色的绩效。华为奉行绩效至上的原则，强调绩效是获得发言权和资源配置的基础。严格的绩效评估体系可以确保员工目标与公司标准一致。例如，清晰透明的关键绩效指标体系直接关联个人职责和任务，使员工有明确的工作目标和实现途径。

为了奖励在高压环境下表现卓越的员工，华为为他们提供优厚的薪酬和奖励，以激励他们持续保持高绩效。华为的薪酬分配原则可以确保贡献者得到应有的回报，"绝不让雷锋吃亏"。员工只要创造了高绩效，就一定会有高回报。华为的员工持股计划是一个很好的例子。对于那些表现优异的员工，公司为他们提供了购买公司股份的机会。随着公司的发展和成功，这些股份将为员工带来巨大的经济回报。

总结来说，一方面，华为通过建立客观公平的评价体系，使员工的高绩效能够转化成高回报，通过高工资、高分红、高奖金，使员工真正共创共享公司的价值；另一方面，华为通过高压力、高回报驱动员工不断创造高绩效。

三、对标 IBM 和华为打造高绩效文化

对标IBM和华为的高绩效文化，如果企业管理者能系统地从以下6个方面入手，将有效推进组织高绩效文化的形成。

1. 设定明确的目标

管理者应该设定清晰的目标，并确保每位员工都明白自己的角色及工作与总体目标的关联。管理者与员工之间的明确沟通是构建高绩效文化的基础。明确的目标可以使员工更容易实现个人、团队和组织的目标。

2. 定期反馈和认可

定期提供建设性反馈对提升员工绩效至关重要。同时，对员工成功和成果的认可与赞赏也非常关键，可以激励他们更好地工作。

3. 提供必要的资源和工具

组织需要确保员工拥有完成任务所必需的所有资源和工具，包括技能培训、时间、信息和物理资源。

4. 促进个人发展

为员工提供发展技能和知识的机会，可以激发他们的潜能，并帮助他们迎接新挑战。这可能包括提供教育和培训机会及职业发展路径。

5. 充满信任和尊重的沟通

高绩效文化应以信任和尊重为基础，组织需要通过诚实、公开和透明的沟通建立与员工之间的信任关系。这意味着尊重员工的贡献，信任他们的能力，并鼓励他们创新和承担风险。

6. 管理者的支持和榜样

管理者需要充分理解并实践支持高绩效的价值观，并以自己的行为展

示和强化这些价值观。管理者自身应展现高绩效行为，以身作则地影响整个组织的文化，以此激励员工追求卓越。

构建和维护高绩效文化要求组织持续努力和长期投入。通过这种方式，组织能够建立一个积极而具有竞争力的工作环境。拥有高绩效文化的组织更容易实现战略转型，挑战性的业务目标和关键任务也能够得到有效的资源支持。

第七章

落实效的管理抓手：
绩效创造

领导力与绩效可以被形容为一虚一实的共生体。领导力充满了主观色彩，绩效管理则凭借清晰可量化的特性展示了其客观性。视绩效管理为管理者实践领导力的关键手段，是瓴先领导力®打破传统思维定式的一个突破。这种做法突出了管理者在绩效管理流程中的行为和决策与其领导力发展的紧密联系。在绩效管理过程中，目标的设定、辅导与反馈、成果的评估及持续的改进跟踪都是锻炼领导力的关键环节。

从员工的立场出发，尽管其能学习企业的战略和部门的要求，但真正激发其努力工作的不是使命宣言中的内容，而是绩效目标和绩效评价的具体要求。因此，管理者的一项重要职能是有效地将企业目标转化为个人目标。只有将企业目标与个人目标连接起来，才能坚持一致地执行企业战略。

很多企业之所以战略转型失败，问题往往出现在最后一个闭环的环节上，因为企业高层管理者通常认为绩效管理只是人力资源部的工作。管理者经常忽视这样一个基本原则：战略和业务的执行最终都需要人来完成。任何企业的变革、转型和发展，如果忽略了人的因素，无论拥有多么具有前瞻性的远景和多么高明的设计，都不可能取得成功。

罗伯特·卡普兰发明的平衡计分卡的最大贡献是将绩效管理工作提升至企业战略层面，帮助高层管理者将企业的愿景和战略转化为一套连贯的业绩指标。这使高层管理者意识到，仅有激励人心的使命宣言是不够的。正如彼得·圣吉所说："许多领导人都拥有个人愿景，却从不将个人愿景转变为振奋组织的共同愿景，他们缺乏将个人愿景转化为共同愿景的概念。"

除了将绩效目标与企业的战略目标相连接，持续的跟进与沟通也是绩效管理循环中至关重要的一点。员工激情不足、斗志丧失的一个主要原因并非他们未被企业的战略宏图所激发，而是在投入工作的过程中，他们没有感受到足够的关注和认可，缺乏必要的支持与反馈。同时，由于外部环境快速变化，员工可能会对上层战略方向和业务重点的调整产生信息缺失和感觉脱节，这会导致他们的绩效承诺逐渐减弱。

第一节
打造敏捷绩效管理体系

绩效管理体系通过全面覆盖绩效管理过程，利用持续的循环反馈机制，实现企业战略目标与员工个人目标之间的有效衔接，对企业发展和员工成长均具有重要意义。其本质在于形成一个完整的、上下相连的管理模式。

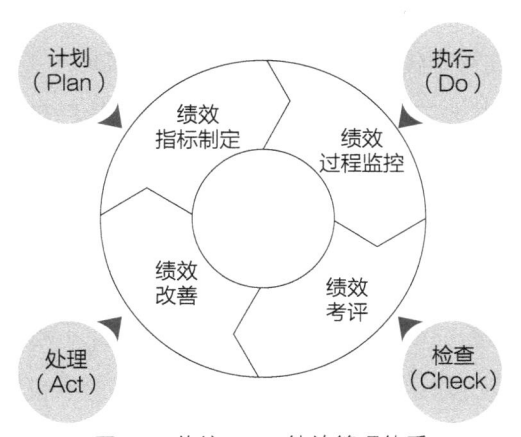

一、传统 PDCA 绩效管理体系

常见的绩效管理体系以目标管理为核心理念构建，涵盖了明确组织目标、制定关键绩效指标、执行绩效考核和改进绩效管理等环节。这构成了一个相互衔接、循环往复的闭环体系，旨在推动组织绩效持续实现螺旋式提升。这种绩效管理体系有一个被广为传播的叫法——PDCA绩效管理体系（见图7-1）。该体系包括4个主要环节：计划（Plan，确定目标和绩效指标）、执行（Do，实施行动方案）、检查（Check，进行绩效考核）和处理（Act，不断优化和完善绩效管理体系）。

图7-1 传统PDCA绩效管理体系

面对新时代的不确定性、快速变化，以及科技革命带来的生活和工作方式的变革，传统PDCA绩效管理体系的缺陷日益明显。

一是PDCA绩效管理体系具有刚性和线性特点。PDCA绩效管理体系通常被视为一个刚性的、线性的过程，按照计划、执行、检查和处理的顺序进行循环。然而，在新时代不确定性大、快速变化的环境下，这种刚性的绩效管理体系难以满足市场迅速变化的需求和对灵活性的要求。过度依赖PDCA绩效管理体系可能导致企业形成"一刀切"的思维模式，从而忽略企业或项目的具体需求和特性。

二是PDCA绩效管理体系缺乏创新性和变革性。PDCA绩效管理体系主要关注对现有流程和目标的持续改进，容易使员工仅按流程工作，形成思维惯性，从而缺乏创新性和变革性。另外，当绩效指标中缺乏对员工创造力的鼓励时，员工面临的创新压力就会相应地减小，不利于对员工创造性思维的激发。在新时代背景下，创新和变革成为推动企业和业务发展的关键，这就要求管理方法更加重视创新性和变革性。

三是PDCA绩效管理体系局限于内部控制。PDCA绩效管理体系过于侧重内部控制和管理，而对外部环境缺乏足够的关注。然而，在新时代背景下，企业面临的外部环境极为复杂多变，包括技术创新、市场竞争、政策变化等因素，这些都给绩效管理带来了重要影响，亟须进行综合考量。

四是PDCA绩效管理体系具有视角局限性。PDCA绩效管理体系往往专注于过程改进，而未涉及全局或战略层面，这可能导致人们忽略更广泛的优化机会。同时，这也可能导致对计划和执行阶段的过分强调，从而忽略对动态和复杂问题的处理。

五是PDCA绩效管理体系缺乏员工参与和反馈机制。PDCA绩效管理体系通常由管理层主导，员工的参与和反馈机制可能不够充分。然而，在新时代，员工的参与和反馈对绩效管理极为重要，它不仅能够激发员工的创造力和积极性，还能提升组织的整体绩效。

提到因绩效管理体系未能跟上时代变化而引发企业经营问题的商业案例，不得不提索尼公司。索尼公司前常务董事天外伺朗在其发表的《绩效主义毁了索尼》一文中提到："索尼近年来由于过分推崇绩效主义，已经风光不再，且在若干管理问题上积重难返。"天外伺朗认为，索尼公司当时过分强调将绩效考核结果与薪酬挂钩，导致员工过于追求短期利益，失去责任感，并且一味追求业绩量化，致使团队之间的信任逐渐减弱。这导致索尼公司一度引以为傲的挑战精神和团队精神荡然无存，由昔日的创新先锋沦为反面教材。

索尼公司曾因其强大的硬件制造能力和卓越的品牌声誉而闻名，然而在21世纪初的数码音乐播放器市场竞争中，软件与服务的重要性日益凸显。索尼公司在追求高绩效的过程中，偏重硬件销售和利润指标，忽略了软件与服务的创新和发展。这一做法使索尼公司在数码音乐播放器市场上的竞争优势受损。同时，苹果公司凭借其创新的iTunes音乐平台和对用户友好的iPod，成功整合了硬件、软件和服务，提供了无缝的用户体验。

这个案例提醒人们，在追求绩效和利润的过程中，企业管理者不能忽视市场的变化和用户的需求。单纯机械地追求绩效指标可能会忽略其他关键因素，导致企业无法适应市场变化与创新需求。在新时代，灵活、创新和关注用户体验变得尤为重要，只有那些能够真正适应市场和用户需求变化的绩效管理体系才能实现持续的商业成功。

二、从绩效管理到绩效支持

多年前，美国创新领导力中心进行了一项针对企业员工绩效的调查。调查数据显示，对绩效影响最大的因素是管理者是否提供了公正且正确的非正式反馈，其占比为39%，第二大影响因素是管理者是否为员工设定了明确的绩效目标期望，其占比为36%。

IBM内部也进行过类似的调研。当询问管理者是否认为员工对绩效目标有清晰的认识时，85%的管理者回答是肯定的。而70%的员工表示他们并不太清楚领导对他们绩效的期望。这项调研表明，管理者与员工在对绩效目标的认识上存在显著差异，管理者高估了自己在沟通绩效目标方面的有效性。

传统的绩效管理体系面临困境，其核心逻辑是回顾性的，专注于评价过去的表现。其刚性和线性的特点让员工感觉像在进行交易，而不是在追求抱负或具有战略意义。一些前瞻性企业开始采用新一代绩效管理理念：绩效支持。它以未来为导向，促进企业内部的流动性，更强调管理者与员工的频繁反馈，旨在帮助员工了解业务中的优先事项，使他们能够成为战略思考者。绩效支持的目的是实现绩效，而不是管理绩效。将绩效支持与战略目标的设定相结合，能够激发员工的全部潜力。

三、敏捷绩效管理模式

绩效支持管理理念的一个应用是敏捷绩效管理模式。敏捷性有助于解决传统企业难以解决的绩效管理实践问题。例如，敏捷性的一个关键特征是频繁地探寻市场和客户的需求，这意味着管理者需要频繁地与员工进行双向沟通。在以几周为一个周期的敏捷循环中，每次循环都会创造一种更轻、更快的节奏，团队层面和个人层面的反馈也会随着这个节奏更加频繁。同样，浓厚的自主权和冒险精神文化会为员工提供拓展的机会，让员工愿意承担更多的责任，并迅速发现自己该如何改进。

传统的绩效管理模式以年度为周期构建，并与财务计划和薪酬挂钩。其基于员工绩效，根据他们的产出（如完成的零件个数、处理的单据件数等指标）进行衡量。虽然现在仍然有一些工作严重依赖这些指标，但越来越多的劳动力从事与服务或知识相关的工作，他们的绩效取决于他们的技能、态度、客户同理心，以及他们通过团队合作进行创新和推动变革的能力。这些技能必须随着时间的推移而建立，因此有效的绩效管理模式应该专注于不断发展员工的这些能力，而不是在某个时刻对它们进行排名。

敏捷绩效管理模式是变革性的，是现代企业实现战略落地的最好抓手。利用这一模式，企业将获得更高的员工敬业度、员工生产力、盈利能力和企业敏捷性，从而战胜竞争对手。

研究显示，大约70%的跨国企业正向敏捷绩效管理模式转型，尽管这一进程尚未完全完成。诸多行业领导者，包括埃森哲、嘉吉、通用电气、谷歌、微软和奈飞等，正在将绩效管理转变为一系列更短、更规律的正式与非正式的反思、目标设定、辅导及反馈讨论过程，以支持绩效提升。与传统的年度绩效评估谈话和表格填写相比，敏捷绩效管理更加注重个人发展、持续性和未来导向。

1. 敏捷绩效管理的定义和流程

当代企业面临诸多外部变化，必须迅速反应，有时甚至需要全年不断地进行重组，这使以年度为周期进行规划和管理的难度日益增大。在各方面保持敏捷成为众多企业的目标，而合适的绩效管理体系能够利用敏捷性来支持企业实现这一目标。IBM智慧劳动力研究所的一项研究显示，大部分员工对敏捷绩效管理的灵活性和透明度持积极态度。该研究还指出，近半数员工反馈使用敏捷方法能让他们更有效地工作。

敏捷绩效管理被定义为一种灵活、持续、以人为中心的绩效管理方式，旨在快速适应变化并提高效率，以维持企业在动态工作环境下的竞争力。该管理方式的主要特征是迭代、持续和双向沟通。

敏捷绩效管理的流程大致可以分为以下6个步骤。

（1）设定目标。在敏捷绩效管理中，设定目标时应注重灵活性和适应性，以应对业务环境的迅速变化。目标应明确、可衡量，并定期检查与调整。

（2）持续反馈。与传统年度绩效评估不同，敏捷绩效管理强调持续和实时的反馈、沟通。这可以帮助员工及时了解自己的表现，从而更快地做出调整。

（3）自我评估。鼓励员工对自己的工作表现进行自我评估，以提升他们的自我认知并帮助管理者获得更全面的绩效信息。

（4）互动评估。互动评估包括同事间评估、跨部门评估等形式，可提供多角度反馈，提高绩效管理的公正性与准确性。

（5）发展和学习。敏捷绩效管理将绩效管理视为发展和学习的工具，而不只将其用来评估员工的工作表现。通过反馈和评估，企业可以发现员工的不足和需要改进的地方，从而制订个性化的发展计划，提供学习机会。

（6）调整和改进。在敏捷绩效管理中，绩效管理过程本身是一个不断学习和改进的过程。通过定期检查和反思，企业可以不断调整和优化绩效管理策略与方法。

敏捷绩效管理的流程如图7-2所示。上述6个步骤体现为两个关键环节的持续循环与迭代：一是与直属主管一对一讨论目标和优先级，二是致力于目标的达成并持续获得反馈。通常每1~3个月与主管就目标和优先级进行讨论，执行过程中的反馈则根据需要实时进行。

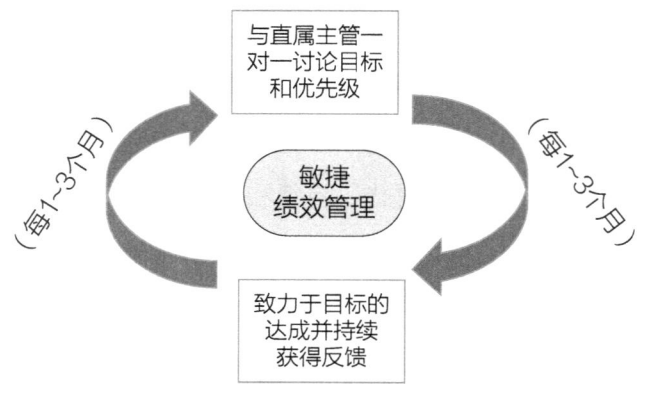

图7-2 敏捷绩效管理的流程

2. 敏捷绩效管理的关键特征

全球人力资本研究所的研究界定了敏捷绩效管理的6个关键特征，包括基于优势的发展、实时和连续的目标设定、有效且持续的反馈、绩效辅导、奖励与认可。

1）基于优势的发展

传统的绩效管理过于关注发展员工的技能或纠正员工的弱点。人力资本研究所指出，"培养员工的先天优势将对其敬业度产生更大的影响"。《哈佛商业评论》也强调，相比于关注整个员工群体，企业更应该关注高潜力人才的发展。因此，从群体上更加重视高潜人才的培养、从个体上更加重视员工优势的发展，是撬动组织绩效提升的重要杠杆。

2）实时和连续的目标设定

管理者和员工必须根据组织和业务环境的变化调整他们的优先事项与日常工作重点。这种基于战略的瀑布式信息传递过程是有效执行战略的重要部分，每位员工都需要清晰地认识到自己的工作与企业战略和方向的关联。

有效的战略执行通常取决于3个核心要素：人才、战略和运营。正如拉里·博西迪和拉姆·查兰在其著作《执行：如何完成任务的学问》中所说的："人才流程比战略或运营流程更重要……毕竟，是组织中的人员对市场变化作出判断，根据这些判断制定战略，并把战略转化为具体的运营实践。"

同时，市场环境不断变化，管理者必须快速、持续地进行这种信息传递，以帮助员工做出决策并继续朝着与公司相同的方向前进，确保员工持续认识到他们对战略贡献认识的清晰度。

3）有效且持续的反馈

对所有员工来说，如果反馈来得太晚，导致他们无法做出有意义的改变，无疑是一件令人沮丧的事，特别是对那些渴望成就事业并为企业成功贡献力量的员工来说。人力资本研究所认为，必须尽可能缩短甚至消除反馈间隔，为员工提供最佳成长机会，这对实施远程办公、团队分布在不同

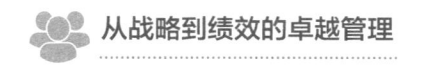

地理位置的企业来说尤其重要。

4）绩效辅导

在当代企业中，曾主要属于高管的教练式领导力，正日益被各层级管理者采纳和推广，众多中国企业也在努力培养其管理者的教练技能。在敏捷绩效管理中，管理者具备教练型绩效辅导能力，能显著提高员工的绩效水平、敬业度和忠诚度。

5）奖励

人力资本研究所建议，人力资源领导者应当授予管理者一定的自主权，在恰当的监督管理下，使其可以根据实际情况分配超出市场标准的薪酬和奖金。这样做的首要好处是能够留住那些表现卓越且可能会被其他企业高薪挖走的优秀员工。尽管激励员工的手段不应仅限于金钱，但忽视经济奖励可能会导致企业失去最优秀的员工。

6）认可

敏捷绩效管理要求在整个管理过程中认可"小而有价值的贡献"，而不是等待"重大项目"完成后才予以认可。这意味着绩效管理应当贯穿全年，而不是仅限于每6个月或每年进行一次评审。应给予每位员工即时的、基于具体工作表现的认可。

第二节
目标设定的战略性与敏捷性

有效的目标设定可以为企业及其员工指明发展方向并提供动力。同时，设定目标是监控进展和明确责任的重要手段。在目标设定过程中，管理者的远见和智慧被转化为一系列切实可行的分阶段里程碑，其个人的成就感与企业的长期发展被巧妙地结合起来。卓有成效的目标不仅能为企业勾画一条清晰的发展路径，而且能显著提高团队士气，激发团队成员的潜力与热忱。

尽管在过去几年许多企业濒临破产，但仍有一些企业能够制定与快速变化的经济环境相适应的目标，并实现逆境中的发展。面对外部环境的变化及由此带来的挑战，迅速且准确地将企业目标传达至每位员工，确保其与个人目标对齐，显得格外重要。

一、传统目标设定的局限性

每位从事人力资源工作的专业人员或接受过基本管理理论培训的管理者都应当明白，目标设定需要遵循SMART原则，即"聪明的目标设定法则"。多年来，员工和管理者普遍认同一个观点：设定一个具体的（Specific）、可衡量的（Measurabble）、可实现的（Attainable）、相关的（Relevant）且有时限的（Time-bound）目标是实现成果的必要条件。

然而，SMART原则的局限性在于它往往只强调问题的某一方面。这种目标设定方法无法适应当今复杂且快速变化的组织环境。传统上，SMART目标作为年度绩效管理的起点，在每年年初设定，并在年终进行评估对比。这种目标设定方法存在明显的局限性，尤其是在灵活性方面。

Gartner公司的研究揭示了影响有效目标设定的三大障碍。

1. 工作的多元化、专业化使战略协同变得更加困难

在科技不断发展和Z世代成为职场主导力量的背景下，企业的工作场所日益多元化。员工远程工作或在混合办公模式下工作的比例不断上升，自由职业者代表的零工经济的规模也在快速扩大。与此同时，企业的工作内容变得越来越专业化。Gartner公司的最新调查显示，68%的管理者认为，只有那些具备高度综合专业技能和经验的员工才能成功地完成所需的工作。越来越多的员工感觉自己难以跟上企业的步伐，与企业的目标脱节。

2. 个人目标的设定忽视了基于团队的工作

在当今企业中，以团队为基础的工作模式日益重要，个人目标的设定应当体现这一趋势。但是，根据2021年Gartner公司的员工绩效管理基准调查，仅有9%的企业允许员工在设定个人目标时邀请同事参与，而允许团队参与的企业仅占15%。

3. 年度目标的设定跟不上变化的需求

Gartner公司的研究数据显示，近10年来，单项工作所需的技能数量自2017年起以年均10%的速度增长。随着许多技能变得过时，员工需要掌握新技能并采纳新的协作方式，以应对不断变化的业务优先级。尽管这种变化非常迅速且深刻，但设定年度目标依然是大多数企业的通行做法，它们没有将战略需求的动态调整纳入考量。

随着业务需求和商业成果的演进，应对目标设定流程做相应的调整。具有前瞻性的组织已经从年度或半年度的审视转变为全年持续发展的模式。这种敏捷绩效管理侧重于开发过程，致力于消除绩效障碍，并根据不断变化的业务或个人需求调整目标，而非仅关注最终成果。

传统的目标设定往往沦为形式主义，对个人的日常表现和成长的实质性影响有限。众所周知，企业内部人才的表现最终决定了企业战略的成功与否。

二、目标设定的战略性

绩效目标与战略的一致性是高绩效企业与低绩效企业的关键差异所在。研究表明，那些将绩效目标与战略保持高度一致的企业，其收入增长速度平均提高了58%，盈利能力提高了72%，在员工敬业度、客户满意度、员工保留率和领导力方面也显著超越了战略对齐程度较低的竞争对手。

1. 战略一致性目标设定

目标一致性设计应从企业的顶层开始。作为企业愿景和战略的制定者，高层领导需要时刻关注战略地图上当年的关键战役，以明确企业级绩效目标。这些绩效目标与企业战略目标的关联是在战略解码过程中识别出来的必赢之战与关键任务。如前文所述，能成为必赢之战的一定是对实现企业战略意图至关重要、关乎企业生存发展的重大问题；能成为关键任务的一定与企业的核心价值创造直接相关，这些任务或能促进业务增长，或能强化能力建设。

因此，在绩效目标设定的维度分类上，既可以采用战略专家罗伯特·卡普兰提出的平衡计分卡，也可以遵循本书所提的瓴先领导力®绩效目标设定框架，该框架下的绩效目标涵盖业务增长和能力建设两个主要维度，其中业务增长维度可以细分为财务和客户两个子维度，能力建设维度可以细分为组织与文化、流程与机制、人才与能力3个子维度，如图7-3所示。平衡计分卡基于宏观的企业战略进行逻辑梳理；瓴先领导力®则依据中观的战役与任务制定绩效目标，其与战略制定和战略解码具有强关联性，在执行时更便于分解和落地。

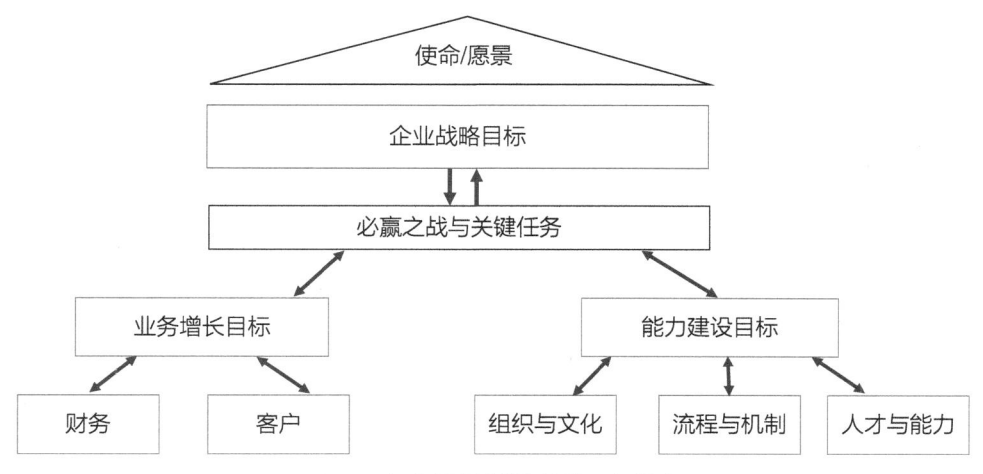

图7-3 瓴先领导力®的绩效目标设定

企业高层领导的绩效目标是通过对必赢之战和关键任务的拆解制定的，直接承接企业战略目标。对于企业中层领导，即集团的各个职能部门及区域、分/子公司的领导，其绩效目标是从其汇报的高层领导那里承接而来的。相应地，企业基层及各个团队的绩效目标是从其汇报的中层领导那里承接而来的；员工层的绩效目标是从其汇报的基层领导那里承接而来的。这体现了目标从上到下层层传递的原则。

敏捷绩效目标应当由员工和管理者共同协作设定，而非仅由管理者单方面下达。为了帮助员工设定一致的目标，管理者应理解业务战略的详尽信息，并思考如何将此与员工的岗位职责联系起来。管理者应分享自己对企业战略和业务优先级的理解，概述自己的目标并明确对下属的目标期望；倾听下属的反馈与问题，确保目标的相关性并让下属充分理解。通过这样的双向互动，员工将在目标设定过程中更有参与感，也能更好地理解和执行这些目标。这个过程既是绩效目标设定的过程，也是企业价值从上到下传递的过程，是确保每个层级员工的绩效目标直接或间接贡献于企业战略的过程。

下属一旦理解了上级的绩效目标，便开始承接并设定自己的绩效目标。针对下属设定的、承接上级目标的个人目标，管理者应与之充分讨论并达成共识，形成由下属最终定稿的绩效目标，确保上下一致性和下属的完全认同。在此过程中，下属应有机会表达个人诉求，合理的诉求应在绩效承诺中予以体现。

个人绩效目标的战略连接如图7-4所示。目标由企业高层逐级传递至员工层，员工层则逐级承诺至企业高层。只有在价值被传递、需求被满足的绩效目标设定过程中，企业才能真正实现绩效目标从下到上的层层承诺。这一过程的重要性在整个绩效管理中占40%。

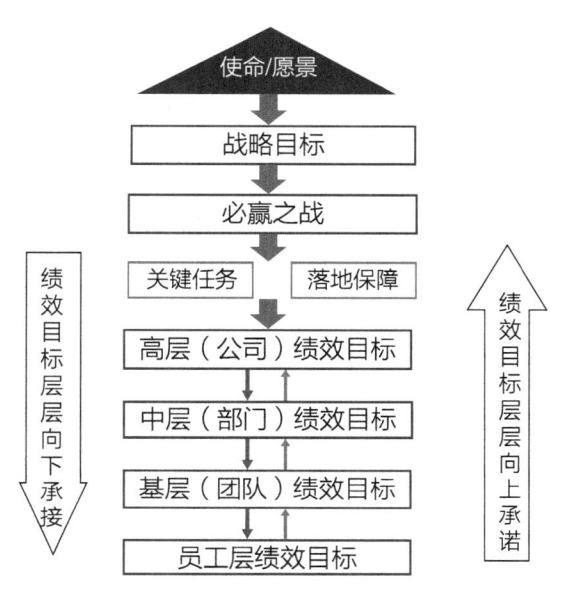

```
                使命/愿景
                   ↓
                战略目标
                   ↓
                必赢之战
                   ↓
         关键任务      落地保障
                   ↓
            高层（公司）绩效目标
                   ↕
            中层（部门）绩效目标
                   ↕
            基层（团队）绩效目标
                   ↕
              员工层绩效目标
```

左侧：绩效目标层层向下承接
右侧：绩效目标层层向上承诺

图7-4 个人绩效目标的战略连接

2. 战略一致性目标沟通

个人目标和团队目标应与企业的总体目标衔接。要将个人层面和团队层面的目标与企业更广泛的业务目标相连接，让员工在工作中投入情感，齐心协力地朝着共同的方向努力。

只有当员工理解目标的意义，知道为什么做、为谁做后，其敬业度才能提高。当目标和责任明确时，员工高度敬业的可能性是目标和责任不明确时的2.8倍。

员工若对自己应达成的目标一无所知，他们的工作可能会基于与企业目标不一致的假设。盖洛普咨询公司的一项研究显示，有40%的员工不清楚企业的目标和使命，只有一半的员工感觉自己与企业使命密切相关。原因通常是企业未能明确区分员工的职责与绩效目标，从而导致管理者未能清晰地传达他们的期望。

因此，在企业的各个层面进行战略性的、清晰且一致的沟通显得尤为关键。员工应明白自己的绩效与企业目标之间的联系，并知晓工作方向及任务的意义，这将提升他们的工作效率。例如，在谷歌，从CEO到普通员工，所有人的目标与关键成果都是公开透明的。这种透明度为谷歌带来了多重好处：促进团队和企业之间建立相互依赖的关系，培养紧迫感和"贡献份额"的意识，并强化敏捷组织特有的扁平化文化与思维模式。

目标一致性沟通不应仅限于目标设定阶段，而应成为一个持续的过程。在这个过程中要确保目标成为管理层会议、团队会议、员工一对一交流及绩效评估中的常规议题，从而将企业的规划和决策与员工个人目标紧密结合起来。管理者需要把关于目标的对话融入日常的沟通和信息交流中，并在日常交流中不断强化、提醒和协调，根据员工的具体任务和行动传达、指导这些信息，帮助员工理解个人工作与企业整体战略之间的关联，确保全体员工持续对目标保持专注。

管理者如何将业务战略"语境化"并阐述其与员工绩效的联系，将对员工绩效产生显著影响。管理者应结合员工的具体岗位、角色、工作任务，解释这些要素如何与部门和企业的业务战略相互关联、相互影响，并提供具体的指导和引导，而非仅停留在抽象的战略宣导上。那些善于将指导目标与具体语境相结合的管理者能够将高绩效员工的比例从44%提升至60%。

在与员工为了确保目标一致性而进行密切沟通的过程中，管理者应特别关注以下几个方面。

（1）方向感和明确性。为员工提供清晰的工作方向，确保他们了解应该重点关注的领域及所期望达成的成果。

（2）动机和积极性。激发员工的工作热情，明确目标并确保这些目标对员工和企业都具有意义，这样可以提高员工的工作投入度。

（3）绩效衡量和反馈。定期回顾和衡量员工绩效，并定期提供反馈，指导员工改善工作表现。

（4）个人和组织发展。帮助员工制订个人发展计划，如提升特定技能和知识以实现目标,并为组织资源的分配提供指导,支持员工达成目标。

(5)成就感和满意度。当员工实现甚至超越目标时,他们会有成就感,这将提高他们的工作满意度并增强他们的工作动力。

3. 最佳实践

在确保员工的绩效目标与企业的战略目标保持一致方面,有3个最佳实践供读者学习和参考。

1)制订"一张纸"战略计划

"一张纸"战略计划概括了企业的整体行动方案及资源配置(包括时间、人力和资金)以达成高绩效和成果。它明确了企业的使命、愿景和价值观,并明确了企业的核心任务。

制订"一张纸"战略计划的目的在于保障策略清晰简洁。简洁的策略可以帮助企业保持焦点,易于团队理解和落实;简洁且专注的策略便于管理层向下属传达和沟通。

2)设定企业的首要任务

依据拆解出来的必赢之战和关键任务,设定企业当年的最高目标。例如,若企业的最高目标是"发展全球业务",则企业内部从高层到基层都应围绕这一目标进行拆解和做出承诺,确立各自的关键绩效指标。

在设定首要任务时,要强调书面化和共识化的重要性,因为达成书面共识的目标比那些未达成共识或未明确做出书面表述的目标更有可能实现。相关研究显示,有70%的书面共识目标最终得以实现。让全企业员工都能够清晰地了解企业的优先事项,有助于每个人聚焦最关键的事务。

3)级联清晰的、可衡量的目标

高层管理者确定了企业的最高目标后,应将其分解并级联到部门、团队和个人层面。这一过程可以确保每个人的工作直接支持企业的重点事务。管理者需要与直接下属协作,共同设定目标,并确保关键结果是可衡量的，这样管理者和团队可以依托数据来驱动目标的实现。

所有目标都应对企业的重点事务做出贡献。优秀的管理者会基于团队成员的优势帮助他们设定目标。盖洛普咨询公司的研究显示，基于员工优势设定目标能够激励员工提高工作效率。此外，专注于发展团队优势（而非单纯地"修复"员工缺点）的管理者往往能够实现更高的员工留存率。进一步的研究指出，通过设定目标发展团队优势的管理者，可以将员工的敬业度提升至61%。

有效地设定目标是确保员工目标与企业目标保持一致的关键环节，但这仅是开始。管理者还必须与团队保持密切的沟通，了解进展，必要时重新设定期望并实施问责制。

三、目标设定的敏捷性

人才是当代企业最大的成本和最关键的差异化要素。企业对员工绩效的依赖程度日益增强。研究显示，当员工的个人目标与企业的优先事项一致，且企业能在不断变化的需求中给予员工支持，以及员工能在与同事的协作中承担相应的责任时，员工的绩效可提升22%。

针对前文所述的影响有效目标设定的三大障碍，企业可以设置灵活的目标来应对，以确保设定的目标与当前的工作模式相适应，并确保员工的目标具有实质的影响力，进而推动业务成果的实现。

1. 设定敏捷目标的3个关键要素

敏捷目标的设定并没有统一的标准。它取决于具体的上下文，并且随着业务需求的变化而变化，因此必须保持易于调整的特性。敏捷目标的设定以流动性和灵活性为特点，涵盖以下3个关键要素。

1）具有协同性

随着工作协同性的日益增强，敏捷目标的设定应从个人行为转变为团队行为。这一转变可以通过以下两个步骤实现。

第一步是鼓励个人与其所在的团队共享自己的目标，并确保团队成员明白各自目标之间的相互关系，共同承担责任以实现业务成果。

第二步是定期组织团队目标校准会议，这比在年底进行正式绩效评估时请求同事给予反馈更及时且有效。通过这样的会议，团队成员能够讨论所需要的支持，并对彼此的期望进行校准。

2）可以更新

Gartner公司2021年的目标设定调查报告显示，不足半数员工（约44%）认为，在角色发生重大变化时（如人员变动或分配了新项目），他们会更新自己的目标。展望未来，企业在目标设定过程中必须确保目标具有灵活性，使员工能够适应角色和业务的变化，并相应地调整目标。

应将目标设定为短期的或中期的，以适应敏捷环境的需要，并根据实际情况定期进行调整。应鼓励员工至少每季度与管理者共同回顾目标，确保及时更新。要帮助管理者和员工识别需要调整的目标的关键因素，如企业或业务部门的财务表现、员工流动情况和技术进步等。

3）具有内在驱动力

激励和奖励一直是传统目标设定中的关键要素。与此相反，敏捷目标的设定侧重于内在激励，而非外在奖励。正如前文所述，相较于靠奖金或升职来激励员工，因实现目标而获得成就感和对企业更宏大的业务目标的贡献感会形成更强大的内在驱动力，这种内在驱动力通常会更持久且更有效。因此，赋予员工选择权，让他们参与设定个人目标，可以提升他们的成就感、自我效能和价值感。

2. 新旧目标管理方法的区别

旧式目标管理方法和新式敏捷目标设定方法的关键区别在于，后者所设定的目标标准必须基于具体情境，如企业当前的业务发展阶段、团队的成熟度、外部环境的变化等，并且可以根据需要定期进行调整。

敏捷目标是一个"更高的目标"，它涵盖了所有利益相关方的目标，并且是整个组织系统的目标，而不仅限于产品负责人、管理者、CEO或股东个人的目标。

敏捷目标不应拘泥于一成不变的标准，而应根据其所处的环境和情境来设定。它有时旨在激励团队，有时则可能需要明确的、可测量的成果。

敏捷目标不应与外在激励挂钩。外在激励可能会扭曲系统运作，产生与原本目标相违背的非预期后果。敏捷目标应更多地关注如何触发个人的内在动机，从而实现更本质的目标和长远的发展。

为了使员工设定的目标更加符合敏捷性要求，企业可参考如表7-1所示的目标敏捷性检查问题清单。该清单旨在引导员工深思熟虑，确保目标的灵活性和适应性。

表 7-1 目标敏捷性检查问题清单

编号	问题
1	目标是否足够具体和易于理解，以便人们了解它的意思
2	目标是否足够简单、简洁，如可以在小卡片或便签上呈现
3	目标是否可管理和可衡量，从而可确定其是否达成
4	目标是否令人难忘和可复制，以便人们可以轻松地将其传达给他人
5	目标是否可实现和现实，以便人们有机会真正实现它
6	目标是否可操作和可分配，以便将其转化为具体行动
7	目标是否经过商定并获得承诺，以便人们真正对它负责
8	目标是否足够相关和有用，以使相关人员真正关心它
9	目标是否具有时间限制和特定的节点，以便人们知道何时实现它
10	目标是否切实和真实，以便人们能看到实现它的效果
11	目标是否令人兴奋，从而激励人们尽力而为
12	目标是否具有启发性和远见卓识，以帮助人们看到更大的图景
13	目标是否体现了企业的价值观
14	目标是否可重新审视和评估，以便以后重新评估其适用性

四、典型案例：谷歌的敏捷目标

目标与关键结果（Objectives and Key Results, OKR）是一种目标管理方法，旨在协助企业、团队和个人确立可衡量且充满挑战性的目标，并依靠关键结果来追踪和评估目标的完成情况。这一方法最初由英特尔公司的Andy Grove开发，随后被谷歌、亚马逊等众多著名企业广泛采纳。可以将OKR视为敏捷绩效管理的一种具体实践方法。

谷歌的成功实践使OKR名声大噪。自1999年以来，谷歌采用该方法来设定和评估公司目标。长期以来，谷歌致力于培养一种开放、透明、协作的企业文化，这与OKR的核心理念高度契合。OKR鼓励企业公开设定目标并持续追踪进度，这一机制显著提高了员工的工作效率和积极性。

OKR带来的敏捷的、高效的绩效目标设定方法极大地促进了谷歌的业务成功。它不仅提高了谷歌员工的工作效率，还加快了谷歌的创新步伐和对市场变化的适应，这对谷歌在竞争激烈、快速演变的科技行业维持领先地位至关重要。

1. 确保目标的透明性和普遍性

谷歌采用OKR管理方法，确保从高层管理者到一线员工对目标的认知都是明确且统一的。这种全面的透明性使每个人都了解公司的重点方向和个人应做的贡献。例如，谷歌决定将人工智能作为重点发展方向时，公司层面的OKR被设定为"巩固并提高公司在AI领域的领导地位"。这一目标不仅对所有员工公开，而且鼓励每个团队和个人将自己的OKR与公司的总体目标对齐。这种做法可以确保每位员工都能明确公司的主要发展策略和自己扮演的角色。

再如，当谷歌的搜索团队设立了提高搜索引擎的准确性和响应速度的目标后，便将其公开，使各个团队能够了解各自的工作重点和面临的挑战。这种透明度不仅促进了跨团队合作，也确保了整个公司在达成共同目标的过程中能够协同作战。

2. 快速适应市场变化

敏捷目标允许谷歌快速响应外部变化。随着智能手机和移动设备的普及，谷歌及时调整了其绩效目标，实施了"移动优先"的策略。这一策略意味着优先考虑移动设备上的产品性能和用户体验，确保谷歌的产品和服务在这些设备上能够提供优质的体验。例如，谷歌对谷歌搜索和YouTube等的核心服务进行了优化，使它们在移动设备上能够提供更加卓越的用户体验。谷歌这种迅速而有效的战略调整体现了其对市场趋势敏锐的洞察力和快速的反应能力。

当AI和机器学习（Machine Learning，ML）技术开始在多个领域显示出其革命性的潜力时，谷歌立即将这些前沿技术融入其绩效目标中。这种融合不仅体现在产品创新上，如将AI技术集成到谷歌助手和谷歌翻译服务中，也体现在公司内部运营的优化上，如应用AI技术提升数据中心的效能。通过这种快速适应和应用，谷歌在AI和ML领域保持了领先优势，并显著提升了产品和服务的质量。

3. 鼓励创新和承担风险

谷歌的OKR并不局限于对业务目标的设定，还鼓励员工勇于探索和尝试新思路。这表明员工被鼓励设定一些风险较高但可能带来丰厚回报的目标，以推动公司的创新发展。例如，谷歌地图和Gmail这两项业界标杆产品最初仅是谷歌内部的项目。

谷歌实施了一项闻名遐迩的政策，即允许员工将20%的工作时间投入他们感兴趣的项目中。这项政策激励员工挖掘新想法，哪怕这些想法与其日常工作职责并无直接关联。正是这种开放的策略催生了Gmail、Google News和AdSense等一系列创新产品。通过设定这样的绩效目标，谷歌激励员工勇于冒险和创新，从而带来新的业务机会和技术突破。

另一个鼓励创新和承担风险的例子是谷歌的X实验室，该实验室专注于开发那些具有颠覆性潜力、能彻底改变世界的大胆创新，如"月球射击"项目。自动驾驶汽车、通过高空气球提供互联网服务的Project Loon和可穿戴设备Google Glass等项目，都是在X实验室中孵化并成长起来的。通过设定这样的绩效目标，谷歌鼓励团队追求宏伟的目标，这些目标可能存在失败的风险，但一旦成功，其影响和价值将是不可估量的。

4. 量化成果和反馈调整

谷歌团队在每个季度结束时都会进行OKR评估，此举确保了对目标的持续追踪和及时反馈。依托这一周期性评估机制，谷歌得以及时调整战略，以适应不断变化的业务环境和市场动态，避免公司沿着错误的路径走得过远。

例如，在云计算和人工智能技术快速发展之际，谷歌敏捷地调整了其业务策略，从而增强了自己在这些领域的竞争力。谷歌通过收集市场反馈和内部项目评估结果，增加了对Google Cloud Platform和人工智能产品的投入，以应对亚马逊、微软等竞争对手的挑战。这种快速的战略调整体现了谷歌对市场变化的高度敏感性和强大的适应能力。

再如，在搜索引擎领域，谷歌根据用户反馈和搜索数据不断优化算法。当发现搜索结果的相关性或质量有所下降时，谷歌会迅速调整搜索算法，以提升用户体验。这种算法的调整建立在大量用户反馈和行为数据之上，彰显了谷歌在绩效目标设定中对实时反馈的高度重视。

第三节
过程反馈的持续性与有效性

在一个小镇上，有一支由业余爱好者组成的社区乐团。他们对音乐充满热爱，并且每周都会一起排练。然而，尽管每位成员单独演奏时技艺颇佳，但集体演出时音乐总显得不够和谐，乐团成员之间缺乏默契。

这一难题长期困扰着他们，直至有一天，他们邀请了一位经验丰富的乐队指挥加入乐团。该指挥在首次排练时便细致地倾听了他们的合奏。之后，他向每位乐团成员都提供了具体的反馈。

他提醒第一小提琴手演奏节奏过快，应适当放缓演奏节奏；他告诉大提琴手音量过小，需要加大音量；他指出长笛手的音准不够准确，需要更加细心地练习。对于每个人，他都提供了针对性的建议和反馈。

在随后的几周，乐团成员根据指挥的指示调整自己的演奏。他们开始更加注意与同伴的协作，更在意个人表演如何影响整个团队的协调性。渐渐地，他们的合奏变得越来越协调一致，音乐也越来越悦耳动听。

这是一个关于领导者如何通过反馈改善团队表现的故事。正如上面这位乐队指挥一样，一位优秀的领导者能够为团队成员提供有价值的反馈，并帮助他们不断改进，从而提升整个团队的整体表现。

一、持续的反馈

企业当前应用的绩效管理流程无论是采用传统的PDCA方法还是运用敏捷绩效管理理念，都必须加强管理者对员工的过程反馈。对员工来说，反馈既可以帮助其改善绩效，弥补不足之处，又能为其指明发展方向。

第七章
落实效的管理抓手：绩效创造

BetterWorks在2022年的绩效支持现状研究报告中指出，每10名员工中有1名员工很少或从未收到直接经理的反馈；每10名员工中只有2名感觉自己总是被安排正确的任务。

1. 非正式反馈

反馈通常分为正式反馈和非正式反馈两类。正式反馈是在特定的环境和条件下，按照既定程序和标准，通过明确的沟通方式给出的评价或建议。在绩效管理过程中，正式反馈一般是预先计划的、有组织的，通常会有书面文档记录，频率一般为每季度或每半年一次，有些管理者甚至可能一年只对员工进行一次正式反馈。

非正式反馈则是在日常交流中自然产生的，它不依赖正式流程或书面文档。这种反馈是持续性的、非计划性的，并且通常能为员工提供及时的指导。非正式反馈的一个显著特点是帮助员工即时了解自己的工作表现，而不是只在固定的时间点回顾全年的绩效。

有效且及时的非正式反馈是成功实施绩效管理计划的关键，它应与既定的绩效目标相结合。国际企业领导力协会的统计数据显示，公正准确的非正式反馈能够使员工绩效提升39.1%。有研究发现，在那些每月都对目标进行反馈和调整的公司中，超过50%的财务业绩位于前25%；在那些每年只对目标评估一次的公司中，只有24%的财务业绩位于前25%。相关研究还指出，相比于每年设定一次目标，每季度管理一次目标能够让企业得到的回报增加30%。

越来越多的管理者和人力资源领导者认为频繁的反馈是提升员工绩效的一种极其有效的手段。员工需要及时了解自己的工作表现，明确哪些做法是有效的，哪些做法是无效的。建立每周、每月或每季度的定期反馈机制可以确保有效的沟通，帮助员工及时改进绩效表现。盖洛普咨询公司的研究也发现，定期与员工进行一对一反馈的管理者所带领的员工的敬业度是对照组的3倍。

管理者应当全年都致力于提供有效的非正式反馈，通过即时指导帮助员工提升绩效，并尽可能减少在正式绩效评估中给员工带来意外的情况。这种持续的反馈机制不仅能提高劳动力的敏捷性（员工收到管理者的反馈后能够及时调整行为以达成绩效目标），还有助于建立和巩固员工与管理者之间的信任关系，从而提升绩效管理的一致性与公正性。

非正式反馈的要点，可以用FAST来概括。

（1）频繁（Frequent）。管理者应持续提供反馈，帮助员工准确地了解自己的绩效优势和需要发展的领域。

（2）可操作（Actionable）。反馈应能指导员工更好地完成当前的工作，建议的行动或行为应该在员工当前职位的控制范围内。

（3）具体（Specific）。管理者应具体指出员工采取的哪些行动是恰当的，哪些是不恰当的，而不是简单地提出表扬或批评。具体且目标导向的反馈能对员工的绩效产生积极影响。当反馈与特定目标相关联时，反馈效果最佳。

（4）及时（Timely）。管理者应尽快对员工的行为或绩效结果提供反馈。及时反馈能最大化其对员工绩效的正面影响，同时减少员工的不满情绪。及早发现并指出需要改进之处，有助于员工尽快调整工作。同样，对于达到或超越目标的员工，及时的正面反馈能极大地提升其积极性。

2. 持续反馈的意义

持续的反馈能使管理者更深入地了解员工的表现，包括他们的工作和目标。员工无须等待长达一年的时间才能认识到自己工作的亮点和需要改进的方面，这有助于他们在工作中更加自信和愉悦。对企业来说，这种做法将大幅提升其核心人才的参与度和留存率，从而有利于其实现宏伟的目标。持续的反馈对企业和业务的促进作用至少体现在以下3个方面。

1）提高员工敬业度和保留率

员工有被认可的基本需求，他们需要不断获得反馈以保持动力，继续朝着目标努力。随着Z世代逐渐成为劳动力市场的主要群体，他们对反馈的需求超过了任何其他代际群体。持续的反馈能显著改善管理者与员工之间的关系，让员工感受到企业的支持。同时，协助员工规划职业发展的管理者能够展示企业对员工未来发展的承诺。这不仅有助于员工成长和获得成功，还能提升员工的敬业度和忠诚度。统计数据显示，管理者对团队敬业度的影响高达70%，其行为直接关系到员工的留存和对绩效的承诺。

2）提供实时洞察

持续的反馈可以确保员工在年度考核之前获得关于其需要改进的地方或重要问题的反馈。一对一的反馈对话可以让员工根据反馈意见迅速采取行动，从而防止问题的累积。同时，管理者可以及时协助员工克服其在认知、能力、资源等方面遇到的困难。

实时反馈有助于避免"近期效应偏差"，这种偏差发生在管理者只关注员工的最近表现时。而频繁的反馈对话有助于管理者全面了解员工的工作和生活情况。

3）促进员工发展

持续的反馈可以使员工清楚地知道自己做得好的地方和需要改进的地方，以及由绩效结果带来的各种情况，从而使他们更愿意向管理者寻求支持或主动承担更多任务。例如，如果销售人员未能说服一位优质潜在客户考虑公司的产品或服务，他可以在下一次绩效反馈会议上寻求管理者的建议。

二、绩效签到谈话

绩效签到谈话对大多数中国管理者来说相对陌生，它是敏捷绩效管理中的一个关键流程和工具。这种谈话是管理者与员工之间的简明双向对话，通常依照正式的议程进行，旨在让参与者提供和接收关于绩效的反馈。绩效签到谈话一般聚焦于绩效提升和能力发展，根据员工的需求，也可能涵盖其他议题，如职业发展、工作内容、对已完成工作的评价、管理者的认可、企业层面的反馈、工作与生活的平衡等。

相比过去每半年或每季度一次的绩效谈话，绩效签到谈话以每周或每月一次的频率进行。及时反馈相较于迟缓反馈（如对一个月前或更早的事件进行反馈）更具影响力。它可以促进即时的行为调整，引发及时的自我反思或偏差纠正，帮助人们集中精力于重要的目标，并持续激励团队士气。持续的反馈还有助于增进管理者与团队成员之间的信任关系。团队成员会清晰地了解管理者对他们的期望，认识到自己的问题和好的表现。同样，管理者可以将自己视为教练和导师，而非单一的任务分派者。这种做法可以促进企业文化向积极的方向转变。另外，定期的绩效签到谈话还能减轻年度绩效考核给员工带来的压力。

为了更好地利用每次绩效签到谈话，管理者需要设定明确的目标。当谈话双方都明确谈话内容时，他们就能更有效地做好准备。

1. 选择合适的节奏

绩效签到谈话是一种持续的对话，可以每季度、每月甚至每周进行一次。为绩效签到谈话找到合适的节奏并坚持下去，有助于管理者更好地扮演教练而非监工的角色，从而帮助员工获得成功。

对于绩效签到谈话的开展节奏，建议管理者从每月一次开始，逐渐增加到每周一次。管理者应在绩效签到谈话前做好充分的规划，确保会议能够实现预定的目标，这些目标包括但不限于以下几个。

（1）及时掌握绩效进度。

（2）用员工能理解的方式传达企业战略，确保个人目标和团队目标保持一致。

（3）庆祝成功，对失败给予支持。

（4）建立开放的、基于信任的关系，讨论员工的发展规划，包括个人职业目标。

管理者可以根据团队成员的工作内容和时间安排调整签到谈话的开展节奏。例如，每周一次的绩效签到谈话可以帮助管理者及时了解员工日常工作的进度和变化；每月一次的绩效签到谈话可以帮助管理者了解以周为单位的员工日常工作的进度和变化。

2. 选择合适的地点

选择合适的地点可以大幅提升绩效签到谈话的效果。与正式的绩效考核不同，绩效签到谈话可以在更轻松的环境中进行。例如，在互联网行业，管理者可以在与员工一起吃午餐或一起喝咖啡时进行绩效签到谈话，这种做法既符合企业的氛围，也易于让员工打开心扉。

3. 提前设定好意图

定期举行一对一会议有助于管理者在评估员工绩效时减少偏见，并避免评估结果错误地反映员工真实的表现。绩效签到谈话的目的在于帮助员工更清晰地认识自己的表现并做出及时的调整和提升，而非仅在谈话中给出定量的绩效评价。

4. 共同制定议程

与员工共同制定谈话议程可以极大地增强员工对绩效的承诺。共同的议程意味着共享的责任感，员工对绩效签到谈话承担责任、给出承诺。这有助于双方提前合作，将相关内容带到讨论中，并通过改进讨论取得成功。

正确的议程将确保会议覆盖员工体验的每个方面。如果管理者不确定如何开始，可以采用一对一会议的GOOD模板，包括目标（Goals）、障碍（Obstacles）、机会（Opportunities）、决策（Decisions）。GOOD模板可以确保管理者和员工投入同等的时间来识别问题并共同寻求解决方案。

5. 提出正确的绩效签到问题

一旦管理者确定了会议的议程，就应投入时间准备对话。与正式的绩效评估相比，绩效签到谈话允许进行更加灵活的对话。根据员工的需要，讨论的主题可以从工作反馈扩展到职业发展，甚至只是表达认可。更大的灵活性实际上对管理者提出了更高的要求，因此提前准备"正确的问题"显得尤为重要。表7-2是10个绩效签到问题的示例，这些问题可以帮助管理者进行富有成效的对话。

表 7-2　10 个绩效签到问题的示例

编号	问题
1	在您目前的职位上，您的哪些优势没有得到充分利用
2	哪些障碍或瓶颈阻碍了您完成工作
3	哪些资源和工具可以帮助您更好地完成工作
4	我能做些什么来帮助您更有效和更投入
5	您的工作如何使我们的工作受益或与我们公司的使命联系起来
6	这份工作如何与您未来的职业目标保持一致
7	您想通过教练或培训进一步发展您的哪些技能
8	您现在在职业生涯中还想要什么
9	您最希望获得什么类型的工作或获得对哪些成就的认可
10	到目前为止，今年/本季度您最引以为傲的成就是什么

选择正确的问题来引导对话只是第一步。在开展下一次绩效签到谈话之前，管理者需要清楚应提供哪些建设性反馈，并准备好具体案例来支撑这些反馈。如果没有共同的理解，员工可能难以接受和执行其收到的反馈建议。

在帮助员工实现绩效目标的过程中，管理者应特别培养一种思维模式，即成长型思维模式——坚信每位员工都有成长和进步的潜能。

6. 做好谈话笔记

随着时间的推移，几个月前的绩效签到谈话内容及其背景可能变得模糊不清。无论是手写还是利用在线工具记笔记，都有助于建立问责机制。管理者的记录行为有助于减少评价中的偏见，并将关键的反馈整合到对员工的后续绩效评估中。

通过记笔记，管理者能够创建员工签到历史记录档案，以全面了解员工表现的变化。会议记录应包括讨论的主题、探索的机会、后续可执行的步骤等。翔实的记录能够让员工清晰地理解当时的讨论内容，以及他们可以采取哪些措施来提升绩效。

在每次的签到谈话和笔记中都应明确下一步行动计划。对任何会议来说，都有一个经验法则：如果没有明确下一步行动计划，谈话就不应该结束。即使下一步行动非常简单，如在进行下次绩效签到谈话之前打个电话，记录下来的行动或决策也有助于推动工作进展、增强责任感。

在某些情况下，绩效签到谈话可能会引发对更宏大的个人目标的设定。在这种情况下，管理者的行动项可能包括调整个人或团队的目标，以确保这些目标与企业的整体目标保持一致。这样做可以确保员工明白自己的贡献如何影响企业的成功，并强化他们对此的承诺。

三、有效的反馈

有证据显示，与那些每年仅收到一次反馈的员工相比，每天都能获得管理者鼓励、认可或反馈的员工，在工作上的积极参与度可提高3倍，完成卓越工作的可能性也可提高3.6倍。当然，这并不是说管理者必须每天都提供绩效反馈，但这一数据表明，相比每月或每季度一次的正式绩效评审，针对特定任务进行非正式快速沟通，能够更有效地提高员工的参与度。反馈的频率应根据工作的性质和员工个人的需求来调整。某些员工偏好频繁的沟通，另一些员工则可能觉得过度的微观管理令人不适。

反馈通常有两种类型：积极的和建设性的。虽然人们都偏爱积极的反馈，但如果不深入理解需要改进的领域，就无法成长或进步。

有效的绩效反馈具备以下几个特点：频繁而持续、基于可衡量的事实、具体且有针对性、实际可行、协作导向（预留时间以便员工提问），并且专注于行为和行动而非针对人。无论是积极的反馈还是建设性的反馈，都应具备以上几个特点，以帮助员工感受到反馈旨在促进其进步。

同时，管理者在提供反馈时应避免以下常见的错误。

- 过于模糊，缺乏具体事例的支持，使反馈显得笼统。
- 冗长重复，偏离主题，未能保持简洁和专注。
- 带有强烈的个人情绪，甚至使用最后通牒或威胁。
- 主观评价或贴标签，对员工的动机进行无根据的臆断。
- 反馈准备不足，导致反馈依据错误。
- 仅把反馈当作提意见，只提供负面反馈而忽视正面认可。
- 讨论内容过于全面，导致时间长、缺乏重点。

管理者必须理解，反馈的有效性不仅取决于反馈者提出的内容，还取决于接收者是否愿意接受并理解这些反馈。

1. SBI反馈模型

反馈的目的在于得到员工的理解和认同，而非简单的陈述。因此，有效的反馈需要遵循一定的范式，以最大限度地得到员工的理解和认同，从而发挥其应有的作用。有效反馈通常遵循的结构是：首先客观陈述观察到的行为，接着分享该行为可能造成的影响。这样，接收者会感到反馈是客观的，而非带有偏见和评判的。

美国创新领导力中心将这种结构概括为SBI模型，即"情境-行为-影响"（Situation-Behavior-Impact）模型（见图7-5）。这个模型通过清楚地界定情境、描述具体的行为及行为产生的影响，帮助接收者更好地理解反馈的内容和目的。SBI模型的具体含义如下。

- 情境：详细描述行为发生的具体场景。
- 行为：描述观察到的具体行为；避免猜测行为背后的动机或原因。
- 影响：说明观察到的行为所产生的具体影响。

情境（Situation）　　　　行为（Behavior）　　　　影响（Impact）
描述行为发生的具体情景　　描述观察到的行为　　　　描述行为产生的影响
　　　　　　　　　　　　（而不是动机）

○1　　　　　　　　　　○2　　　　　　　　　　○3

图7-5　SBI模型

SBI模式在企业中得到了广泛应用。其他一些常用的反馈模型同样遵循相似的逻辑，如BEEF（行为-示例-效果-未来）模型、AID（行动-影响-发展/期望行为）模型及BICM（行为-影响-改变-持续监督）模型。有的模型在结尾处增加了1~2个步骤，用于表明期望看到的改变和后续的跟进行动。无论采用哪种模型，其核心要点都在于明确界定不可接受的行为及该行为产生的影响。

1）情境

提供有效反馈的首要步骤是捕捉并明确行为发生的具体情境。例如，应使用类似这样的语言来描述："上周二，项目组A的小周和小李在会议室……"而不是这样描述："几天前，项目组A的同事们在办公室……"精确的描述可以避免因含糊其词或夸大其词而削弱反馈的效果。明确行为发生的时间和地点有助于为反馈接收者构建上下文，使他们能够回想起当时的具体情形。

2）行为

帮助一个人了解其确切的行为是最关键的一步，其中最重要的是使用动词来描述行为。管理者常犯的错误是针对人的性格、态度、品质等而非其行为进行定性评价。例如，"你很粗鲁"就是在对人的性格和态度进行定性评价，在反馈中应当避免这种评价，因为它会立即引发对方的敌对情绪。相反，应该客观地陈述所观察到的情况："在今天上午的会议中，其他同事还在发言，你却打断了他们，这让对方感到非常尴尬。"

同样，在提供反馈时，也应避免主观下结论。例如，"你没有认真听我讲话"属于主观下结论，应该将其改为描述具体的行为："我今天上午做演示时，你一直在和旁边的同事说话。"这种方式更加具体，能够清晰地指出问题，而不是做出针对个人品质的判断。

3）影响

阐明某种行为对自己或他人造成了哪些影响。这类陈述应当从反馈者的视角出发，使用"我感觉……"或"我体会到……"这样的表述，使反馈不仅更客观，也更易于被接受。如果过去习惯用"你是……"这样的说法，那么现在需要立即纠正，因为这不是正确的反馈模式。

承认对方行为对自己情绪的影响可以增进对方的共情。例如："在本周的部门会议上，当你报告说该项目的进展仅达到10%时，我感到非常焦虑。"通过传递行为对个人的影响，反馈者在分享一个观点，并邀请反馈接收者从反馈者的角度理解该行为。这种分享有助于构建信任关系，并且随着管理者沟通技巧的提升，能促进更有效的反馈。

最后，建议在与员工进行绩效反馈对话时，应用"80-20"法则，即在对话中80%的时间用来给予积极肯定，20%的时间用来提供建设性意见。这样的平衡能使员工感受到被尊重和被认可，因此，当管理者提出建设性意见时，员工更容易接受。

2. 有效反馈的"三支柱""七要素"

1)"三支柱"

当向员工提供基于其表现的反馈时，采用积极和激励的方式至关重要。不当或消极的反馈可能会导致员工绩效进一步下降。对个人成长和团队发展而言，有效的反馈极为关键。

为了实现有效反馈，管理者需要具备3项支柱能力：同理心、信任和沟通技巧。管理者应具备同理心，这样才能站在员工的角度思考问题，而不是居高临下地指挥或苛责。只有这样才能与员工建立信任关系，员工才会对建设性反馈持开放态度，反馈才能最终取得预期效果。在整个过程中，管理者需要具备出色的沟通技巧，包括倾听、提问、分享和鼓励等。

2)"七要素"

当管理者具备了有效反馈的"三支柱"能力后，便能达成有效反馈，提升员工的绩效水平。以下是有效反馈的7个关键要素。

（1）及时性。反馈应及时给出，最好在事件发生后尽快给出，此时人们记忆尚新，便于学习和改进。如果反馈延迟太久，人们可能会忘记事件的细节，错失改进机会。

（2）具体性。有效反馈应当具体，不能模糊。与其简单地说"做得好"或"做得不好"，不如明确指出人们在特定行为或任务上的具体表现。

（3）建设性。反馈应该是建设性的，它应指出改进的具体方向，并提出切实可行的建议，而非仅进行批评或赞扬。

（4）诚实性。有效反馈必须真诚，即坦率地表达自己的观察和感受，而不是说出自认为对方想听的话。

（5）基于事实。反馈应基于具体的行为和结果，避免基于个人性格或态度的评价，不给人贴标签。例如，"你的项目报告写得很清晰，我能轻松理解其中的内容"比"你是一个好的报告撰写者"更加有效。

（6）尊重。提供反馈时必须尊重反馈接收者。即使反馈的目的是帮助对方改进，如果缺乏尊重，也可能会被对方误解为攻击，引发对方的抵触情绪。

（7）双向沟通。有效的反馈不应只是单向传达，还应包括倾听反馈接收者的观点，确保他们理解反馈的内容，并与他们探讨如何改进。

遵循以上这些关键要素，管理者可以通过有效的反馈帮助员工改进行为，从而更好地对齐组织策略，聚焦关键任务，提升员工绩效。

四、典型案例：Adobe 的绩效签到谈话

Adobe公司是最早采用敏捷绩效管理的知名公司之一。其于2012年改革了传统的年度评估流程，转向一种更加灵活且持续的反馈和目标设定模式，这种模式被称为"Check-in"绩效签到。过去的年度绩效评估让员工感到挫败，因为他们觉得这一流程不仅烦琐，而且充满了官僚主义，还给团队合作带来了障碍。由于评级和排名的做法常常使许多员工感觉自己的能力被低估，Adobe公司的管理层意识到，要想让员工达到最佳工作状态，不应该等到年末才提供反馈；相反，应该在全年内进行持续且公开的对话。

基于这样的认识，Adobe公司引入了绩效签到制度。它是一种持续的、双向的对话方式，员工和经理在对话中讨论绩效和职业发展，并相互交换实时反馈。Adobe公司在全球范围内的26000名员工和管理者之间建立了这样一种持续反馈的文化：强调持续的对话、反馈和目标设定。这样的对话富有成效，旨在讨论哪些方面进展顺利，哪些方面需要改进，以及下一步应当关注哪些方面，以推动业务效益和职业发展。

Adobe公司首席人事官兼员工体验执行副总裁Gloria Chen表示："经理与员工之间的反馈和持续对话是绩效签到成功的核心——既要确保员工拥有在角色中取得成功所需的清晰度，又要支持他们的职业发展。"

Adobe公司引入绩效签到制度之后，努力将其融入公司文化。结果表明，这一做法取得了显著的效果：员工自愿离职率下降了30%。

在Check-in流程中，管理者与员工进行持续反馈的环节主要包括以下几个。

1. 目标设定

在流程一开始，员工和管理者共同制定并讨论他们的目标与期望。这里的目标不仅包括员工个人职业发展的目标，还包括团队和公司的业务目标。这些目标应具体、明确且可衡量，并具有一定的挑战性。

2. 定期Check-in

员工和管理者应定期交流与反馈，具体频率可根据实际工作需求和目标性质确定，可能是每周、每月或每季度一次。在会谈中，员工将讨论目标的进展情况、工作中遇到的问题及所需的支持。管理者则应提供及时的反馈和建议，协助员工进行改进和提升。

3. 持续学习和发展

Check-in流程为员工的职业发展提供了广阔的空间。管理者应提供指导和资源，帮助员工提升技能和能力，以实现职业发展目标。

4. 灵活的目标调整

如果业务环境或工作需求发生变化，员工和管理者应随时调整其目标以适应这些变化。这与传统的年度绩效管理相比，能够更加灵活地应对变化。

通过这一流程，Adobe公司实现了显著的改变和收益，公司的战略目标得到了更好的实现，因为员工的个人目标与公司的战略目标实现了更直接的对齐。此外，这一流程也增强了团队的适应性，使Adobe公司能够更迅速地应对市场和业务环境的变化。同时，提高员工的参与度和满意度有助于维持其积极性与创造力，这一点对Adobe这样的创新型公司至关重要。以下是该流程带来的一些典型收益。

- 提高了员工的参与度和满意度。频繁的一对一交流使员工感觉到他们的声音被倾听，工作获得认可，并对自己的工作有了更清晰的了解。
- 提升了员工的绩效。及时的反馈和目标调整可以帮助员工更好地理解工作需求，并提供改善工作的机会，从而提升员工的绩效。
- 提高了团队的适应性。目标的灵活调整使团队能够迅速应对市场和业务环境的变化，提高团队的适应性。
- 促进了员工的职业发展。关注员工的发展并提供发展资源，可以帮助员工提升技能，获得职业发展。

Adobe公司实施绩效签到制度之后的几年里，全球新型冠状病毒疫情大流行，颠覆了现代工作的方方面面。团队比以往任何时候都更加分散，这使提供持续的面对面反馈变得更加困难。Adobe公司管理层迅速意识到，在这个关键时刻，需要改进绩效签到制度以更好地适应混合工作模式。在此背景下，数字优先的方法在推动业务发展方面起到了决定性作用。因此，Adobe公司推出了新的Check-in绩效签到制度，它是一套数字优先的、集成的、动态的工具，旨在帮助员工充分发挥潜力。

新的Check-in绩效签到制度具有以下3个核心功能。

（1）签到仪表板。Adobe公司员工可以访问基于Web的签到仪表板，用以管理与其在Adobe公司的表现、发展和成长相关的所有事宜。这包括设定年度个人目标、跟踪个人目标与业务关键绩效指标的一致性，以及根据管理者的季度对话和同事的反馈记录关键点。

（2）获得实时反馈。与同事进行持续的反馈交流对员工更好地认识自己的优势和成长领域至关重要。签到仪表板允许员工随时向同事请求反馈或提供反馈，从而促进他们的持续学习。

（3）探索Adobe公司的新职业道路。管理层认识到，让员工有机会在Adobe公司内部担任不同的角色是投资员工、帮助他们获得新技能、支持他们职业发展的有效方式。新的数据驱动的职业发现工具可以帮助员工参考其他相似级别员工的职位变动，以探索他们在Adobe公司的新职业道路。

新的绩效签到制度的应用得到了管理者和员工的广泛好评。以下是Adobe公司内部管理者和员工对该系统的肯定反馈。

"我非常兴奋，现在我们拥有了一个集中的系统，可以在同一个地方跟踪我们的绩效、职业发展和反馈。这将激发我职业发展的新思路，并加深我与经理的对话层次。"

——某位员工

"作为员工和人事经理，能够访问有据可查的反馈极其重要。它让我全面了解我的直接下属，并将所有信息记录下来，帮助我记住如何最有效地支持我的每位员工。"

——某位管理者

"拥有一个仪表板来查看和管理我的团队的签到信息，真是改变了游戏规则！我现在可以将时间集中于与团队进行有意义的对话，而不是花大量时间在不同渠道中追踪他们的绩效和反馈。"

——某位管理者

"季度对话可以促使我反思自己的所作所为，思考我希望在公司扮演什么角色，并明确知道我需要做些什么才能做得更好。"

——某位员工

"职业探索工具是一项巨大的资源，它能帮助我探索在Adobe公司内部有哪些潜在的职业道路可以延续我的职业生涯！"

——某位员工

Adobe公司的成功得益于其管理层的全局视野和对创新的持续探索，以主动应对不断出现的挑战。绩效签到谈话及其在疫情下的技术更新，为员工提供了更清晰、更有结构的工作应用。这不仅提高了员工与管理者之间的沟通效率，而且极大地改善了员工体验，从而促进了员工和组织绩效的提升。

第四节
结果评估的建设性与发展性

在敏捷绩效管理中，员工绩效的评估更加注重未来，强调持续的改进与发展，而不是停留在对过去的定论上。显然，这种做法更符合现代企业对敏捷执行、快速调整和基于贡献进行分配的需求。

一、敏捷绩效评估 vs 传统绩效评估

敏捷绩效评估与传统绩效评估的主要区别体现在对绩效结果的定义、度量方式和反馈方法上。在敏捷环境下，团队和个人的表现通常是根据他们的适应性、合作性及对变化的响应速度来评估的，而不只基于他们是否达成了预设目标。

传统绩效评估常常依赖定量指标来衡量员工表现，如销售额、生产效率和错误率等。相比之下，敏捷绩效管理更重视员工的整体贡献和团队协作能力，因此倾向于采用定性指标进行评估。这些指标包括员工在团队中的角色和贡献、与他人的合作及沟通能力等。

在敏捷绩效管理中，绩效评估是一个持续的过程，不再是一年一次的事件。团队成员和管理者应该频繁地进行反馈和评估，以确保沿着正确的方向前进，并能够及时进行调整。这种持续的评估有助于团队成员更好地理解自己的角色和目标，同时为他们提供改进的机会。敏捷绩效管理与传统绩效管理的差异主要体现在以下几个方面。

1. 对绩效结果的定义不同

传统绩效管理侧重个人的结果和产出，如销售额或项目的交付时间。敏捷绩效管理虽然也看重结果，但更多地关注团队和个人的行为模式，如他们是否愿意接受并适应变化、是否能够通过协作解决问题。

2. 对绩效结果的度量方式不同

在传统绩效管理中，管理者通常在年初设定明确的目标，年底评估员工的表现。相对而言，在敏捷绩效管理中，由于市场和业务需求可能会迅速变化，固定的年度目标可能不再适用。因此，敏捷绩效管理更倾向于采用频繁（如每季度或每个项目里程碑达成后）且灵活的方式度量绩效结果。

3. 反馈方法不同

传统绩效管理往往着眼于过去的表现，敏捷绩效管理则更注重未来的改进。这意味着在敏捷绩效管理中，反馈通常是实时的，并鼓励员工持续地学习和进步。

4.角色定位不同

在传统绩效管理中，管理者或领导者通常担当评估者的角色，员工则担当被评估者的角色。而在敏捷绩效管理中，这一角色可能会有所变化。团队成员可能会参与到自己和同事的绩效评估中，这种做法可以提高反馈的质量并增强员工的参与感。

总体而言，敏捷绩效管理更注重人的行为、团队协作和员工贡献，并且是一个持续的过程。与传统绩效管理相比，它更注重员工的全面表现，而非单纯的定量指标。

二、能力框架

为了实现以未来和发展为导向的绩效管理，企业必须清晰地界定对员工的核心价值观和核心能力的期望，并据此设定对员工工作行为的具体要求。企业常将能力框架的理念融入绩效管理体系。

　　与针对特定职位或角色的能力模型不同，能力框架更加注重整个组织的能力需求和发展方向，为组织提供了一个更广阔的能力构建视角。能力框架一般包含核心能力和专业能力两部分，无论是核心能力还是专业能力（后者根据特定角色定制），都适用于组织内各类工作角色。这些能力定义了员工应展现的知识和行为模式。通常，能力框架会将工作角色分组到不同的职位序列之下，并对招聘策略和决策产生影响。在敏捷绩效管理中，同时应用核心能力和专业能力有助于确保薪酬的一致性与公平性，并为员工的职业发展提供指导。

　　IBM近些年应用的敏捷绩效管理体系CheckPoint，其能力框架包括客户成功、勇于创新和支持协作，三者正是IBM的核心价值观。作为敏捷绩效管理的先驱，Adobe公司的绩效管理流程也建立在4个核心价值观之上：真诚、卓越、创新和参与。

　　Adobe公司的高管唐娜·莫里斯曾表示："绩效签到制度帮助我们每天都践行Adobe的价值观。为了让员工理解新流程如何运作，我们举办了一系列网络培训会议，每场持续30~60分钟。我们首先向高层领导推广这些会议，其次是经理层，最后是普通员工。我们的员工参与率高达90%。每季度我们都会执行签到的不同阶段，从设定期望到提供和接受反馈。"

三、360度反馈

　　即使是最优秀的管理者也无法完全了解员工所从事的所有工作。实际上，仅有34%的员工强烈认同他们的管理者清楚他们当前的工作内容。如果员工的评估仅依赖他们的直接上级，那么他们的一些重要贡献可能会被忽视，某些创意和创新也可能未被发现或认可。因此，如果能从其他渠道获取反馈以获得更全面的视角，将有助于提升员工绩效评估的全面性。为此，可以使用360度反馈从以下几个方面评估员工绩效。

1. 自我反馈

自我反馈是员工对自己工作表现的自我评价。通过自我反馈，员工可以自我审视，识别自己的优势和有待改进之处。例如，某位员工通过自我反馈意识到自己在团队合作上表现出色，但需要提高时间管理能力。

2. 上级反馈

上级反馈是直接主管或上级对员工工作表现的评价。上级反馈有助于员工了解自己的工作是否达到了组织的期望，以及应如何改进。例如，主管可能指出某位员工在项目管理方面表现优秀，但在决策制定上需要更加果断。上级反馈为员工提供了关于职业发展和绩效的高层次反馈，帮助员工明确自己在组织中的定位和职业发展轨迹。

3. 下属反馈

对管理者来说，来自下属的反馈很重要。下属反馈可以帮助管理者了解自己的领导技能，并指导他们成为更好的领导者。例如，下属可能会提出他们的上级在激励团队方面表现突出，但在提供明确的指导上还有改进空间。下属反馈有助于管理者了解自己的管理风格如何影响团队士气和效率，并促进其领导力的提升。

4. 同事反馈

与员工从事类似工作的同事有时候能比主管或高层管理者更了解员工的表现。同事反馈可以为绩效评估提供一个宝贵的视角。同事反馈从同级别视角出发，可能会注意到管理者未曾察觉的细节。例如，同事可能会指出某位员工在提供帮助和支持方面做得很好，但在分享信息方面存在不足。同事反馈能够使管理者全面了解员工的日常工作关系和团队协作能力，有助于增强团队的凝聚力，改善工作氛围。

5. 客户反馈

员工的工作如果涉及与内部或外部客户的互动，客户的反馈便显得尤为重要。客户反馈可以帮助员工了解他们的服务是否满足了客户的需求，以及如何进一步优化服务。例如，客户可能表扬销售代表在解决问题上的能力较强，同时建议其提高响应速度。客户反馈提供了一个外部视角，有助于员工了解自己的能力和影响力在组织外部的表现，并得到对组织服务质量的直接评价。

360度反馈通过综合多角度的评价，构建了一个全面的绩效画像，有助于员工在各个层面获得均衡而深入的反馈，这对敏捷绩效管理十分有益，因为它有助于减少评价中的偏见。这种方法不仅对个人的职业发展和绩效提升有益，而且能增强团队乃至整个组织的效能。将管理者的评估与员工同事的反馈或客户的反馈进行比较，结合不同视角的意见，可以得到更加客观和精确的评估结论，从而更有效地识别员工的优势和改进领域。

四、敏捷绩效评估

敏捷绩效评估并不像传统绩效评估那样仅基于定量指标打分，而是更加重视员工的行为和能力、反思和发展。要想收获敏捷绩效评估所带来的员工创新和组织活力，必须贯彻以下3个关键原则。

1. 明确绩效期望

明确绩效期望是关键的一步。这要求员工清楚地了解他们的职责、预期的成果及如何对这些成果进行衡量。具体而明确的绩效期望有助于确保员工明白自己的工作目标及实现这些目标的途径。这种透明度和清晰度是提高绩效、实现组织目标的基础。

在设定绩效期望时，员工必须清楚地理解以下问题：为什么这项工作存在？它如何与组织的方向相适应？它如何帮助组织实现整体目标？领导对我的绩效期望是什么？以往如何衡量这项工作的绩效表现？……澄清这些问题可以确保员工个人目标与组织目标对齐，帮助员工进行预期管理，提升员工的动力激励，并使员工在完成工作的同时实现技能的发展与聚焦。

以软件开发公司的项目经理为例，在敏捷绩效评估的框架下，其绩效期望可能包括以下几个。

（1）明确的项目目标。例如，成功交付特定软件项目，包含具体的时间表、预算限制和质量标准。

（2）团队合作和沟通。期望项目经理能与团队成员及其他利益相关方进行有效沟通，确保信息的流通和团队协作。

（3）创新和解决问题。鼓励项目经理采用创新的方法解决项目中的挑战，以提高工作效率和质量。

（4）持续学习和适应变化。项目经理需要在项目周期内灵活地适应变化，并持续学习新技术和新方法，以应对快速变化的工作环境。

通过明确绩效期望，项目经理可以清楚地了解需要完成的具体任务、如何优化团队沟通，以及如何通过创新和学习提升个人与团队的表现。这种明确性不仅有助于个人职业发展，也能促进整个团队乃至组织的成功。

2. 阶段性绩效反思

阶段性绩效反思是敏捷绩效评估中的一个重要环节。它鼓励员工定期（如每季度或每个项目阶段结束时）对自己的工作绩效进行回顾和评估。良性的绩效管理应能帮助员工退后一步，审视自己的实际工作内容及质量：我到底在做什么？做得怎么样？与传统绩效考核中经理单向评价员工的方式不同，敏捷绩效评估强调员工的自我反思和自我改进，倡导持续学习和即时改进。

员工的自我反思可以围绕目标达成情况、工作表现与效率、技能与知识、团队合作与沟通、问题解决与创新、职业发展与学习、工作态度与动力、时间管理与优先事项安排、工作与生活平衡、反馈与指导10个方面进行。表7-3列出了这些方面常见的反思问题，可以为管理者和人力资源团队负责人提供参考，以指导员工开展阶段性绩效反思。

表7-3 阶段性绩效反思问题

编号	问题	编号	问题
1	目标达成情况	6	职业发展与学习
1.1	我在这个阶段产生了什么结果	6.1	我是否在为实现长期职业目标而努力
1.2	我的工作对我所服务的人有什么影响	6.2	我是否利用了公司提供的学习和发展资源
2	工作表现与效率	7	工作态度与动力
2.1	我的工作表现如何？我在哪些方面表现出色	7.1	我对工作的态度如何？我是如何展现公司价值观的
2.2	我的工作效率如何？有哪些流程或方法可以改进	7.2	我的动力来源是什么？是否有任何因素影响了我的工作动力
3	技能与知识	8	时间管理与优先事项安排
3.1	我在这个阶段学到了什么新技能或新知识	8.1	我如何管理时间？我是否能有效地优先处理重要任务
3.2	我现有的技能和知识是否足以应对工作挑战	8.2	是否有任何时间管理技巧可以帮助我更有效地完成工作
4	团队合作与沟通	9	工作与生活平衡
4.1	我如何与客户、同事和团队成员打交道	9.1	我是否能够在工作和个人生活之间找到平衡
4.2	我的沟通方式是否有效？我如何改进与同事的沟通	9.2	我的工作是否对我的健康和福祉产生了负面影响
5	问题解决与创新	10	反馈与指导
5.1	我如何应对和解决工作中的挑战	10.1	我是否积极寻求和利用他人的反馈来改善我的工作
5.2	我是否有创新的想法或方法来改善工作流程或结果	10.2	我是否向上级或导师寻求指导和支持

以软件开发公司的程序员为例，他们可能会进行以下几个阶段性绩效反思。

（1）每次迭代后的反思。在每次迭代结束后，如按照两周一次的迭代周期，程序员评估自己在代码质量、团队合作及遵守截止日期等方面的表现。

（2）项目阶段性回顾。在项目的每个关键环节结束时，如需求分析、设计、测试、部署环节结束时，程序员需要进行更深入的反思，包括对技术技能、问题解决能力及客户反馈的综合评价。

（3）学习和成长。程序员应识别学习新技术或改进工作流程的机会，如采用新的编程语言或优化代码审查过程。

（4）反馈循环。程序员应与同事和管理者共享自己的反思结果，并基于收到的反馈制订个人的改进计划。

通过这样的方法，程序员不仅能够及时发现并解决问题，还能不断适应变化并提升自身的技能和工作绩效。阶段性绩效反思可以使绩效管理过程更具动态性和互动性，有利于个人和团队的长期发展与成功。

3. 兼顾结果与行为

工作绩效评估应同时关注结果（必须实现的成果和目标）和行为（工作的具体执行方式）。行为作为达成绩效的关键杠杆之一，经常被忽视。在当今时代，受社会媒体的影响，企业的商业声誉可能在几分钟内就会受损，管理者必须确保员工深刻理解行为的重要性，因为员工的行为直接代表了企业的品牌形象。

管理者应确保员工在各个方面都体现了组织的价值观。只有当管理者和员工对必须实现的目标（结果）及其实现方式（行动和行为）达成共识时，绩效管理才能真正取得成功。当然，绩效评价也需要围绕这两个维度展开。

对结果的评估通常依赖具体的业务指标和目标，如收入增长、顾客满意度、生产效率等。而对行为的评估通常依赖观察和反馈，包括同事和经理的反馈、自我评估、行为观察等。例如，某位员工虽然经常完成目标，但如果其行为导致团队士气低落，那么他的绩效评估应当受到影响。

假设某位项目经理的任务是在6个月内完成一个重要项目。如果仅关注结果，其上级可能会看到项目按时完成且质量高，从而给出高度评价。但如果同时关注行为，其上级可能会发现这位项目经理在项目执行过程中忽视了团队成员的反馈，实行了过度的压力管理，导致团队士气低落，乃至人员离职。这种行为可能会对团队的整体健康造成长期的负面影响。

在采用敏捷绩效评估时，需要兼顾结果和行为，不仅要关注员工的工作成果，也要关注他们的工作过程和行为，确保员工的行为与组织的期望和文化相符。

4. 典型案例

作为敏捷绩效管理的先行者，Adobe公司对员工的绩效评估方法与众不同。该公司不再采用传统的年终考核，而是实施全年持续的绩效签到制度。Adobe公司废除了年度绩效评估的传统模式，包括固定的排名和评分系统。管理者和员工可以根据需要随时讨论他们认为重要的事项，而不必受到烦琐的流程或大量文书工作的约束。

Adobe公司的绩效签到谈话旨在实现轻量化、灵活性和透明度，主要涵盖3个核心领域：季度目标与期望、持续性反馈、职业发展与成长。由于目标和期望可以根据组织需求与个人职业发展进行灵活调整，对员工的绩效评价不再采用固定的绩效强制排名方式，而是基于其在整个年度中的综合表现进行评价。

通过实施全年持续的绩效签到制度，员工可以让管理者了解他们在之前对话中确定的行动计划和目标的推进情况，以及他们的发展需求。在这种机制下，同事之间不再是竞争对手，从而减少了内部的恶性竞争。

员工个人渴望推动自己的成功，并希望实时了解自己的工作表现，而非仅在年底时接受评分。他们想知道自己在工作过程中的表现如何，以及需要做出哪些改进。在Adobe公司的敏捷绩效系统中，员工至少每周收到一次非常具体的绩效反馈。这样，每个人都清楚自己的定位及如何为公司创造价值。绩效管理流程不再是滞后的，而是前瞻性的。

尽管反馈通常是管理者对员工的，但也可以是员工对管理者的。例如，员工可能会说："我觉得我在X项目中遇到了困难，需要得到更多的支持。"在矩阵式组织结构中，反馈可以是多端对多端的，即直接上级可以提供反馈，多个虚线汇报的上级也可以提供反馈。与传统的绩效考核主要由主管给员工打分相比，Adobe公司的敏捷绩效评估还引入了其他视角的评估结果，评估结果通常来自360度反馈，以收集与员工共事的不同群体的意见。

另外，绩效签到谈话与薪酬调整是分不开的。经过培训的管理者会综合考虑员工的绩效、对业务的影响、技能的相对稀有性及市场条件等关键因素来决定薪酬调整。对于调整的幅度，并没有固定的标准。

每位管理者都被看作业务的领导者，他们掌握一定的预算，用于基本激励和维持公平。这种做法赋予了管理者极强的责任感，因为他们需要对员工的薪酬负全责。薪酬调整不再仅基于年度绩效评分，而是由管理者根据其对员工的评价、市场薪资状况、组织预算及其他相关因素综合决定。这意味着薪酬调整将更加贴合员工的实际表现和市场变化，而不是单纯依赖年度评估。

这样的改变让薪酬调整更具灵活性，能更准确地反映员工的工作表现和市场条件。同时，它也凸显了管理者的责任心，他们需要深入了解自己的员工，掌握市场上的薪资水平，并做出公正且透明的薪酬决策。

第五节
IBM绩效管理实践

本节将分享IBM的经典绩效管理实践，以及IBM为了适应外部环境变化和业务发展需求而推陈出新的敏捷绩效管理方法。这些内容旨在为管理者在实施组织战略并将其转化为组织绩效的过程中提供参考和借鉴。

一、PBC 绩效管理体系

PBC绩效管理体系与薪酬管理体系共同构成了IBM高绩效文化的基石。PBC绩效管理体系对IBM实现全球40多万名员工的有效管理起到了不可替代的作用。

尽管IBM公司提供的薪酬福利十分优越，但其人工成本能得到极其有效的控制。这是因为IBM的薪酬分配虽然项目繁多，但严格根据员工的工作业绩来发放，既不包含国内企业常见的工龄工资，也不设置学历工资等。从人工成本的角度来看，尽管IBM的薪酬支付项目或总额可能高于其他公司，但由于这种支付是建立在业绩基础之上的——每一单位的薪酬支出都能带来更多的产出或利润增长，因此人工成本的增速始终低于公司经济利润的增速。这样的策略使IBM的整体人工成本得到了有效控制。

IBM的个人业绩评估计划从制胜（Win）、执行（Execute）、团队（Team）3个维度出发，考察员工的工作表现。这不仅能确保公司的工作任务得以完成，而且能引导员工的行为向着企业文化倡导的方向健康发展。

1. PBC绩效管理体系的核心原则

传统绩效管理体系与PBC绩效管理体系的不同之处体现在图7-6所示的3组关键词上。

传统绩效管理体系大部分只从业务角度出发，关注的是业绩结果的完成状况，其绩效管理闭环通常以绩效考核作为结束，即在年初设定目标，年末评估这些目标是否实现。

相比之下，PBC绩效管理体系引导组织从仅关注业务转变为全面评估；从仅关注结果转变为同时关注结果和执行过程；从单纯对结果进行考核转变为既重视结果的评估，也重视结果的应用。这种绩效管理更具生命力和激励性。

```
传统绩效管理体系          PBC绩效管理体系
   ┌──────┐              ┌──────┐
   │ 业务 │              │ 全面 │
   │ 结果 │    ⇒         │ 过程 │
   │结果考核│             │结果应用│
   └──────┘              └──────┘
```

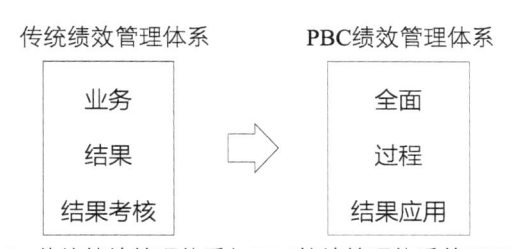

图7-6　传统绩效管理体系与PBC绩效管理体系的不同之处

PBC绩效管理体系遵循以下3个基本原则，坚决执行这些原则能极大地提升组织的绩效管理效果。

1）层层承诺原则

将绩效指标通过承诺书的形式进行层层分解，要求每位员工在考评周期开始时制定自己的承诺书，人人对承诺负责。从基层员工到上级领导逐级上报，每个人都向自己的上级承诺本年度的绩效目标。部门主管需要将其所有成员的承诺书连同自己的承诺书汇总起来，形成对上级领导的承诺。这个原则可以确保组织目标的落实，并让每个人都在一定程度上对组织绩效负责和做出贡献。

2）双向沟通原则

部门内部应建立完善的双向沟通机制，在承诺书签订、绩效面谈、绩效反馈等阶段，员工应与其直接上级进行充分的沟通，以达成共识。这个原则可以确保员工对目标有清晰的理解并达成共识，同时获得及时的反馈和指导。

3）强制分布原则

PBC评级应根据组织绩效的差异，按照一定的比例进行调整分布。这个原则打破了"一刀切"的做法，符合高绩效文化的要求。它旨在明确区分个人贡献的大小，并且将贡献进一步区分为绝对贡献和相对贡献，确保所有员工始终处于相对的贡献比较和竞争状态，从而推动组织不断实现更高的业绩目标。

2. PBC绩效管理体系的结构框架

PBC绩效管理体系的结构由三大模块组成，如图7-7所示，分别是业务目标、人员管理目标和个人能力发展目标。

一、业务目标
关键绩效指标
1. 财务指标
2. 其他
关键举措
1. 个人年度市场目标/重点关注项目
2. 年度管理改进目标
二、人员管理目标
组织建设、团队建设、直接下属的培养和管理等
三、个人能力发展目标
根据个人能力短板，设置个人能力提升目标和学习发展活动计划

图7-7　PBC绩效管理体系的三大模块

1）业务目标模块

在业务目标模块，PBC与KPI的主要区别在于KPI倾向于关注财务指标，而PBC不仅关注财务指标，还关注运营、客户、员工等方面的指标。更重要的是，PBC注重这些指标实现过程中的行为评估。因此，在业务目标模块，绩效指标被进一步细分为关键绩效指标和关键举措两部分。

（1）关键绩效指标。关键绩效指标在IBM内部称为制胜（Win），是员工需要向上级承诺当年要实现的主要绩效目标，其特点是可量化，并且直接体现个人对组织在市场制胜中的贡献。这些指标很重要，在评估中占据最大的权重。需要强调的是，这些指标并不局限于财务方面，还涵盖客户满意度、内部运营效率、流程优化和能力构建等方面。

（2）关键举措。关键举措在IBM内部称为执行（Executive），它是为了实现制胜的关键指标而需要采取的最重要的行动。此处不是要求员工列举所有的工作任务，而是强调最关键的工作。IBM在评估关键举措时，上级会结合员工完成关键举措的具体行为与IBM的核心价值观和素质能力模型的要求来评价。执行是一个非常重要的过程监控量，它反映了员工的素质和能力。

2）人员管理目标模块

人员管理目标模块仅适合管理者填写，IBM内部称之为团队（Team）。对管理者来说，这一部分通常占据10%~20%的权重。管理者需要规划和承诺如何进行团队建设与下属培养。这一模块是PBC绩效管理体系的优势之一，它将组织中的人员管理工作具体化，并纳入管理者的考核体系中。这种做法有助于提高整个组织的人员管理水平，并可以为国内组织绩效管理的设计提供参考和借鉴。

3）个人能力发展目标模块

在个人能力发展目标模块，员工需要制定本年度的能力提升目标，正式与直属领导讨论并取得其同意，随后在全年中认真执行。此部分虽不纳入评分，但与每位员工的发展密切相关，体现了IBM绩效管理体系在闭环执行中对员工个人能力发展的重视和承诺，真正从机制层面体现了公司对员工成长的支持。

在IBM的PBC绩效管理体系中，业务目标（包括管理者的人员管理目标）与个人能力发展目标相得益彰，相互促进，互为因果。一方面，员工通过自己的努力为组织的发展做出贡献；另一方面，组织通过提供资源和资金等支持，帮助员工提升能力。这样的互动使员工更有意愿和动力去实现更具挑战性的目标，并提升他们完成这些目标的能力。

3. PBC绩效管理体系的执行循环

IBM的PBC绩效管理体系以年度为周期，要求每位员工在年初明确设定个人业务目标。这些目标必须与团队、部门乃至公司整体的目标密切相关。此做法旨在激励员工关注其工作对公司整体成果的贡献，并促进他们更专注地实现既定目标。

PBC绩效管理体系规定管理者与员工每季度必须进行回顾、反馈和调整，以讨论员工的工作进展和绩效情况。这种持续的互动有助于员工了解自己的表现对公司总体目标的贡献，同时确保自己能够获得及时的反馈与指导，从而持续优化和提升自己的工作效能。

PBC绩效管理体系将员工的绩效表现与奖励、晋升机会和职业发展紧密关联。员工的奖励不仅取决于其个人目标的实现程度，还取决于其对团队及公司整体目标所做出的贡献的占比，包括与同级别员工的横向比较，即将绝对贡献与相对贡献相结合。这种机制鼓励员工不断提升绩效，向优秀者对齐，从而助力公司不断实现更有挑战性的整体目标。

同时，IBM通过PBC绩效管理体系鼓励员工持续学习并掌握新技能与新知识。员工可以根据个人目标和职业规划来选择、参加各类培训计划，并通过与直属领导的绩效目标沟通或过程辅导沟通，获得领导对自己的培训计划的支持。这一点尤为重要，因为在大多数企业中，员工参加培训的时间往往难以保证。IBM采取这种方法可以确保员工能够持续地提高能力，为达成更高的绩效目标做好充分准备。

二、CheckPoint 绩效管理体系

IBM引入了CheckPoint这一新的绩效管理体系，其设计理念更加灵活，更加符合员工的需求，同时与公司的业务目标和宗旨保持一致。该绩效管理体系基于一种协作性更好的绩效管理方法，允许员工和管理者共同设定目标、提供反馈，并共同评估绩效。

利用CheckPoint绩效管理体系，IBM从年度绝对评级模式转变为反馈式自我驱动模式，并提供更全面的员工评估。为保证IBM的绩效策略在不

同部门、办公室及各国家/地区间的一致性，CheckPoint绩效管理体系确立了5个关键维度：业务成果、客户成功、勇于创新、支持协作和能力成长，如图7-8所示。在绩效周期结束时，IBM将根据这5个维度评估员工是否达到或超越了公司对其角色的期望。CheckPoint绩效管理体系的一个显著特点是，不会将各维度的评估简单地合并为一个总评分，这体现了反馈式自我驱动模式的核心理念。

业务结果	客户成功	勇于创新	支持协作	能力成长
实现达成共识的目标	对客户产生影响	创新示范	合作与协同	提升有助于业务成功的技能

图7-8　CheckPoint绩效管理体系的5个关键维度

与PBC绩效管理体系的三大模块相比，CheckPoint绩效管理体系更简化和聚焦，它保留了"业务成果"这一核心维度，因为这是所有绩效目标中最关键的部分。CheckPoint绩效管理体系突出了员工核心价值观在日常工作中的体现，将其简化为客户成功、创新、责任3个要素，这些正是IBM的核心价值观——"创新为要，成就客户，诚信负责"。同时，CheckPoint绩效管理体系明确将技能提升作为实现绩效目标的5个关键要素之一，这标志着公司正式要求每位员工在能力上实现成长。

在CheckPoint绩效管理体系的实施过程中，一个显著的变化是反馈频率不断提高。正如IBM全球绩效总监凯丽·约旦所强调的："反馈的真正意义在于关注员工的成长。"以此为基础，CheckPoint不再只是一个绩效管理工具，它已经成为一个机会，使员工能够主导自己的发展，提升个人技能，并推动职业成长。

通过上述5个关键维度的反馈，遍布全球的IBM员工可以设定目标和优先级，共同努力实现既定目标。尽管业务目标和个人成长目标可能会发生变化，但是反馈与发展是不变的。"对话至关重要，连接至关重要——它们促进了信任的建立。而信任又激发了关怀，关怀孕育了心理安全感，这正是我们绩效模型的基石。"IBM全球绩效人才负责人拉美西斯·查尼在接受采访时如是说。

IBM通过不断演进的绩效战略实践了其价值观，通过建立一种反馈文化促进了全球数十万名员工对公司价值观的践行。自CheckPoint绩效管理体系推出以来，IBM持续优化其绩效管理实践，将重点放在持续的反馈、发展和学习上，从而不断推动员工和公司取得进步。

三、从PBC到CheckPoint

在国际和国内大环境变化、科技进步及Z世代逐渐成为企业主要劳动力的背景下，组织对人才管理和激励的理念与方法不断变革，绩效管理体系也由原有的绩效管理逐步转型为绩效支持，这是变革中的一个重要方面。

IBM将其绩效管理工具从PBC绩效管理体系升级到CheckPoint绩效管理体系，正是为了应对上述变化。微软、Adobe及埃森哲等《财富》500强企业也采取了类似的应对措施。PBC绩效管理体系与CheckPoint绩效管理体系的共同目标是帮助员工和管理者评估并提升绩效，但两者分别支持IBM在不同战略转型阶段的业务发展，代表了企业在不同发展阶段和不同业务模式下应采纳的绩效管理理念和方法。

PBC绩效管理体系和CheckPoint绩效管理体系都旨在通过高效的绩效管理促进员工提升工作绩效，并通过设定目标、提供过程反馈及改进建议推动员工和企业的共同发展。这两种绩效管理体系都包括对员工绩效的全面评估，涉及目标达成程度、技能水平和工作态度等多个方面。同时，它们都重视对员工的反馈与沟通，确保员工清楚自身的优势和改进空间。因此，它们都代表了当代最先进的绩效管理理念与方法。

与PBC绩效管理体系这种传统的年度绩效评估方法相比，CheckPoint

绩效管理体系采用了一种更加灵活和实时的绩效管理方法。CheckPoint绩效管理体系每季度进行一次绩效评估，并强调及时反馈与持续改进。PBC绩效管理体系侧重设定员工的年度目标，这些目标可能与长期的战略规划相关，但在一年的周期内可能会因新情况的出现或其他变化而需要调整。相比而言，CheckPoint更侧重设定短期的、可衡量的目标，以便快速调整策略和反馈结果。尽管PBC绩效管理体系要求员工将个人发展计划纳入年度目标，但该部分不参与评分。CheckPoint绩效管理体系对员工个人技能和能力发展的要求更加正式，鼓励员工寻求不同的学习机会，培养其多元化技能。

由此可见，IBM将绩效管理体系从PBC升级到CheckPoint，至少在以下3个方面实现了显著突破，使IBM能够在新时代更迅速地应对市场变化，及时调整和提升员工的能力配置，以适应云时代业务转型的需求。

（1）及时反馈。CheckPoint绩效管理体系通过每季度的评估，让员工更快地认识到自身的优势和需要改进之处，有利于他们及时地调整并提高自己的绩效。

（2）灵活性。通过设定和调整短期目标，员工和企业能够更加灵活地应对不断变化的市场环境。

（3）个人成长。CheckPoint绩效管理体系更加重视员工的个人技能和能力发展。在频繁的反馈和多维度评估中，它特别关注员工与角色要求之间的差距，从而更有利于员工在职业生涯中不断提升自己。

四、启示

当代企业已经不再是一个机械体，而是一个生命体——一个与其他生命相互关联、相互作用且具备自我修复能力的生命体。作为组织绩效的最终实现者，员工应受到更多的关注并被充分激励。优秀的企业和管理者应当逐步摒弃过往以命令、监督和奖惩为中心的管理模式，转向更加注重市场和客户价值的管理理念，并采纳更具前瞻性和战略性的绩效管理方法，以拥抱这个充满挑战和不确定性的新时代。

对大部分需要进行稳定的长期规划的中国传统企业来说，PBC绩效管理理念和方法仍是首选。然而，企业和管理者需要拥抱新的绩效管理理念。即使不进行体制层面的转变，管理者在理念和能力上也必须学习与采用最新的绩效管理方法。这些方法包括双向的目标设定与沟通、更加频繁且有效的反馈、基于教练技能的辅导及注重价值观实践的行为评估等。

对于那些行业发展迅猛、变动频繁且员工个人能力提升对组织成功极为关键的企业，建议借鉴CheckPoint绩效管理体系的构建过程并引入敏捷绩效管理的理念与实践。这样做能从根本上提升员工的敬业度、组织绩效和活力。

当然，在引入敏捷绩效管理理念与实践的过程中，企业必须准备好应对可能出现的短期导向问题。为员工按季度制定绩效目标，可能会忽视对企业和部门长期战略规划的关注。因此，管理者需要加大宣导企业和部门战略方向与业务目标的力度，确保长期目标与短期绩效指标的有效结合。同时，实施敏捷绩效管理体系的前提是组织内部必须具备一种以教练为核心的管理文化和能力，这要求管理者与员工之间的对话应该基于反馈和辅导，而非简单的命令和监督。

总而言之，管理者的领导力水平是决定企业能否成功实践敏捷绩效管理的关键因素。这也是本书将管理者理念和能力的提升前置于企业绩效管理体系改革的重要原因。

结　语

"摆脱3个依赖、走向自由王国的关键是管理。通过有效的管理构建一个平台，使技术、人才和资金发挥出最大的潜能。"这是任正非先生在1997年的一次讲话中强调的。次年，《华为基本法》审议通过，成为这一理念的具体体现。

将管理者的领导力提升置于企业管理水平提升的核心位置，回归企业管理者的基本定位。我们撰写本书的初衷就是寻求领导艺术与管理科学之间的平衡，结合企业的实际需求，着眼于主要矛盾和核心问题，以期企业的各层级管理者遵循企业运营的逻辑来提升相应的领导力，进而帮助企业构建管理上的竞争优势。

在过去几十年，中国经济的快速发展和经营的繁荣可能在一定程度上掩盖了管理的重要性，导致许多成功企业并未培养出一支优秀的管理团队。在新一轮的全球经济与中国经济发展周期中，无论是大企业还是小企业，都面临降本增效的压力。管理者的职责不再局限于对单一职能领域的守护，而需要全面参与经营和承担责任。他们必须学会与离职员工进行有效沟通，降低裁员带来的风险；必须重塑组织结构，优化运营流程，以提高组织效率；必须关注全球政治经济态势及国内市场动向、政策法规，以便捕捉对企业有利的发展机遇，等等。这一系列挑战都在考验管理者的综合应对能力。

当潮水退去，我们将看到谁在裸泳。越是艰难时刻，越需要我们沉住心气，关注本质，练好内功。

反侵权盗版声明

电子工业出版社依法对本作品享有专有出版权。任何未经权利人书面许可，复制、销售或通过信息网络传播本作品的行为；歪曲、篡改、剽窃本作品的行为，均违反《中华人民共和国著作权法》，其行为人应承担相应的民事责任和行政责任，构成犯罪的，将被依法追究刑事责任。

为了维护市场秩序，保护权利人的合法权益，我社将依法查处和打击侵权盗版的单位和个人。欢迎社会各界人士积极举报侵权盗版行为，本社将奖励举报有功人员，并保证举报人的信息不被泄露。

举报电话：（010）88254396；（010）88258888
传　　真：（010）88254397
E-mail：　dbqq@phei.com.cn
通信地址：北京市万寿路 173 信箱
　　　　　电子工业出版社总编办公室
邮　　编：100036